"十三五"职业教育国家规划教材

城市轨道交通职业教育系列教材——城轨供电技术

城市轨道交通供电
综合自动化技术
（第2版）

主　编 ◎ 王吉峰
副主编 ◎ 刘让雄
主　审 ◎ 王亚妮

课程标准　　微课

西南交通大学出版社
·成　都·

内容提要

本书为城市轨道交通职业教育城轨供电技术专业教材。全书共分 8 章，简要介绍了城轨供电系统的组成，以城轨变配电所综合自动化基本概念、城轨变配电所综合自动化系统组成及功能为基础，以“实现综合自动化”为主线，重点介绍了微机保护子系统和人机操作界面两部分；另外，也介绍了城轨变配电所综合自动化系统维护和通信等内容。

本书可作为高等职业教育城轨供电技术专业教学用书，也可作为相应的职业技能培训教材，同时还可供从事城轨交通供电运行与管理的相关人员参考。

图书在版编目（CIP）数据

城市轨道交通供电综合自动化技术 / 王吉峰主编. —2 版. —成都：西南交通大学出版社，2022.4
ISBN 978-7-5643-8659-7

Ⅰ. ①城… Ⅱ. ①王… Ⅲ. ①城市铁路 – 供电系统 – 自动化系统 – 高等职业教育 – 教材 Ⅳ. ①U239.5

中国版本图书馆 CIP 数据核字（2022）第 069571 号

Chengshi Guidao Jiaotong Gongdian Zonghe Zidonghua Jishu
城市轨道交通供电综合自动化技术
（第 2 版）

主　编 / 王吉峰
责任编辑 / 李芳芳
封面设计 / 曹天擎

西南交通大学出版社出版发行
（四川省成都市金牛区二环路北一段 111 号西南交通大学创新大厦 21 楼　610031）
发行部电话：028-87600564　028-87600533
网址：http://www.xnjdcbs.com
印刷：四川森林印务有限责任公司

成品尺寸　185 mm × 260 mm
印张　12.5　字数　273 千
版次　2019 年 12 月第 1 版　2022 年 4 月第 2 版
印次　2022 年 4 月第 2 次

书号　ISBN 978-7-5643-8659-7
定价　39.00 元

课件咨询电话：028-81435775

出版说明

城市轨道交通凭借快捷、准时、舒适、运量大、能耗低、污染小、占地少等优点，日益成为城市现代化建设进程中重要的公益性基础设施项目。城市轨道交通涉及面广、综合性很强，其发展状况已被当成一个城市综合实力和现代化程度的重要评判指标。由此，城市轨道交通建设正在我国兴起一个新的浪潮，社会对城市轨道交通专业人才的需求巨大，给城市轨道交通类专业的职业教育发展带来了良好契机。

西南交通大学出版社与国内诸多交通院校一直保持友好往来，并整合它们在轨道交通领域的尖端科技优势和人才集成优势，致力于为国家轨道交通教育事业做出贡献，形成了以“轨道交通”为核心的出版特色，在教育界、学界都拥有良好的口碑和较高的品牌知名度。

本套丛书从满足快速增长的城市轨道交通专业实用型人才培养需求出发，从校企结合教学直接面向岗位需求这一特点出发，精心组织国内相关专业优秀教育工作者或优秀教育工作高校，分“运营管理”“工程技术”“车辆”“控制”“供电技术”五大类系统地为读者呈现城市轨道交通教育课程全景。在编写时，力求体现如下特点：

◎ 适用性

理论知识够用即可，在讲述专业知识的基础上，突出实际操作技能的训练，注重岗位关键能力的培养。

◎ 专业性

图书的顶层设计从国家高职高专专业目录规范出发，内容编排紧密结合岗位应用实际，体现专业性和主流设备前沿特征，体现教学实际需求。同时，在编写或修改时，尽可能地让一线用人单位参与进来，根据生产现场实际提出建议。

◎ 生动性

在架构设计和版式设计上，力求简洁生动，图文并茂；努力体现二维码技术等移动互联网时代元素在图书中的应用，尽可能把生产实际和研究成果，用立体生动的形式予以表达，便于读者理解掌握。

这套书可作为高等职业院校、中等职业学校城市轨道交通相关专业的教学用书，也可作为城市轨道交通企业新职工的培训教材。有关教材的课件资料等，可以联系我社使用。

联系电话：028-87600533

邮箱：swjtucbsfx@163.com

西南交通大学出版社

第 2 版前言

城市轨道交通具有运量大、快捷舒适、安全节能、污染轻、占地少等诸多优点，已成为我国众多大城市公共交通发展的优先领域。截止到 2021 年年底，我国内地已有 51 个城市开通运营 269 条城市轨道交通线路，运营线路总长已达到 8 708 km，位居世界第一；全国 30 个三百万以上人口的大城市已实现全部开通城市轨道交通运营。

城市轨道交通事业的大发展为我国高等职业院校的毕业生提供了大量的就业岗位。巨大的市场需求推动了我国高等职业教育城市轨道交通类专业的建设与发展，不少高等职业院校的城市轨道交通类专业学生总数已快速增至甚至超过轨道交通类专业学生总数的一半。然而，与人才培养数量快速增长的喜人形势相比，城市轨道交通类专业教材的建设却明显滞后于行业发展，难以适应高素质技能型人才培养的需求。“城市轨道交通供电综合自动化技术”作为城轨供电专业的一门重要专业课程，近几年来，业内相继出版了几本与之相关的高职教材，但是这些教材的内容与常规变配电所自动化教材的重复率较高，而城市轨道交通供电综合自动化方面内容却较少。本教材第 1 版于 2019 年 12 月出版，经两年多的使用和反馈，教材内容适合城市轨道交通供电专业学生和技术技能人员使用，根据新技术发展及用户反馈，进行本次修订。

全书共分为八章。其中：第一章，概述了城市轨道交通供电系统的组成。第二章至第四章，从城轨变配电所综合自动化系统基本概念、系统组成、主要功能等几个方面，详细介绍了城轨变配电所综合自动化系统的构成、功能及相互关系等。第五章至第七章，重点介绍了城轨变配电所综合自动化系统的微机保护子系统、人机操作界面和通信规约。这三部分内容是本书的重点，也是本书教学的难点。在编写这些内容时考虑了高职学生的知识基础，内容尽量做到通俗易懂。第八章，结合企业运行管理实际，较详细地介绍了城轨变配电所综合自动化系统的日常维护、常用工器具的使用方法等内容，有利于实现专业技术知识与实践应用的融合、教学过程与生产过程较好的对接。

本书编写的指导思想是使学生较全面了解与掌握城轨变配电所综合自动化系统的相关知识，完善城轨变配电所综合自动化系统的知识结构，培养系统分析问题的能力。在编写过程中，一是力求全面系统地阐述城轨变配电所综合自动化系统，同时力争减少或避免同常规变配电所综合自动化教材内容的重叠；二是力求内容实用易懂、方便阅读。

本书由王吉峰任主编，刘让雄任副主编。其中，刘让雄编写第一章，王吉峰编写其余各章并负责全书统稿，广州铁路职业技术学院王亚妮教授负责审稿。

本书编写、修订过程中得到了广州地铁集团有限公司、深圳市地铁集团有限公司工程技术人员的大力支持，还参考了大量文献资料，虽未全部注明它们的出处，但在此一并感谢！

由于编写人员水平有限，书中难免存在遗漏与不妥之处，殷切希望广大读者批评指正。

课程标准

编　者

2022 年 1 月

前　言

城市轨道交通具有运量大、快捷舒适、安全节能、污染轻、占地少等诸多优点，已成为我国众多大城市公共交通发展的优先领域。截止到 2018 年年底，我国内地已有 35 个城市开通运营 185 条城市轨道交通线路，运营线路总长已达到 5 766 km，位居世界第一；全国 48 个百万以上人口的大城市中已有 43 个城市开展了城市轨道交通的建设或筹建工作。

城市轨道交通事业的大发展为我国高等职业院校的毕业生提供了大量的就业岗位。巨大的市场需求推动了我国高等职业教育城市轨道交通类专业的建设与发展，不少高等职业院校的城市轨道交通类专业学生总数已快速增至甚至超过轨道交通类专业学生总数的一半。然而，与人才培养数量快速增长的喜人形势相比，城市轨道交通类专业教材的建设却明显滞后于行业发展，难以适应高素质技能型人才培养的需求。“城市轨道交通供电综合自动化技术”作为城轨供电专业的一门重要专业课程，近几年来，业内相继出版了几本与之相关的高职教材，但是这些教材的内容与常规变配电所自动化教材的重复率较高，而城市轨道交通供电综合自动化方面内容却较少。因此，目前仍然缺少一本比较适合城轨供电综合自动化课程教学的教材。本书是鉴于此所做的一次有益的探索与尝试。

全书共分为八章。其中：第一章，概述了城市轨道交通供电系统的组成。第二章至第四章，从城轨变配电所综合自动化系统基本概念、系统组成、主要功能等几个方面，详细介绍了城轨变配电所综合自动化系统的构成、功能及相互关系等。第五章至第七章，重点介绍了城轨变配电所综合自动化系统的微机保护子系统、人机操作界面和通信规约。这三部分内容是本书的重点，也是本书教学的难点。在编写这些内容时考虑了高职学生的知识基础，内容尽量做到通俗易懂。第八章，结合企业运行管理实际，较详细地介绍了城轨变配电所综合自动化系统的日常维护、常用工器具的使用方法等内容，有利于实现专业技术知识与实践应用的融合、教学过程与生产过程较好的对接。

本书编写的指导思想是使学生较全面了解与掌握城轨变配电所综合自动化系统的相关知识，完善城轨变配电所综合自动化系统的知识结构，培养系统分析问题的能力。在编写过程中，一是力求全面系统地阐述城轨变配电所综合自动化系统，同时力争减少或避免同常规变配电所综合自动化教材内容的重叠；二是力求内容实用易懂、方便阅读。

本书由王吉峰任主编，刘让雄任副主编。其中，刘让雄编写第一章，王吉峰编写其余各章并负责全书统稿，广州铁路职业技术学院王亚妮教授负责审稿。

本书编写过程中还参考了大量文献资料，虽未全部注明它们的出处，但在此一并感谢！

由于编写人员水平有限，书中难免存在遗漏与不妥之处，殷切希望广大读者批评指正。

编　者

2019 年 6 月

本书配套数字资源列表

序号	资源编号	资源名称	页码
1	视频 1.1.1	电力系统概述	001
2	视频 1.2.1	认识城轨 35kV 进线开关柜设备	009
3	视频 1.2.2	直流柜、负极柜、整流柜、馈线柜介绍	009
4	视频 1.2.3	城市轨道交通供电系统组成	012
5	视频 1.3.1	城市轨道交通供电系统功能与特点	015
6	视频 1.3.2	变电所设备巡视	017
7	视频 2.1.1	城轨供电综合自动化系统的基本概念和体系结构	024
8	视频 2.3.1	变电所综合自动化系统的内容、特点和功能	030
9	视频 2.5.1	城市轨道交通自动化监控系统典型案例	037
10	视频 3.1.1	城轨供电综合自动化系统构成	044
11	视频 3.1.2	高速铁路供电监控系统基本概念	045
12	视频 4.1.1	城市轨道交通供电综合自动化系统的功能	055
13	视频 5.2.1	直流系统巡视	081
14	视频 5.2.2	直流系统监控模块	081
15	视频 5.3.1	微机保护装置的结构	089
16	视频 5.3.2	正极柜逆流保护	090
17	视频 5.3.3	继电保护及自动装置巡视	090
18	视频 5.3.4	拓展实训资源（整流器直流过电压保护实训）	091
19	视频 5.3.4	拓展实训资源（整流器逆流保护实训）	091
20	视频 5.3.4	拓展实训资源（整流器交流侧过电压保护实训）	091

续表

序号	资源编号	资源名称	页码
21	视频 5.3.4	拓展实训资源（微机测控保护装置操作实训）	091
22	视频 5.3.4	拓展实训资源（高压柜发出保护信号联跳正极柜实训）	091
23	视频 5.3.4	拓展实训资源（变压器绕组超温报警和超温跳闸实训）	091
24	视频 8.1.1	电烙铁的使用	167
25	视频 8.1.2	数字式万用表的使用	168
26	视频 8.1.3	指针式万用表的使用（直流电压测量）	168
27	视频 8.1.3	指针式万用表的使用（交流电压测量）	168
28	视频 8.1.3	指针式万用表的使用（电阻测量）	168
29	视频 8.1.4	万用表测量原理（直流电流电路）	168
30	视频 8.1.4	万用表测量原理（交直流电压电路）	168
31	视频 8.1.4	万用表测量原理（电阻电路）	168
32	视频 8.1.5	手摇兆欧表的使用	171
33	视频 8.1.6	指针式兆欧表的使用-绝缘电阻测量	171
34	视频 8.1.7	数字式兆欧表的使用	171
35	视频 8.2.1	网线制作压线钳的使用	171
36	视频 8.2.2	网线的制作流程	172

目 录

第一章　城市轨道交通供电系统的组成

第一节　电力系统概述

本节导读

电力系统由发电、输电、配电及用电等环节构成。城轨供电系统作为电力系统的用电负荷（俗称用户），与电力系统有着紧密的联系。因此，需要了解并掌握有关电力系统的一些基本知识，如电能的产生、电能的输送与分配、电压等级的设置、电网结构与接线方式、电能质量及有关的技术术语等，为后续学习城轨供电系统奠定基础，这是本节的主要内容。

一、电力系统基本概念

视频 1.1.1　电力系统概述

现代社会使用最广泛的能源就是电能。电力系统最根本的任务就是生产和传输电能，即将其他形式的能源转换成电能，并将电能提供给各类用户使用（包括城市轨道交通系统）。同时，为提高社会的电气化程度，以电能代替其他形式的能源，也是节能的一个重要途径。

（一）电力系统

发电机把机械能转换为电能，电能经变压器、电力线路等电力设备输送并分配到用户，用户的电动机、电炉、电灯等用电设备又将电能转换为需要的机械能、热能和光能等。这些发电、输电、配电和用电的所有装置及设备连接在一起组成了电力系统，如图 1.1 所示。

电能的生产、输送、分配和使用是同时进行的。不考虑储能时，发电厂任何时刻生产的电功率必须等于该时刻用电设备消耗的电功率和电力网损耗的电功率之和。电力系统中用电设备主要有电动机、电热装置、整流装置和照明设备等。所有用电设备所消耗的电功率总和称为电力系统综合用电负荷。综合用电负荷加上电力网的功率损耗就是发电厂应该供给的功率，称为电力系统的供电负荷。供电负荷再加上发电厂用电消耗的功率，就是各发电厂应该发出的功率，称为电力系统的发电负荷。随时间随机变化是电力系统负荷的一个重要特点。

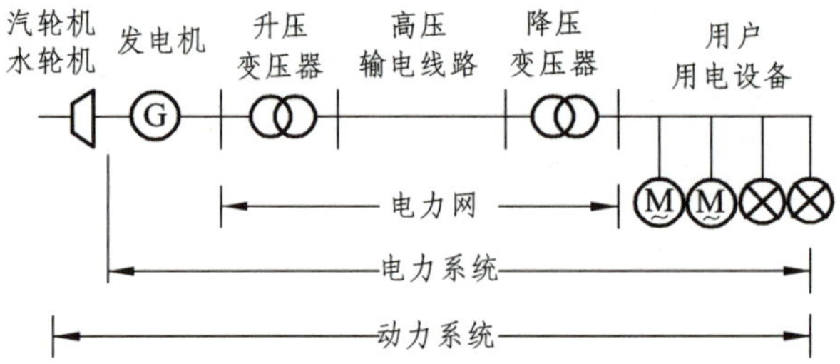

图 1.1　电力系统示意图

（二）发电厂

在电力系统中，发电厂是产生电能的场所，能将其他形式的能源转换为电能。根据转换能源的不同，发电厂分为火电厂、水电厂和核电厂等，此外还有地热电厂、风力电厂、潮汐海洋电厂等。近年来，随着环境保护的要求越来越高，太阳能光伏发电、风力发电、生物质能发电和垃圾焚烧发电得到了快速发展。

1. 火电厂

火电厂夜景如图 1.2 所示。目前我国仍以燃煤为主的火电厂居多。这些电厂多建在煤炭基地附近，故称为“坑口”电厂，其单机容量可达 1 000 MW（兆瓦）。如果把已做过功的乏气再供给用户作为热能，这种电厂又称为热电厂。

图 1.2　火电厂夜景

2. 水电厂

水电厂又称水电站或水力发电厂。它建于江河之上，是将水的落差产生的势能转换为电能的发电厂。水能发电不仅效率高，而且水能是在自然界不断循环的再生资源，具有用之不竭的特点。

为了充分利用水力资源，在水电站的上、下游集中一定的落差，形成发电的动能。

我国水能资源丰富，水能发电的潜力很大，目前世界最大发电机的单机容量为 750 MW。我国水轮发电机的单机容量为 700 MW，例如长江三峡电厂（见图 1.3）装设了 32 台 700 MW 的水轮发电机。

图 1.3 三峡水电站鸟瞰图

3. 核电厂

核电厂又称核电站。它的发电原理和火力发电原理相类似，只是热能的产生方式不同而已。核电站能源是原子能燃料铀或钍，它利用原子能燃料裂变产生的大量热能进行发电。因为原子能燃料储藏量大、能量集中，原子能裂变时不需要空气助燃，故核电站可建在地下、山洞、海底或空气稀薄的高原，不占农田，建造和发电成本低，事故率低，故其有着广阔的发展前景。但核电站的核泄漏会对人类产生极大的危害，在建设和运营过程中尤其需要注意安全生产。

4. 风力发电厂

风力发电的原理，是利用风力带动风车叶片旋转，再通过增速机将旋转的速度提升，来促使发电机发电。风力发电是把风的动能转变成机械动能，再把机械动能转化为电能的过程，如图 1.4 所示。

图 1.4 风力发电厂

因为风力发电不需要使用燃料，也不会产生辐射或空气污染，而且它取之不尽、用之不竭，所以它是一种清洁的可再生能源，越来越受到世界各国的重视。其蕴含量巨大，全球的风能约为 2.74×10^9 MW，其中可利用的风能为 2×10^7 MW，比地球上可开发利用的水能总量还要大 10 倍。因此，国内外都很重视利用风力来发电，开发新能源。

风力发电机因风量不稳定，故其输出的交流电须经整流，对蓄电瓶充电，使风力发电机产生的电能变成化学能，然后用有保护电路的逆变电源，把蓄电瓶里的化学能转变成电能，才能保证稳定使用。目前，风力发电作为一种新能源，正处在大力开发与推广应用阶段。

5. 太阳能光伏发电厂

光伏发电是根据光生伏特效应原理，利用太阳电池将太阳光能直接转化为电能。不论是独立使用还是并网发电，光伏发电系统主要由太阳电池板（组件）、控制器和逆变器三大部分组成，它们主要由电子元器件构成，但不涉及机械部件，如图 1.5 所示。

光伏发电设备精炼，可靠性高，寿命长、安装维护简便。理论上讲，光伏发电技术可以用于任何需要电源的场合，上至航天器，下至家用电源，大到兆瓦级电站，小到玩具，光伏电源可以无处不在。

近几年我国光伏发电快速发展，截至 2021 年 11 月底，太阳能发电装机容量达 2.9 亿千瓦，同比增长 24.1%。

图 1.5　太阳能发电厂

（三）电力网

电力系统中除发电机和用电设备外的部分称为电力网，简称电网。由各种电压等级的输、配电线路和变（配）电站（所）组成。电力网是电力系统的重要组成部分，电力网的任务是将电能从发电厂输送和分配到电能用户。它对于电力系统的可靠性和经济运行有着重要的意义。

电力系统是并网运行的。这指的是在一个电力系统中，所有发电机和用户的用电设备是通过电力网连接在一起的。目前，我国电网已基本上全国联网，并形成四个同步运行电网：东北电网、三华电网（华北电网、华东电网、华中电网）、西北电网和南方电网。其中：东北电网与华北电网直流互联；西北电网与华中电网、华北电网直流互联；华中电网与南方电网直流互联；西藏电网与西北电网直流互联。

1. 输电网和配电网

电力网按其功能常分为输电网和配电网两大部分。输电网是由 220 kV 及以上的输电线路和与其相连接的变电所组成，是电力系统的主要网络，其作用是将电能输送到各个地区的配电网或直接输送给大型企业用户，如图 1.6 所示。

图 1.6　输电网

配电网是由 110 kV 及以下的配电线路和与其相连接的配电所（或简单的配电变压器）组成，其作用是将电能分配并短距离输送到各类用户。根据电压等级的不同，配电网通常分为高压配电网（66～110 kV），中压配电网（1～35 kV）和低压配电网（1 kV 及以下）。

2. 变电所（站）和配电所（站）

图 1.7 为电力系统构成图。

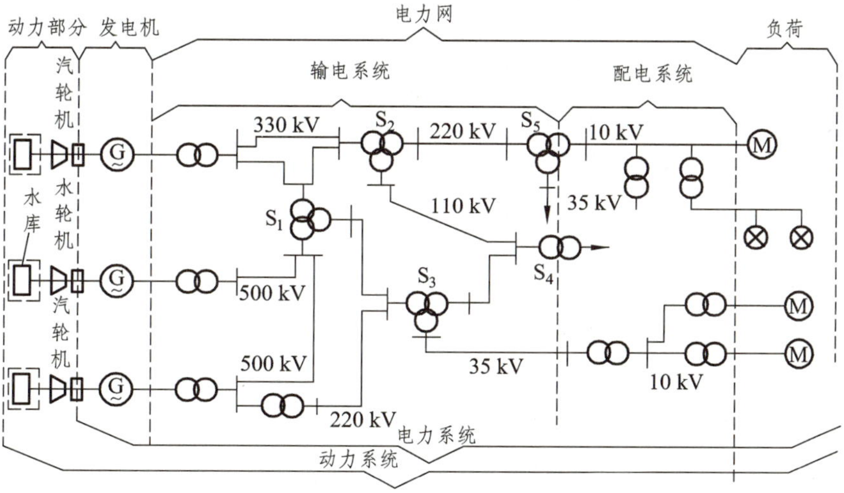

图 1.7　电力系统构成图

变电所（站）由电力变压器和配电装置组成，它具有变换电压、集中电能、分配电能、控制电能以及调整电压的作用。将电压升高的称为升压变电所（站）；将电压降低的称为降压变电所（站）。配电所（站）最大的特点是不变换电压，只承担分配电能的任务。一般把变电所（站）分为以下 3 种：

（1）枢纽变电所（站）。它通常都有两个及其以上电源汇集，进行电能的分配和交换，从而形成电能的枢纽，如图 1.7 所示的 S_1、S_2 变电所。此类变电所（站）规模大，并采用三绕组变压器获得不同级别的电压，送到不同距离的地区。

（2）地区变电所（站）。其作用是供给一个地区用电，如图 1.7 中的 S_3 等。通常也采用三绕组变压器，高压受电，中压转供，低压直配。

（3）用户变电所（站）。此类变电所属于电力系统的终端变电所，直接供给用户电能。通常采用双绕组变压器，如图 1.7 中的 S_4、S_5 等。城市轨道交通供电系统中的主变电所就属于此类变电所。

二、电力系统电压等级

输电技术发展的特点是努力减少线路损失。减少线损的经济合理的方法是提高输电电压。由于电功率是电压和电流的乘积，电力线路输电功率一定时，输电电压愈高，则电流愈小，线损愈小；另一方面，电流愈小，则导线等载流部分的截面面积愈小，投资愈小。但电压愈高，对绝缘的要求愈高。提高输电电压，与线路、变压器和断路器等的绝缘技术发展水平密切相关。

迄今为止，输电技术的发展史就是持续不断地提高电压等级、提高输送功率与输送距离的历史。1898 年，美国研制出 33 kV 电力线针式绝缘子；1910—1914 年，美国和苏联科学家发现电晕临界电压与导线直径成正比例，促使了铝线、钢芯铝绞线、扩径或分裂导线的使用；1906 年，美国发明 11 ~ 500 kV 电力线悬式绝缘子，并于 1908 年和 1923 年分别建成 110 kV 和 220 kV 输变电工程；1959 年，苏联建成 500 kV 输变电工程；1965 年，加拿大建成 760 kV 输变电工程；1985 年，苏联建成 1 150 kV 输变电工程；2010 年中国建成晋东南-南阳-荆门 1 000 kV 输变电工程。

电压越高，对绝缘的要求越高，对杆塔、变压器、断路器等的投资也越大。综合考虑这些因素，对应一定的输送功率和输送距离有最合理的电压等级。从设备制造角度考虑，为保证生产的系列性，应规定标准电压，用以确定元件、器件或设备的额定工作条件的电压。我国国家标准《标准电压》（GB/T 156—2007）规定了电力系统以及相关设备的标准电压。其中，交流（或直流）系统的标准电压用“标称电压”表示；相关设备的标准电压用“额定电压”表示。该标准给出了三相交流系统的标称电压值有 1 000、750、500、330、220、110、66、35、20、10、6、3、1、0.38、0.22（单位为 kV）等电压等级。其值均为线电压。同一电力系统中往往有几种不同电压等级。最高电压等级是指该系统中最高的标称电压值。

同一电压等级下，电力线路和用电设备的额定电压与系统标称电压相等。用电设备都是按照额定电压来进行设计和制造的，在额定工况下运行时，具有最好的技术经济性能。

线路输送电功率时，会产生电压损失，沿线的电压分布往往是始端高于末端，沿线路的电压降落一般为 10%。由于实际供电电压与系统标称电压正、负偏差绝对值之和不能超过标称电压的 10%（35 kV 及以上），所以如果线路始端电压为标称值的 105%，可以使其末端电压不低于标称值的 95%即可。发电机往往接在线路始端，所以发电机的额定电压通常为标称电压的 105%。

变压器一次侧接电源，相当于用电设备，二次侧向负荷供电，又相当于发电机，因此，变压器一次侧额定电压应等于系统标称电压（直接和发电机相连的变压器一次侧额定电压应等于发电机额定电压）。升压变压器二次侧额定电压较系统标称电压高 10%；降压变压器二次侧额定电压则有两种：一种是较系统标称电压高 10%，另一种是较系统标称电压高 5%。

设多种电压等级主要是为了满足不同输送容量、不同输送距离和不同用户的需要。各级电压线路输送能力（输送功率和输送距离）的大致范围如表 1.1 所示。从表中可见，线路电压等级越高，能够输送的电功率越大，能够传送电功率的距离也越远。大功率长距离输电通常采用超高压或特高压线路。

表 1.1 各级电压的输送容量与距离

线路电压/kV	输送容量/MW	输送距离/km	线路电压/kV	输送容量/MW	输送距离/km
3	0.1 ~ 1	1 ~ 3	220	100 ~ 500	100 ~ 300
6	0.1 ~ 1.2	4 ~ 15	330	200 ~ 800	200 ~ 600
10	0.2 ~ 2.0	6 ~ 20	500	1 000 ~ 1 500	200 ~ 850
35	2.0 ~ 10	20 ~ 50	750	2 000 ~ 2 500	500 以上
110	10 ~ 50	50 ~ 160	1 000	4 000 ~ 6 000	1 000 以上

三、电网结构与接线方式

（一）电力网结构

电力网主要是由变压器和不同电压等级的电力线路组成。通常一个大的电力网是由许多子电力网互联而成。电力网采用分层结构，一般可划分为输电网、高压配电网、中压配电网和低压配电网，如图 1.8 所示。

一级输电网一般是由电压为 330 kV 及以上的主干电力线路组成，它连接着大型发电厂、大容量用户以及相邻电力子网。二级输电网的电压一般为 220 kV，它上接一级输电网，下连高压配电网，并连接较大型的发电厂，向较大容量用户供电。配电网是向中等用户和小用户供电的网络，高压配电网通常用于城市和农村分片供电，也用于大用户供电；35 kV 与 10 kV 配电网是最为常用的中压配电网，主要用于各类中等用户的供电，也用于大工业企业的内部电网；3 kV 配电网只限于工业企业内部使用，且正在被 6 kV 配电网所代替。电压为 380/220 V 及以下的低压配电网主要用于各类动力与照明用电系统。

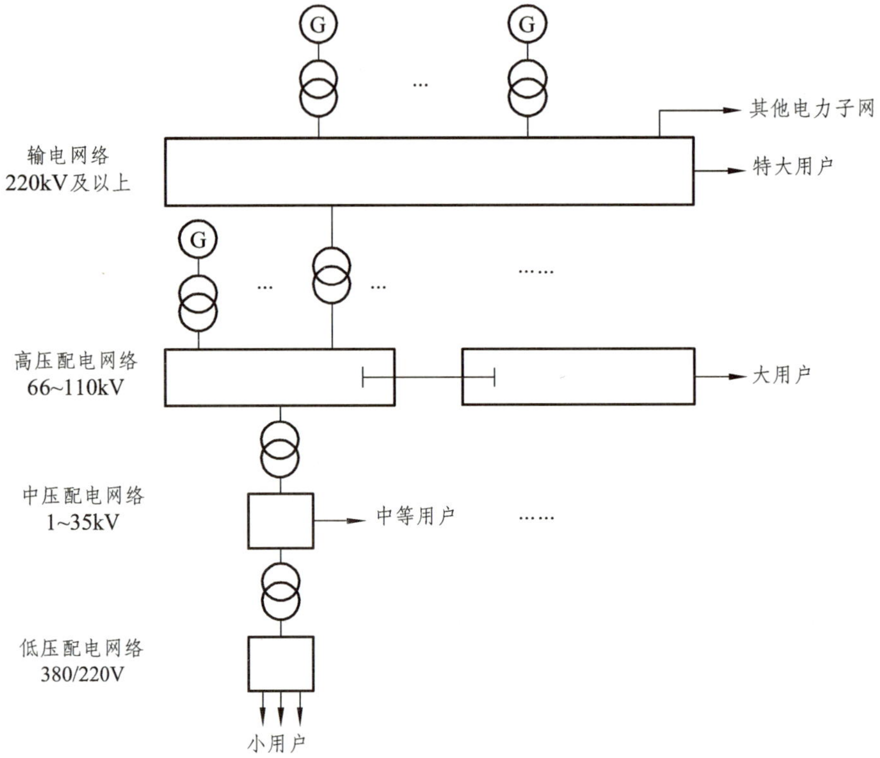

图 1.8　电力网结构示意图

（二）电力网的接线方式

电力网的接线方式大致可分为无备用和有备用两类。无备用接线包括单回路放射式、干线式和链式网络。有备用接线包括双回路放射式、干线式、链式以及环式和两端供电网络。

无备用接线电力网又称为开式电力网，其接线简单、经济、运行方便，但供电可靠性差，通常在中低压配电网中使用较多。有备用接线电力网又称为闭式电力网，其供电可靠性高，一条线路的故障或检修一般不会影响对用户的供电，但投资大，且操作较复杂。其中，环式供电和两端供电方式较为常用，通常在高压配电网与输电网中运用。

（三）电力系统中性点接地方式

电力系统中性点接地方式是指电力系统中的变压器和发电机的中性点与大地之间的连接方式。中性点接地方式有：不接地（绝缘）、经电阻接地、经电抗接地、经消弧线圈接地（谐振接地）、直接接地等。就主要运行特征而言，可将它们归纳为两大类：

① 中性点直接接地或经小阻抗接地，采用这种中性点接地方式的电力系统称为有效接地系统或大接地电流系统；② 中性点不接地或者经消弧线圈接地，或者中性点经高阻抗接地，从而使接地电流被控制到较小数值的中性点接地方式，采用这种中性点接地方式的电力系统称为非有效接地系统或小接地电流系统。

现代电力系统中采用得较多的中性点接地方式是：直接接地、不接地和经消弧线圈接地。在对绝缘水平的考虑占首要地位的 110 kV 及以上的高压电力系统中，均采用直接接地方式。在绝缘投资所占比重不太大的 35 kV 及以下中低压系统中，出于供电可靠性等方面的考虑，大都采用不接地或经消弧线圈接地的方式。不过，当城市配电系统中电缆线路的总长度增大到一定程度时，它会给消弧线圈的灭弧带来困难，系统单相接地易引发多相短路。所以，近几年来，有些大城市的配电系统改用中性点经低值（不大于 10 Ω）或中值（11 ~ 100 Ω）电阻接地，它们也属于有效接地系统。

第二节　城市轨道交通供电系统构成

本节导读

通过本节介绍，可以从系统功能、设计任务和采购单元三个不同的角度对城市轨道交通供电系统的组成有一个初步的了解。

城市轨道交通供电系统（以下简称“城轨供电系统”）的构成可以按照系统功能、设计任务和采购单元的不同来进行划分。

视频 1.2.1　认识城轨 35 kV 进线

视频 1.2.2　直流柜、负极柜、整流柜、馈线柜介绍

一、按系统功能划分

按功能的不同，城轨供电系统一般可划分成以下几个部分：外部电源、主变电所或电源开闭所、牵引供电系统、动力照明供电系统、杂散电流腐蚀防护系统和电力监控系统等。

1. 外部电源

顾名思义，城轨交通的外部电源就是为城轨供电系统的主变电所或电源开闭所供电的外部城市电网电源。外部电源方案的形式，有集中式供电、分散式供电和混合式供电等几种。

2. 主变电所或电源开闭所

主变电所的功能是接受城市电网高压电源，经过降压后再为牵引变电所与降压变电所提供中压电源；主变电所适用于集中式供电。电源开闭所的功能是接受城市中压

电源，为牵引变电所、降压变电所转供中压电源，电源开闭所一般与车站牵引（或降压）变电所合建；电源开闭所适用于分散式供电。

3. 牵引供电系统

牵引供电系统的功能是将交流中压电压经降压整流变成直流 1 500 V 或直流 750 V 电压，为电动列车提供牵引供电。它包括牵引变电所与牵引网。

牵引变电所可以分成正线牵引变电所、车辆段或停车场牵引变电所，正线牵引变电所又分为车站牵引变电所和区间牵引变电所。牵引变电所一般采用设备安装在建筑物内的形式，另外也有少量的箱式牵引变电所。作为试点，上海轨道交通 5 号线工程采用了箱式牵引变电所。

牵引网包括接触网与回流网。接触网有架空接触网和接触轨两种悬挂方式。大多数工程利用走行轨兼作回流网，少数工程单独设置回流轨。

4. 动力照明供电系统

动力照明供电系统的功能是将交流中压电压降压变成交流 380/220 V 电压，为运营需要的各种机电设备提供低压电源。它包括降压变电所和动力照明配电系统。

根据设置的位置不同，降压变电所可以分为车站降压变电所、车辆段或停车场降压变电所、控制中心降压变电所；根据主接线的形式不同，降压变电所又可以分为一般降压变电所、跟随式降压变电所；当降压变电所与牵引变电所合建时，将形成牵引降压混合变电所；另外，有的地面线路采用了箱式降压变电所。

5. 杂散电流腐蚀防护系统

杂散电流腐蚀防护系统的功能是减少因直流牵引供电引起的杂散电流并防止其对外扩散，尽量避免杂散电流对城市轨道交通本身及其附近结构钢筋、金属管线的电腐蚀，并对杂散电流及其腐蚀防护情况进行监测。尽管杂散电流腐蚀防护系统涉及多个专业，但由于直流牵引供电系统是产生杂散电流的根源，因而通常将杂散电流腐蚀防护系统归由供电系统设计。

6. 电力监控系统

电力监控系统的功能是实时对城市轨道交通各变电所、接触网设备进行远程数据采集和监控。在城市轨道交通控制中心，通过调度端、通信通道和执行端（变电所综合自动化系统），对主要电气设备进行遥控（含遥调）、遥信、遥测，实现对整个供电系统的运营调度和管理。

二、按设计任务划分

为便于设计任务的分割及设计界面的清晰，城轨供电系统可以划分成以下设计单元：主变电所、全线系统、牵引变电所、降压变电所、接触网、电力监控系统、杂散电流腐蚀防护系统。动力照明设备则列入车站等建筑物附属设备，一般划归土建工点单位连同建筑结构一起进行设计，而不由供电系统设计单位进行设计。

1. 主变电所

主变电所设计内容包括主接线、二次接线、设备选择、设备布置、土建设计等。主变电所与城市电网的设计界面为城市电网变电所 110 kV（或 66 kV）高压出线间隔，电源外线一般由主变电所设计单位同时设计；主变电所与全线系统的设计界面为主变电所中压馈线开关的电缆接线端，主变电所馈出电缆一般由全线系统设计单位设计。

2. 全线系统

全线系统设计内容包括供电系统方案、中压网络、牵引变电所布点、系统运行方式、潮流分析、谐波计算、综合接地系统、再生能量吸收装置、UPS 电源整合等。全线系统与牵引变电所和降压变电所的设计界面为中压进线开关的引入端。

3. 牵引变电所

牵引变电所设计内容包括主接线、二次接线、自用电、设备平面布置、电缆敷设等。牵引变电所与接触网的设计界面为接触网隔离开关的电源端、回流箱的电源端。上网电缆及回流电缆由牵引变电所负责设计。

4. 降压变电所

降压变电所设计内容包括主接线、二次接线、自用电、低压无功补偿、设备平面布置、电缆敷设等。降压变电所与动力照明的设计界面为降压变电所低压开关柜的馈出端子，低压馈出电缆由动力照明负责设计。

5. 接触网

接触网设计内容包括接触悬挂、支持结构与基础、附加导线、防雷与接地及平面布置等。接触网隔离开关、回流箱及尾线由接触网设计。

6. 电力监控系统

电力监控系统与变电所的设计界面在变电所综合自动化屏的通信端口；变电所综合自动化由变电所设计。电力监控系统所需要的通信通道由通信专业设计。

如果采用综合监控系统，电力监控系统将被集成到综合监控系统中，作为综合监控系统的一部分而进行统一设计。

7. 杂散电流腐蚀防护系统

杂散电流腐蚀防护系统设计内容包括排流柜设置、排流钢筋设置和监测系统设置等。

三、采购单元划分

为便于设备采购招标，城轨供电系统可以划分成以下采购单元或采购单元的组合：

（1）主变电所设备。包括接地变压器、消弧装置。

（2）牵引变压器及整流器。

（3）配电变压器。

（4）中压开关设备。

（5）低压开关设备。包括低压开关柜、电容补偿装置，而低压配电箱、照明灯具等属于车站机电设备，一般由土建承建商进行招标采购。

（6）直流开关设备。包括直流快速开关、负极柜、直流隔离开关、钢轨电位限制装置等。

（7）接触网设备。

（8）电缆。包括中压电缆、低压电缆、控制电缆、直流电缆。

（9）电力监控系统。

（10）其他设备。包括变电所自用电装置、控制屏、杂散电流腐蚀防护监测设备及排流柜、列车再生能量吸收装置等。

视频 1.2.3 城市轨道交通供电系统组成

四、变电所的设备构成与一次接线图

（一）典型牵引降压混合变电所的设备构成与一次接线图

地铁正线一般情况下间隔 1 ~ 2 个站设置一个牵引降压变电所，牵引降压混合变电所兼具牵引和降压两方面功能：一方面将主变电所供给的 35 kV 交流电经整流变压器、整流器转换为 1 500 V 直流电，给接触网/接触轨供电；另一方面则是将主变电所供给的 35 kV 交流电经动力变压器降为 400 V 交流电，提供车站范围内的动力和照明电源，同时也是跟随变电所的进线电源。牵引降压混合变电所如图 1.9 所示。

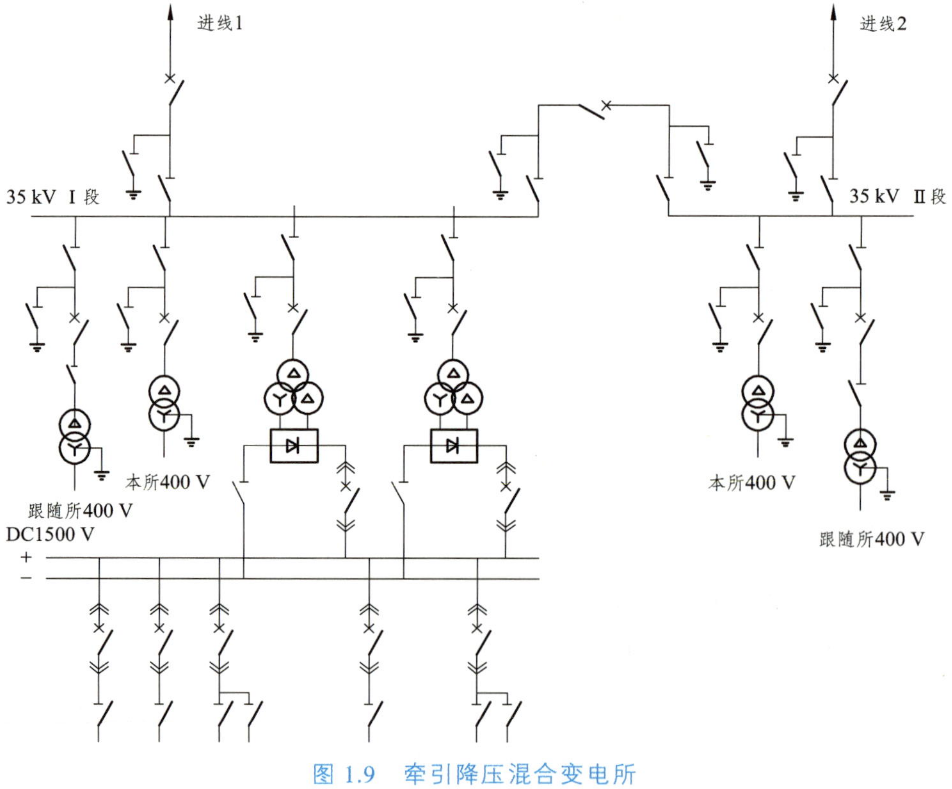

图 1.9 牵引降压混合变电所

牵引降压混合变电所的 35 kV 母线采用单母分段的接线形式，母联常开，Ⅰ、Ⅱ段分别引一路交流进线。每座牵引降压混合变电所设置 2 台整流变压器，设在同一段母线上，采用三绕组干式变压器，容量多为 2 500 kV · A 或 3 300 kV · A，接线组别为 Dy5d0、Dy7d2，采用中性点直接接地。根据用电负荷需求设置数量不等的站用变，站用变平均分布在Ⅰ、Ⅱ段母线上，采用双绕组干式变压器，接线组别为 Dyn11，中性点直接接地，容量有包括 500 kV · A、630 kV · A、800 kV · A、1 000 kV · A、1 600 kV · A 等。所用电电压为 380/220 V，所用电采用单母线接线，两段母线间设联络开关，互为备用。

在未设置牵引降压混合变电所的车站单独设置降压变电所，用于提供车站范围内的动力和照明电源。降压变电所如图 1.10 所示。

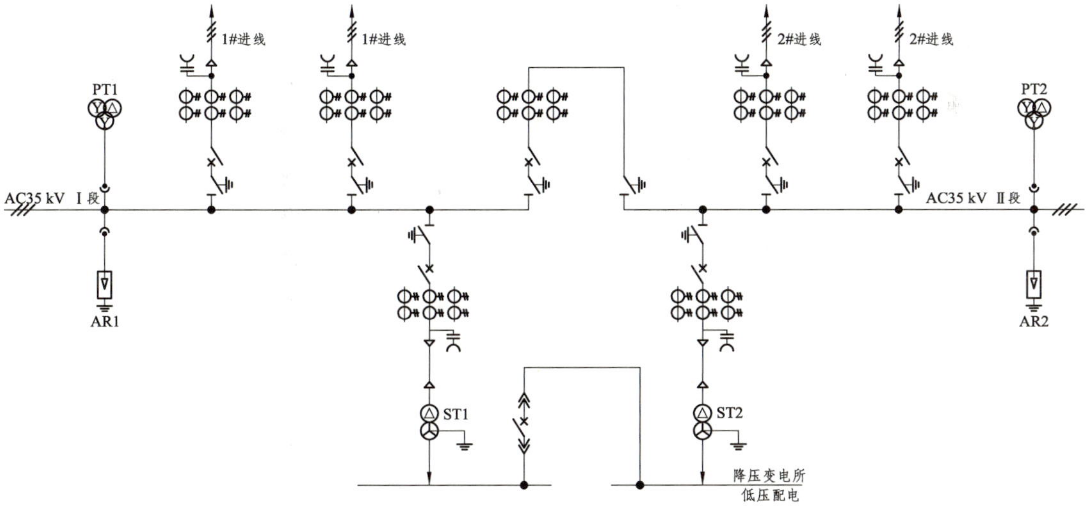

图 1.10　降压变电所

（二）典型 110 kV 主变电所的设备构成与一次接线图

主变电所是将供电局供给 110 kV 三相交流电降压为牵引供电系统和变配电系统所需要的 35 kV 三相交流电，通过 35 kV 的环网向牵引供电系统和变配电系统供电。

110 kV 主变电所的 110 kV 侧有两种接线方式：一种为主所采用线路变压器组带外跨条接线方式，跨条上的隔离开关常开；另一种为主所采用线路变压器组接线方式。每座 110 kV 主变电所设置 2 台主变压器，采用有载调压分接开关的油变压器，容量为 40 MV · A 或 31.5 MV · A，接线组别为 YNd11。35 kV 侧均采用单母线分段接线方式，母联常开。35 kV 系统接地方式采用中性点经电阻接地。每台主变的 35 kV 母线分别接 1 台干式站用兼接地变压器或接地变压器。所用电电压为 380/220 V，所用采用单母线接线，两段母线间设联络开关，互为备用。主变电所主接线图如图 1.11 所示。

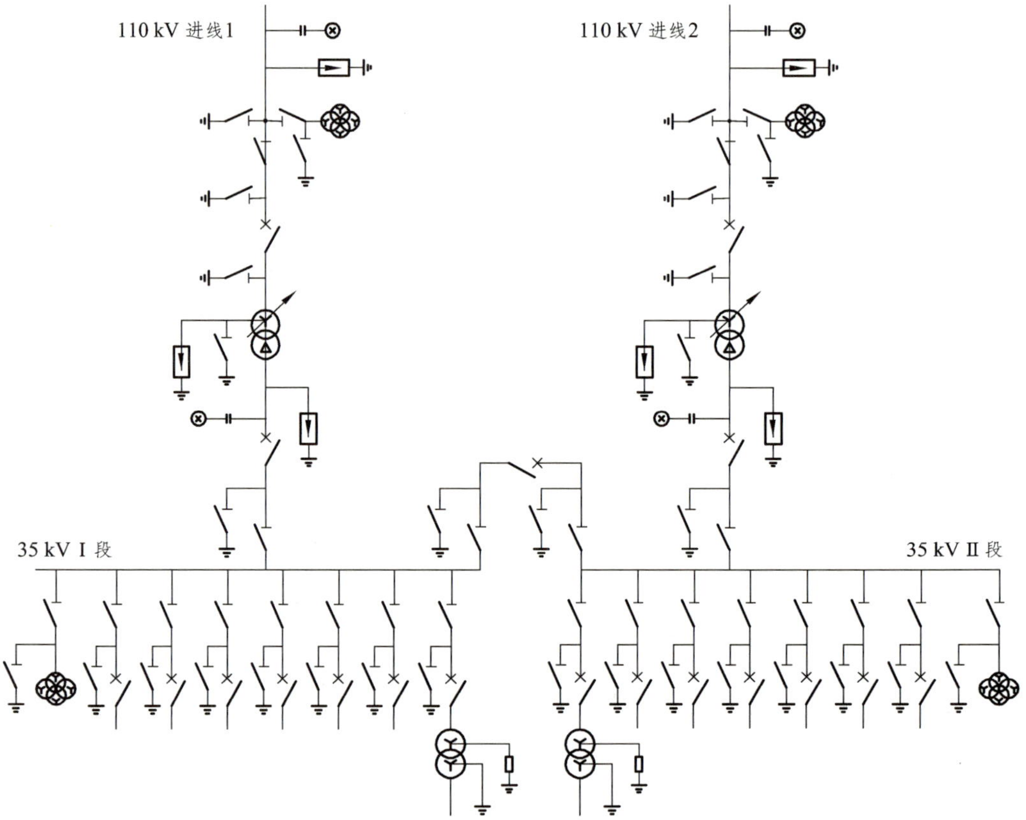

图 1.11　主变电所主接线图

第三节　城市轨道交通供电系统功能与特点

本节导读

城轨供电系统不仅只是具有供电服务功能，也不光只是满足安全可靠性的要求，那它还有哪些功能与要求，又是通过采取哪些技术满足其功能要求的呢？这是本节所要介绍的内容。作为从事城轨供电岗位的人员，这部分内容更需要熟悉与掌握。

城轨供电系统是为城市轨道交通运营提供所需电能的系统，不仅为城市轨道交通电动列车提供牵引用电，而且还为城市轨道交通运营服务的其他设施提供电能。如照明、通风、空调、给排水、通信、信号、防灾报警、自动扶梯等。在城市轨道交通的运营中，供电一旦中断，不仅会造成城市轨道交通运输系统的瘫痪，而且还会危及乘客生命与财产安全。因此，高度安全可靠而又经济合理的电力供给是城市轨道交通正常运营的重要保证和前提。

一、供电系统的功能

视频 1.3.1　城市轨道交通供电系统功能与特点

城轨供电系统是城市轨道交通运营的动力源泉，它负责着电能的供应与传输，为电动列车提供牵引供电，还为车站、区间、车辆段、控制中心等其他建筑物提供所需要的各种动力与照明用电，应具备安全可靠、技术先进、功能齐全、调度方便和经济合理等特点，其总体功能如下：

1. 供电服务功能

城轨供电系统的服务对象除运送旅客的电动车辆外，还有保证旅客在旅行中有良好卫生环境和秩序的通风换气、空调设施、自动扶梯、自动售检票、屏蔽门、排水泵、排污泵、通信信号、消防设施和各种照明设备等。在这个庞大的用电群体中，用电设备有不同的电压等级和不同的电压制式，既有固定的，也有时刻在变化着的，供电系统要满足这些不同用途的用电设备对电源的不同要求，使城轨供电系统的每种用电设备都能发挥各自的功能和作用，保证城轨系统能够安全、可靠地运营。

2. 故障自救功能

系统的安全性、可靠性是供电系统的首要因素，无论供电系统如何构成，采用什么样的设备，安全、可靠的供电总是最重要的。在系统中，发生任何一种故障，系统本身都应有备用措施（接触网除外），以保证城市轨道交通的正常运行不受影响。双电源是构成供电系统的主要原则，当一路电源故障时，另一路电源应能保证正常供电。主变电所、牵引变电所和降压变电所为双电源、双机组；动力、照明的一级负荷采用双电源、双回路供电；牵引网同一馈电区采用双边供电方式。这些都是系统故障自救功能的体现。

3. 自我保护功能

系统应有完整、协调的保护措施，供电系统的各级继电保护要相互配合和协调，当系统发生故障时，应当只切除故障设备，从而使故障范围缩小。系统的各级保护应当满足可靠性、选择性、灵敏性、速动性的要求。分散式供电系统的中压交流侧保护，应和城市电网的保护相配合和协调，因此其保护选择性会受到一定制约。

4. 防误操作功能

系统中任何一个环节的操作都应有相应的联锁条件，不允许因误操作而发生故障。防止误操作的联锁条件可以是机械的，也可以是电气的，还可以是电气设备本身所具备的或在操作规程上所规定的。防止误操作，是保证系统安全、可靠运行不可缺少的环节。

5. 便于调度功能

供电系统应能在控制中心进行远程控制、监视和测量，并能根据运行需要，方便灵活地进行调度，变更运行方式，分配负荷潮流，使系统的运行更加经济合理。

6. 控制、显示和计量功能

系统应能进行就地和距离控制，并可以方便地进行操作转换，同时系统各环节的运行状态应有明确的显示，让运行人员一目了然。各种电量的测量和电能的计量应准确，并便于运行人员查证和分析，牵引用电和动力照明用电应分别计量，以利于对用电指标进行考核与分析。

7. 电磁兼容功能

城市轨道交通处于强电与弱电多个系统共存的电磁环境中等，为了使各种设备或系统在这个环境中能正常工作且不对该环境中其他设备、装置或系统产生不能承受的电磁干扰，各种电气和电子设备的系统内部以及和其他系统之间的电磁兼容显得尤为重要。供电系统及其设备在城市轨道交通这个电磁环境中，首先是作为电磁干扰源存在，同时也是敏感设备。在城市轨道交通电磁环境中，供电系统与其他设备、装置或系统应是电磁兼容的。这要在技术上采取措施，抑制干扰源，消除或减弱电磁耦合，提高敏感设备的抗干扰能力。

二、系统的基本要求

城轨供电系统应满足安全性、可靠性、适用性、经济性、先进性的基本要求。

1. 安全性

城轨供电系统的安全性，是指在城市轨道交通工程运营过程中的安全程度。

供电系统的安全性，关系着乘客安全、运营人员安全、行车安全和设备安全等多个方面，而且各种安全性是相互联系、不可分割的。

设计供电系统时，一般从系统安全性和设备安全性两个方面进行分析研究。系统安全性分析，一般包括联锁关系、继电保护、牵引网、直流牵引系统、综合接地系统、应急照明电源等方面；设备安全性分析，一般包括变压器、牵引整流器、断路器、隔离开关、接地开关、电缆等方面。

2. 可靠性

城轨供电系统的可靠性，是指城市轨道交通供电系统对列车及各种动力照明负荷的持续供电能力。

供电系统的可靠性，是正常运营、事故处理、灾害救援等方面的前提条件。供电系统可靠性涉及规划、设计、运行管理等各个方面，并渗透到供电、变电、配电等不同环节。每一个环节的可靠性既包括电气原理的可靠性又包括电气设备的可靠性。例如构成变电所的可靠性包括变电所主接线可靠性及组成主接线的断路器、变压器、母线等设备的可靠性。

设计供电系统时，应从各个环节着手，分析系统的故障现象，研究定性或定量的评定指标，提出提高可靠性的措施。双电源供电方式是供电系统可靠性实施的重要手段。

根据城市轨道交通可靠性要求，供电系统应满足“$N-1$ 准则”，又称单一故障安全准则。按照这一准则，供电系统的 N 个元件中的任一独立元件（发电机、输电线路、变压器等）发生故障而被切除后，其他元件不过负荷，电压和频率均在允许范围内，供电系统应能保持稳定运行和正常供电。

对于城市轨道交通电源网络来说，当一个电源退出时，另一个电源应能保证系统的正常供电，保证列车正常运行；当一个电源点（主变电所或电源开闭所）的两个电源都退出时，应从相邻电源点引入两路应急电源，提供一定的运输能力和必要的动力照明，维持城市轨道交通继续运行。

3. 适用性

城轨供电系统的适用性，是指城轨供电系统的建设应满足业主建设目的与性能要求。

设计是实现业主建设需求的首要环节。供电系统设计应根据业主需求进行，供电系统的建设标准、技术水平、设备档次、工期要求、投资控制等，应与城市特点、本线功能定位及特殊要求相适应。

4. 经济性

城轨供电系统的经济性，是指从项目全生命周期的角度实现供电系统费用的经济合理。

视频 1.3.2　变电所设备巡视

在满足供电系统的安全性、可靠性、适用性的前提下，需要重视供电系统的经济性。经济性不但要求节省工程投资，同时还要求降低运营成本，争取得到最佳的技术经济效果。

供电系统设计应优化电源网络结构，实现外部电源资源共享；另外应尽可能地采用成熟设备、新型材料，做到经济合理与简便实用。

5. 先进性

城轨供电系统的先进性，体现在先进的设计理念、先进的系统方案、先进的设备及工艺、先进的管理手段等方面。

供电系统应具有一定的先进性，但要兼顾系统基本功能、投资规模、运营成本、环保要求、操作灵活性以及技术发展等因素，合理选择。

供电系统设计应采用先进的理念。要充分认识到环境保护与节约能源的重要性，采取必要措施进行环境保护与降低能耗。要解决好电磁辐射、噪音、温室气体和不易分解废料等问题。

三、城轨供电技术的发展

随着时代的发展、科技的进步，城轨供电技术发展非常迅速。下面从牵引网供电制式、中压网络、基础设备、控制保护与自动化等几个方面进行介绍。

（一）牵引网供电制式

牵引网供电制式主要指电流制、电压等级和馈电方式等。

1. 牵引网系统的电流制

直流电相对交流馈电而言，其电动车辆具有调速范围大、调速方便、易于控制、启动制动平稳、接触网简单、投资少、电压质量高等优点，它不但适合于电阻启动控制方式，而且适用于斩波调压和变频调压等电子控制方式。目前，车辆无论采用直流牵引电动机或交流牵引电动机还是线性电动机驱动方式，牵引网系统基本上都采用了直流制。

2. 牵引网系统的电压等级

世界上城市轨道交通中的直流牵引电压等级繁多，如 570 V、600 V、625 V、650 V、700 V、750 V、780 V、825 V、900 V、1 000 V、1 100 V、1 200 V、1 500 V 和 3 000 V 等，其发展趋势是采用 IEC 标准中的 600 V、750 V 和 1 500 V。中国国家标准规定为 750 V 和 1 500 V 两种，其电压允许波动范围分别为 500 ~ 900 V、1 000 ~ 1 800 V。具体选用哪种电压等级，要结合馈电方式，根据车辆、线路等工程特点综合比较确定。

3. 牵引网系统馈电方式及与电压等级的关系

牵引网系统的馈电方式有架空接触网和接触轨两种方式。电压等级与馈电方式是牵引网供电制式中的关键点，两者密切相关。对于一个具体的城市，电压等级与馈电方式的选择应该结合起来，统一考虑。我国牵引网供电制式可以选择以下四种方式：直流 1 500 V 架空接触网、直流 1 500 V 接触轨、直流 750 V 架空接触网和直流 750 V 接触轨。

4. 我国城市轨道交通接触网发展应用情况简介

北京地铁 1 号线一期工程、天津地铁首期工程，采用的是直流 750 V 上部授流低碳钢接触轨系统；其后建成的北京地铁复八线、八通线、13 号线，采用的也是这一系统。

1995 年投入试运营的上海地铁 1 号线，采用了引进德国的直流 1 500 V 柔性架空接触网系统；其后上海地铁 2 号线等采用了这一形式。1999 年通车的广州地铁 1 号线、

2004 年底通车的深圳地铁一期工程、2005 年通车的南京地铁 1 号线，也采用了 1 500 V 柔性架空接触网这一形式。

2002 年建成通车的长春轻轨采用了直流 750 V 柔性架空接触网系统；大连快轨 3 号线采用了直流 1 500 V 柔性架空接触网系统。

2003 年 6 月 28 日，开通运营的广州地铁 2 号线，国内首次采用了直流 1 500 V 刚性架空接触网系统；其后广州地铁 3 号线、南京地铁 2 号线、上海地铁多条线路也采用了直流 1 500 V 刚性架空接触网系统。

2005 年 6 月 28 日，建成通车的武汉轨道交通 1 号线一期工程，国内首次采用直流 750 V 下部授流钢铝复合接触轨系统。

2005 年 12 月 28 日，建成通车的广州地铁 4 号线大学城段，国内首次在正线采用直流 1 500 V 下部授流钢铝复合接触轨系统；深圳轨道交通 3 号线，其正线与车辆段都将采用直流 1 500 V 下部授流钢铝复合接触轨系统。

2007 年 9 月建成运营的北京地铁 5 号线工程，采用了直流 750 V 上部授流钢铝复合接触轨系统。随着 2008 年投运的 10 号线一期与奥运支线、建设中的 4 号线以及后续多条线路，都将采用直流 750 V 上部授流钢铝复合接触轨系统。

总之，接触轨电压等级已由 750 V 发展成为 1 500 V，接触轨悬挂方式由上部接触向着下部接触发展过渡，导电轨材料由低碳钢发展成为钢铝复合轨，同时在柔性架空接触网的基础上，刚性架空接触网在国内也得到了更加广泛的应用。

（二）中压网络

1. 电压等级

北京地铁 1 号线一期工程建设时，因 35 kV 设备绝缘要求高、设备体积大、价格高等，中压网络的电压等级采用的是 10 kV。20 世纪 90 年代建设上海地铁 1 号线、广州地铁 1 号线与 2 号线，因设备引进原因，牵引变电所的中压开关柜采用了国外的 33 kV 设备。

20 世纪 90 年代末，随着 35 kV 中压开关柜设备小型化的发展及价格的下降，35 kV 中压开关柜应用得愈加广泛。广州、深圳、南京及上海的后续建设线路，都采用了 35 kV 中压网络。

另外，在国外广泛应用的 20 kV 中压网络，目前在我国也已经成为城市轨道交通可以使用的电压等级。

2. 系统接线

随着环网技术的发展，国内城轨供电系统多采用环网接线形式。以负荷开关代替断路器作为车站变电所电源进线控制，构成环网接线系统，保护简单、运行灵活，这种接线系统已经在伊朗德黑兰城市轨道交通中成功应用，具有广阔的发展前景。

（三）控制、保护、自动化装置

随着基础设备智能化的发展，以及控制技术、网络技术、计算机技术、通信技术的发展，控制、保护、自动化装置已由分立元器件发展成微机综合保护装置，这为变电所综合自动化创造了条件。

同时，整个供电系统已从以调度电话下达调度命令、人工操作，发展为由电力监控系统实现遥控、遥信、遥测等远动系统控制。

20 世纪末 21 世纪初，随着计算机技术和网络技术的进一步发展，各种分立的自动化系统走向综合集成，各种自动化系统采用统一的计算机网络平台和软件体系，构成了综合监控系统。目前电力监控系统已经被集成到综合监控系统之中，这有利于不同系统之间的数据互通、软硬件资源共享和运营管理水平的提高。

（四）基础设备

1. GIS 高压开关柜

城市轨道交通工程使用的 110 kV 和 66 kV 电压级的 GIS 高压开关柜，已由敞开式室外设备，发展为室内安装的高压 GIS 设备，并且由三相分箱发展为三相共箱，设备体积大大减小。

2. 变压器

变压器从油浸式逐步发展为体积小、重量轻、性能优的环氧树脂浇注干式变压器，并由绝缘纸干式变压器向环氧树脂绝缘干式变压器发展。目前牵引变压器、配电变压器已全部采用环氧树脂绝缘干式变压器；主变压器因电压等级高、容量大，仍多采用油浸式，但已有采用干式变压器的工程实例。

3. 牵引整流机组

随着大功率电子元器件的发展，牵引整流机组已由双机组等效 12 脉波整流，发展成为单机组 12 脉波整流和双机组等效 24 脉波整流。

4. 中压开关柜

20 世纪 80 年代后，我国开始引进国外中压断路器生产技术，有真空断路器也有 SF_6 断路器。其中中压真空断路器的技术性能，如额定电流、分断能力及使用寿命，已得到了很大提高。基于真空断路器的显著特点，目前城市轨道交通工程使用的中压断路器基本为真空断路器。

5. 直流快速开关柜

国内直流快速开关的发展历程大致如下：从 20 世纪 60 年代上海整流器厂的 DS1、70 年代上海立新电器厂的 DS12 开始，上海立新厂、西安电力整流器厂、西安电器设备制造厂、上海新联电器有限公司等进行了大量工作，最近几年，江苏长江电气股份有限公司通过引进瑞士 SECHERON 技术，又将直流快速开关的国产化工作向前推动了一步。

6. 低压开关柜

从最早只有一种固定式，现已发展成固定式、插拔式、抽屉式并存，并各具特点，适用国内低压开关柜不同要求。低压空气断路器已发展成智能化产品；塑壳开关的分断能力与保护性能也日益提高。

7. 无功补偿装置

无功补偿装置由三相共补向分相补偿发展，同时向着多功能、智能化方向发展。无功功率补偿技术改进和新技术应用归纳起来主要有以下几方面：

（1）由三相共补到分相补偿，以求达到更理想的补偿效果。

（2）由单一的无功补偿到同时具有滤波及抑制谐波功能的补偿装置，采用电抗器/电容器模块，有效防止供配电网的谐振和谐波分量。

（3）选用晶闸管开关电路投切，以及发展为等电压投、零电流切的最佳投切模式。

（4）智能型自动补偿控制器和配电变压器的运行记录仪相结合，设有通信口，在软件的支持下可进行遥控、遥测、遥信。

（5）采用先进的 DSP（数字信号处理器），补偿过程全智能化。

（6）内设故障检测和自诊断程序，一旦有故障，自动显示故障信息，供操作人员在排除故障时参考。

（五）供电设备国产化

改革开放以来，我国供电设备技术水平有了长足发展，总体水平已达到或接近当代国际水平，个别产品达到国际先进水平。城市轨道交通工程供电设备基本上实现了国产化，但个别产品还需要自主研发，如 35 kV 的 GIS 开关柜、20 kV 的 GIS 开关柜，直流开关柜内的直流快速断路器、微机保护监控单元，再生制动能量吸收装置等。

综合练习

一、单项选择题

1. 输电网是由（　　）kV 及以上的输电线路和与其相连接的变电所组成。

A. 66　　B. 110　　C. 220　　D. 330

2. 配电网是由（　　）kV 及以下的配电线路和与其相连接的配电所组成。

A. 66　　B. 110　　C. 220　　D. 330

3. 升压变压器二次侧额定电压较系统标称电压高（　　）

A. 5%　　B. 7%　　C. 10%　　D. 15%

4. 电网容量在 300 万千瓦及以上者的供电频率允许偏差为（　　）Hz。

A. ±0.1　　B. ±0.2　　C. ±0.3　　D. ±0.5

5. 电网容量在 300 万千瓦以下者的供电频率允许偏差为（　　）Hz。

A. ±0.1　　B. ±0.2　　C. ±0.3　　D. ±0.5

6. 35 kV 及以上供电电压正、负偏差绝对值之和不超过标称电压的（　　）。

A. 5%　　B. 7%　　C. 10%　　D. 15%

7. 地铁当前最常用的电压等级是（　　）。

A. DC 750 V　　B. DC 1 500 V

C. AC 750 V　　D. AC 1 500 V

8. 220 V 单相供电电压偏差为标称电压的（　　）。

A. ±7%　　B. ±10%

C. +7%，－10%　　D. ±5%

二、填空题

1. 电力网采用分层结构，一般可划分为________、________配电网、________配电网和低压配电网。

2. 无备用接线电力网又称为________电力网，其接线简单、经济、运行方便，但供电可靠性差，通常在________配电网中使用较多。

3. 有备用接线电力网又称为________电力网，其供电可靠性高，通常在________配电网与输电网中运用。

三、综合分析题

1. 根据标称电压与额定电压的不同，从以下给定的词汇中选择合适的内容填空。

10%	5%	15%
380 V	400 V	35 kV

变压器一次侧接电源，相当于用电设备，二次侧向负荷供电，又相当于发电机，因此，变压器一次侧额定电压应等于系统标称电压（直接和发电机相连的变压器一次侧额定电压应等于发电机额定电压）。升压变压器二次侧额定电压较系统标称电压高____________；降压变压器二次侧额定电压有两种：一种是较系统标称电压高____________，另一种是较系统标称电压高____________。

一台降压变压器型号为 SCB10-630/35，其低压侧额定电压较系统标称电压高 5%，系统标称电压为 380 V，则其低压侧额定电压为____________；其高压侧系统的标称电压为____________。

2. 城市轨道交通牵引降压混合所和降压变电所担负着地铁列车的牵引用电和车站动力照明用电。根据图 1.9 牵引降压混合变电所主接线图，分析说明为什么两台牵引变压器接在 35 kV 相同的一段母线上，而两台降压变压器接在 35 kV 两段不同母线上？

第二章 城市轨道交通变配电所综合自动化系统概述

第一节 城市轨道交通变配电所综合自动化系统基本概念及发展

本节导读

城市轨道交通供电系统复杂而特殊，其综合自动化系统为保证一次供电设备的可靠工作提供了有效的监视、控制、保护等功能，同时提高了电气综合自动化水平，大大减少了电气专业维护和检修人员，有效提高了劳动生产率。本节内容从基础知识出发，简要介绍城市轨道交通变配电所综合自动化系统的基本概念和发展历程。

一、城市轨道交通变配电所综合自动化的基本概念

视频 2.1.1 城轨供电综合自动化系统的基本概念和体系结构

城市轨道交通供电（以下简称城轨供电）综合自动化是将城轨供电系统的二次设备（包括测量仪表、信号系统、继电保护、自动装置和远动装置等）经过功能的组合和优化设计，利用先进的计算机技术、现代电子技术、通信技术和信号处理技术，实现对全线路的主要设备和主变电所、牵引降压混合变电所、降压变电所等的自动监视、测量、自动控制和微机保护，以及与调度通信等综合性的自动化功能。

综合自动化系统，即利用多台微型计算机和大规模集成电路组成的自动化系统，代替常规的测量和监视仪表，以及常规控制屏、信号系统和远动屏，用微机保护代替常规的继电保护屏，改变常规的继电保护装置不能与外界通信的缺陷，简化了二次接线。综合自动化是提高城轨供电系统安全稳定运行水平、降低运行维护成本、提高经济效益、向城市轨道交通车辆及车站等用户提供高质量电能的一项重要技术措施。

二、发展城轨供电综合自动化的必要性

城轨供电系统作为整个城市轨道交通系统中的一个重要环节，担负着电能转换、分配、监测、控制和管理的任务。城轨供电系统继电保护、监控自动化系统是保证上述任

务完成的基础。在城市轨道交通线网调度统一指挥和协调下，城轨供电的综合自动化系统具体实施和保障着城市轨道交通全系统的安全、稳定、可靠运行。因此，城轨供电综合自动化是城市轨道交通控制中心的重要组成部分。它应确保实现以下功能和要求：

（1）检测供电系统故障，尽快隔离故障部分。

（2）采集城轨供电系统运行实时信息，对城轨供电系统运行进行监视、计量和控制。

（3）采集一次设备状态数据，供维护一次设备参考。

（4）实现当地后备控制和紧急控制。

（5）确保通信要求。

因此，要求城轨供电综合自动化系统运行高效、实时、可靠，需要对变电所内设备进行统一监测、管理、协调和控制。同时，又必须与控制中心进行实时、有效的信息交换、共享，提高控制中心安全稳定运行水平，提高经济效益，并为控制中心自动化的进一步发展留下空间。

传统变电所中，其二次设备及自动化系统存在诸多缺点，难以满足上述要求。例如：

（1）传统二次设备、继电保护、自动和远动装置等大多采取电磁型或小规模集成电路，缺乏自检和自诊断能力，其结构复杂、可靠性低。

（2）二次设备主要依赖大量电缆，通过触点、模拟信号来交换信息，信息量小、灵活性差、可靠性低。

（3）由于上述两个原因，传统变电所占地面积大、使用电缆多，电压互感器、电流互感器负担重，二次设备冗余配置多。

（4）远动功能不够完善，提供给控制中心的信息量少、精度差，且变电所内自动控制和调节手段不全，缺乏协调和配合力量，难以满足实时监测和控制的要求。

（5）电磁型或小规模集成电路调试和维护工作量大，自动化程度低，不能远方修改保护及自动装置的定值和检查其工作状态。有些设备易受环境的影响，如晶体管型二次设备，其工作点会受到环境温度的影响。

传统的二次系统中，各设备按设备功能配置，彼此之间相关性甚少，相互之间协调困难，需要值班人员进行比较多的干预，难以适应城市轨道交通快速发展的控制要求。另外需要对设备进行定期的试验和维修，即便如此，仍然存在设备故障（异常运行）不能及时发现的现象，甚至这种定期检修也可能引起新的问题，发生和出现由试验人员过失引起的故障。

发展城轨供电综合自动化的必要性还体现以下几个方面：一是随着城市轨道交通规模不断扩大，新增大量的城市轨道交通变配电所，使得供电系统结构更加复杂，这就使得控制中心调度值班人员掌握、管理、控制的信息也大量增长，城轨供电故障处理和恢复却要求更为迅速和准确；二是现代工业技术的发展，特别是电子工业技术的发展，计算机技术的普遍应用，对城市轨道交通系统的可靠供电提出了更高的要求；三是市场经济的发展，使得整个社会对环保要求更高，这样也对城市轨道交通系统的建设、运行和管理提出许多的要求，例如，要求城市轨道交通企业降低成本，提高经济效益；要求城市轨道交通的各级变配电所减少占地面积。要解决上述问题，显然仅依靠各级调度运行值班人员是难以解决的。现代控制技术的发展，计算机技术、通信技术和电力电子技术的进步与发展，电网自动化系统的应用，为上述问题提供了解决的方案。这些技术的综合应用造就了城轨供电综合自动化系统的产生与发展。

三、变电所综合自动化系统的发展过程

现有的变电所有三种形式：第一种是传统的变电所；第二种是部分实现微机管理、具有一定自动化水平的变电所；第三种是全面微机化的综合自动化变电所。变电所自动化的发展可以分为以下三个阶段。

1. 由分立元件构成的自动装置阶段

20 世纪 70 年代以前，由研究单位和制造厂家生产出的各种功能的自动装置，如自动重合闸装置、低频自动减负荷装置、备用电源自动投入、直流电源和各种继电保护装置等，主要采用模拟电路，由晶体管等分立元件组成，对提高变电所的自动化水平、保证系统安全运行，发挥了一定的作用。但这些自动装置，相互之间独立运行，互不相干，而且缺乏智能，没有故障自诊断能力，在运行中若自身出现故障，不能提供告警信息，有的甚至会影响供电系统安全。同时，分立元件的装置可靠性不高，维护工作量大，装置本身体积大，不经济。

2. 以微处理器为核心的智能化自动装置阶段

随着我国改革开放的发展，微处理器技术开始引入我国，并逐步应用于各行各业。在变电所自动化方面，用大规模集成电路或微处理器代替了原来的继电器晶体管等分立元件组成的自动装置，利用微处理器的智能和计算能力，可以发展和应用新的算法，提高测量的准确度和可靠性；能够扩充新的功能，尤其是装置本身的故障自诊断功能，对提高自动装置自身的可靠性和缩短维修时间是很有意义的；此外，由于采用了数字式，所以统一了数字信号电平，缩小了体积等，其优越性是明显的。由于这些微机型的自动装置，只是硬件结构由微处理器及其接口电路代替，并扩展了一些简单的功能，虽然提高了变电所自动控制的能力和可靠性，但基本上还是维持着原有的功能和逻辑关系，在工作方式上多数仍然是各自独立运行，不能互相通信，不能共享资源，变电所设计和运行中存在的问题没有得到根本的解决。

3. 变电所综合自动化系统的发展阶段

我国从 20 世纪 60 年代开始研制变电所自动化技术，到 70 年代初，便先后研制出电气集中控制装置和集保护、控制、信号为一体的装置。80 年代中期，由清华大学研制的 35 kV 变电站微机保护、监测自动化系统在威海望岛变电站投入运行。与此同时，南京自动化研究院也开发出了 220 kV 梅河口变电站综合自动化系统。此外，国内许多

高等院校及科研单位也在这方面做了大量的工作，推出了一些不同类型、功能各异的自动化系统，为国内的变电所自动化技术的发展起到了卓有成效的推动作用。进入90年代，变电所综合自动化已成为热门话题，研究单位和产品如雨后春笋般地涌现，具有代表性的公司和产品有：北京四方公司的CSC 2000系列综合自动化系统，南京南瑞集团公司的BSJ2200计算机监控系统，南京南瑞继电保护电气有限公司的RCS-9000系列综合自动化系统，上海惠安Power comm 2000变电站自动化监控系统，国电南自PS 6000系列综合自动化系统，许继电气公司的CBZ-8000系列综合自动化系统等。

第二节 变电所综合自动化系统的体系结构和配置

本节导读

通过本节介绍，可以从自动化系统的功能优势、体系结构、配置等角度对城市轨道交通供电综合自动化系统的构成有一个初步的了解。

一、变电所综合自动化的功能优势

变电所综合自动化采用自动控制和计算机技术，实现变电所二次系统的部分或全部功能。为达到这一目的，满足城市轨道交通系统运行对变电所的要求，变电所综合自动化系统体系由“数据采集和控制”“继电保护”“直流电源系统”三大块构成变电所自动化基础。“通信控制管理”是桥梁，联系着变电所内部各部分之间、变电所与控制中心之间，使其相互交换数据。“变电所主计算机系统”对整个综合自动化系统进行协调、管理和控制，并向运行人员提供变电所运行的各种数据、接线图、表格等画面，使运行人员可远方控制断路器分、合操作，还提供运行和维护人员对自动化系统进行监控和干预的手段。“变电所主计算机系统”代替了很多过去由运行人员完成的简单、重复和烦琐的工作，如收集、处理、记录、统计变电所运行数据和变电所运行过程中所发生的保护动作、断路器分/合闸等重要事件，还可按运行人员的操作命令或预先设定执行各种复杂的工作。“通信控制管理”连接系统各部分，负责数据和命令的传递，并对这一过程进行协调、管理和控制。

与变电所传统电磁式二次系统相比，在体系结构上，变电所综合自动化系统增添了“变电所主计算机系统”和“通信控制管理”两部分；在二次系统具体装置和功能实现上，计算机化的二次设备代替和简化了非计算机设备，数字化的处理和逻辑运算代替了模拟运算和继电器逻辑；在信号传递上，数字化信号传递代替了电压、电流模拟信号传递。数字化使变电所自动化系统与传统变电所二次系统相比，数据采集更精确、传递更方便、处理更灵活、运行维护更可靠、扩展更容易。变电所综合自动化系统结构体系较为典型的是：

（1）在低压无人值班变电所里，取消变电所主计算机系统或者简化变电所主计算机系统。

（2）在实际的系统中，更为常见的是将部分变电所自动化设备，如微机保护、RTU（远程终端单元）与变电所二次系统中电磁式设备（如模拟式指针仪表、中央信号系统）揉在一起，组成一个系统运行。这样，既提高了变电所二次系统的自动化水平，改进了常规系统的性能，又无须投入更多的物力和财力。

二、变电所综合自动化的结构模式

变电所综合自动化系统的结构模式主要有集中式、分布式和分散分布式三种。

1. 集中式结构

集中式一般采用功能较强的计算机并扩展其 I/O 接口，集中采集变电所的模拟量和数字量等信息，集中进行计算和处理，分别完成微机监控、微机保护和自动控制等功能。集中式结构也并非指只由一台计算机完成保护、监控等全部功能。多数集中式结构的微机保护、微机监控和与调度等通信的功能也是由不同的微型计算机完成的，只是每台微型计算机承担的任务不同。例如监控机要担负数据采集、数据处理、断路器操作、人机联系等多项任务；在担负微机保护的计算的同时，一台微机可能要负责多回线路的保护等。

集中式的主要特点有：

（1）能实时采集变电所各种模拟量、开关量，完成对变电所的数据采集和实时监控、制表、打印、事件顺序记录等功能。

（2）完成对变电所主要设备和进、出线的保护任务。

（3）结构紧凑、体积小，可大大减少占地面积。

（4）造价低，尤其是对 35 kV 及以下或规模较小的变电所更为有利。

（5）实用性好。

集中式的主要缺点有：

（1）每台计算机的功能较集中，若一台计算机出现故障，则影响面大，因此，必须采用双机并联运行的结构才能提高可靠性。

（2）软件复杂，修改工作量大，系统调试烦琐。

（3）组态不灵活，对不同主接线或规模不同的变电所，软、硬件都必须另行设计，工作量大。

（4）集中式保护与长期以来采用一对一的常规保护相比，不直观，不符合运行和维护人员的习惯，调试和维护不方便，程序设计麻烦，只适合于保护算法比较简单的情况。

2. 分布式结构

该系统结构的最大特点是将变电所自动化系统的功能分散给多台计算机来完成。分布式模式一般按功能设计，采用主从 CPU 系统工作方式，多 CPU 系统提高了处理并行多发事件的能力，解决了 CPU 运算处理的瓶颈问题。各功能模块（通常是多个 CPU）之间采用网络技术或串行方式实现数据通信，选用具有优先级的网络系统较好地解决了数据传输的瓶颈问题，提高系统的实时性。分布式结构方便系统扩展和维护，局部故障不影响其他模块正常运行。该模式在安装上可以形成集中组屏或分层组屏两种系统组态结构，较多地使用于中、低压变电所。

3. 分布分散（层）式结构

分布分散式结构系统从逻辑上将变电所自动化系统划分为两层，即变电所层（所级测控单元）和间隔层（间隔单元）。它也可分为三层，即变电所管理层、通信层和间隔层。

该系统的主要特点是按照变电所的元件、断路器间隔进行设计。将变电所一个断路器间隔所需要的全部数据采集、保护和控制等功能集中由一个或几个智能化的测控单元完成。测控单元可直接放在断路器柜上或安装在断路器间隔附近，相互之间用光缆或特殊通信电缆连接。这种系统代表了现代变电所自动化技术发展的趋势，大幅度地减少了连接电缆，减少了电缆传送信息的电磁干扰，且具有很高的可靠性，比较好地实现了部分故障不相互影响，方便维护和扩展，大量现场工作可一次性地在设备制造厂家完成。分布分散式结构的主要优点有：

（1）间隔级控制单元的自动化、标准化使系统适用率较高。

（2）包含间隔级功能的单元直接定位在变电所的间隔上。

（3）逻辑连接到组态指示均可由软件控制。

（4）简化了变电所二次部分的配置，大大缩小了控制室的面积。

（5）简化了变电所二次设备之间的互连线，节省了大量连接电缆。

（6）分布分散式结构可靠性高，组态灵活，检修方便。

第三节　变电所综合自动化系统研究的内容和特点

本节导读

本节通过对不同电压等级的变电所实现综合自动化系统情况的介绍，初步熟悉变电所综合自动化系统研究的主要内容、能够实现的功能作用；了解变电所综合自动化系统的特点、优点。

一、变电所综合自动化研究的主要内容

110 kV 及以上电压等级变电所，以服务于电力系统安全、经济运行为中心。通过先进的计算机技术、现代通信技术的应用，为新的保护和控制技术采用提供技术支持，解决过去不能解决的变电所监视、控制问题，促进各专业在技术上、管理上配合协调，为供电系统自动化进一步发展提供基础，提高变电所安全、可靠和稳定运行水平。如，采集高压电气设备本身的监视信息，断路器、变压器和避雷器等的绝缘和状态等；采集继电保护和故障录波器等装置完成的各种故障前后瞬态电气量和状态量的记录数据，将这些信息传送给调度中心，以便为电气设备的监视和制定检修计划、事故分析提供原始数据。对新建变电所取消常规的保护、测量监视、控制屏，全面实现变电所综合自动化，实现由少人值班逐步过渡到无人值班；对老变电所在控制、测量监视等进行技术改造，以达到少人和无人值班的目的。

对 35 kV 及以下电压等级变电所，以提高供电安全与供电质量为重点。侧重于利用变电所综合自动化系统，对变电所的二次设备进行全面的改造，取消保护、测量、监视和控制屏，全面实现变电所综合自动化，以提高变电所的监视和控制技术水平，改进管理，实现变电所无人值班。

1. 变电所综合自动化要实现的功能

（1）随时在线监视供电系统运行参数、设备运行状态；自检、自诊断设备本身的异常运行，发现变电所设备异常变化或装置内部异常时，立即自动报警并闭锁相应的出口，以防止事态扩大。

（2）供电系统出现事故时，快速采样、判断、决策，迅速隔离和消除事故，将故障限制在最小范围。

（3）完成变电所运行参数在线计算、存储、统计、分析报表和远传，保证自动和遥控调整电能质量。

2. 变电所综合自动化的两个方面

（1）横向综合：利用计算机手段将不同厂家的设备连在一起，替代或升级老设备。

（2）纵向综合：在变电所层这一级，提供信息、优化、综合处理分析信息和增加新的功能，增加变电所内部和各控制中心间的协调能力。如借用人工智能技术在控制中心间的协调能力，在控制中心实现对变电所控制和保护系统进行在线诊断和事件分析。

变电所综合自动化与一般自动化的区别在于，自动化系统是否作为一个整体执行保护、检测和控制功能。

视频 2.3.1 变电所综合自动化系统的内容、

二、变电所综合自动化系统的特点

变电所综合自动化系统具有功能综合化、系统结构微机化、

测量显示数字化、操作监视屏幕化、运行管理智能化等特征，和传统变电所二次系统不同的是，各个保护、测控单元既保持相对独立（如继电保护装置不依赖于通信或其他设备，可自主、可靠地完成保护控制功能，迅速切除和隔离故障），又通过计算机通信的形式，相互交换信息，实现数据共享，协调配合工作，减少了电缆和设备配置，增加了新的功能，提高了变电所整体运行控制的安全性和可靠性。

1. 功能综合化

变电所综合自动化系统是各技术密集，多种专业技术相互交叉、相互配合的系统。它是建立在计算机硬件和软件技术、数据通信技术的基础上发展起来的。它综合了变电所内除一次设备和交、直流电源以外的全部二次设备。微机监控子系统综合了原来的仪表屏、操作屏、模拟屏和变送器柜、远动装置、中央信号系统等功能；微机保护子系统代替了电磁式或晶体管式的保护装置；微机保护子系统和监控系统相结合，综合了故障录波、故障测距、无功电压调节和中性点非直接接地系统等子系统的功能。

2. 分级分布式微机化的系统结构

综合自动化系统内各子系统和各功能模块由不同配置的单片机或微型计算机组成，采用分布式结构，通过网络、总线将微机保护、数据采集、控制等各子系统连接起来，构成一个分级分布式的系统。一个综合自动化系统可以有十几个甚至几十个微处理器同时并行工作，实现各种功能。

3. 测量显示数字化

用液晶显示器上的数字显示代替了常规指针式仪表，更为直观、明了；而打印机打印报表代替了原来的人工抄表，这不仅减轻了值班员的劳动强度，而且提高了测量精度和管理的科学性。

4. 操作监视屏幕化

变电所实现综合自动化，使原来常规庞大的模拟屏被液晶显示器屏幕上的实时主接线画面所取代；常规在断路器安装处或控制屏上进行的分、合闸操作，被屏幕上的鼠标操作或键盘操作所取代；常规在保护屏上的硬连接片被计算机屏幕上的软连接片所取代；常规的光字牌报警信号，被屏幕画面闪烁和文字提示或语言报警所取代，即通过计算机上的液晶显示器，可以监视全变电所的实时运行情况和对各开关设备进行操作控制。

5. 运行管理智能化

智能化的含义不仅是能实现许多自动化的功能，例如，电压、无功自动调节，不完全接地系统单相接地自动选线，自动事故判别与事故记录，事件顺序记录，制表打印，自动报警等，更重要的是能实现故障分析和故障恢复操作智能化，实现自动化系统本身的故障自诊断、自闭锁和自恢复等功能，这对于提高变电所的运行管理水平和安全可靠性是非常重要的，也是常规的二次系统所无法实现的。变电所综合自动化的出现为变电所的小型化、智能化、扩大设备的监控范围、提高变电所安全可靠、优质和经济运行提供了现代化的手段和基础保证。它的运用取代了运行工作中的各种人工作业，从而提高了变电所的运行管理水平。

变电所综合自动化是实现无人值班（或少人值班）的重要手段，不同电压等级、不同重要性的变电所其实现无人值班的要求和手段不尽相同。但无人值班的关键是通过采取种种技术措施，提高变电所整体自动化水平，减少事故发生的机会，缩短事故处理和恢复时间，使变电所运行更加稳定、可靠。

6. 变电站综合自动化的优点

（1）控制和调节由计算机完成，减少了劳动强度，避免了误操作。

（2）简化了二次接线，整体布局紧凑，减少了占地面积，降低变电所建设投资。

（3）通过设备监视和自诊断，延长了设备检修周期，提高了运行可靠性。

（4）变电所综合自动化以计算机技术为核心，具有可发展、扩充的余地。

（5）减少了人的干预，使人为事故大大减少。

（6）提高经济效益。减少占地面积，降低了二次建设投资和变电所运行维护成本；设备可靠性增加，维护方便；减轻和替代了值班人员的大量劳动；延长了供电时间，减少了供电故障。

第四节　变电所综合自动化系统的功能

本节导读

变电所综合自动化系统由监控子系统、微机保护子系统、用于后备和紧急控制的自动装置等几部分构成，我们需要了解这些子系统在综合自动化系统中实现的功能，为后续学习城轨供电综合自动化系统的详细内容奠定基础。

变电所综合自动化功能由电网安全稳定运行和变电所建设、运行维护的综合经济效益要求所决定。变电所在电网中的地位和作用不同，变电所自动化系统有不同的功能。

一、监控子系统的功能

监控子系统应取代常规的测量系统，取代指针式仪表；改变常规的操作机构和模拟盘，取代常规的告警、报警、中央信号、光字牌等；取代常规的远动装置等等。监控子系统功能有：

1. 数据采集

数据采集有两种：一种是变电所原始数据采集。原始数据直接来自一次设备，如：

电压互感器、电流互感器的电压和电流信号，变压器温度以及断路器辅助触点，一次设备状态信号。变电站的原始数据包括模拟量和开关量。另一种是变电站自动化系统内部数据交换或采集。典型的如：电能量数据，直流母线电压信号，保护动作信号等。变电所的数据包括模拟量、开关量和电能量。

（1）模拟量的采集。各段母线电压，母联及分段断路器的电流，线路及馈线电压、电流、有功功率、无功功率，主变压器电流、有功功率和无功功率，电容器电流，直流系统电压、无功功率以及频率、相位、功率因数等。另外，还有少数非电量，如变压器温度保护、气体保护等。模拟量的采集有交流和直流两种形式。交流采样是将电压、电流信号不经过变送器，直接接入数据采集单元。直流采样是将外部信号，如交流电压、电流，经变送器转换成适合数据采集单元处理的直流电压信号后，再接入数据采集单元。在变电站综合自动化系统中，直流采样主要用于变压器温度、气体压力等非电量数据的采集。

（2）开关量的采集。断路器、隔离开关和接地开关的状态，有载调压变压器分接头的位置，同期检测状态，继电保护动作信号，运行告警信号等，这些信号都以开关量的形式，通过光隔离电路输入至计算机。

（3）电能计量。电能计量指对电能（包括有功和无功电能）的采集，并能实现分时累加、电能平衡等功能。数据采集及处理是变电所综合自动化得以执行其他功能的基础。

2. 数据库的建立与维护

监控子系统建立实时数据库，存储并不断更新来自 I/O 单元及通信接口的全部实时数据；建立历史数据库，存储并定期更新需要保存的历史数据和运行报表数据。

3. 顺序事件记录及事故追忆

顺序事件记录包括：断路器跳合闸记录，保护及自动装置的动作顺序记录，断路器、隔离开关、接地开关、变压器分接开关等操作顺序记录，模拟输入信号超出正常范围等。事故追忆功能：事故追忆范围为事故前 1 min 到事故后 2 min 的所有相关模拟量值，采样周期与实时系统采样同期一致。

4. 故障记录、录波和测距功能

变电所的故障录波和测距采用两种方法：一种是由微机保护装置兼作故障记录和测距，再将记录和测距的结果送监控系统存储及打印输出或直接送调度主站；另一种是采用专用的微机故障录波装置，并且故障录波装置应具有串行通信功能，可以与监控系统通信。对 35 kV 及以下的配电线路，很少设置专门的故障录波装置，为了分析故障的方便，可设置简单故障记录功能。对于大量中、低压变电所，没有配置专门的故障录波装置。而对 10 kV 出线数量大、故障率高的，在监控系统中设置了故障记录功能，这对正确判断保护的动作情况及正确分析和处理事故是非常必要的。

5. 操作控制功能

无论是无人还是少人值班的变电所，运行人员都可以通过液晶显示器屏幕对断路器、允许远方电动操作的隔离开关和接地开关进行分、合操作；对变压器及所用变压器分接开关位置进行调节控制；对补偿装置进行投、切控制，同时，要能接受遥控操作命令，进行远方操作；为了防止计算机系统故障时无法操作被控设备，在设计时，应保留人工直接跳、合闸方式。操作控制有手动和自动控制两种控制方式。手动控制包括控制中心控制、站内主控制室控制和就地控制，并具备控制中心/站内主控室、站内主控制室/就地手动的控制切换功能；自动控制包括顺序控制和调节控制。

6. 安全监视功能

监控系统在运行过程中，对采集的电流、电压、主变压器温度、频率等参数要不断进行越限监视，如发现越限，立刻发出告警信号，同时记录和显示越限时间和越限值，另外还要监视保护装置是否失电，自控装置是否正常等。

7. 人机联系功能

（1）液晶显示器、鼠标和键盘是人机联系的桥梁。变电所采用微机监控系统后，无论是有人值班还是无人值班，最大的特点之一是操作人员或调度员只要面对液晶显示器的屏幕，通过操作鼠标或键盘，就可以对全所的运行工况、运行参数一目了然，可对全站断路器和隔离开关等进行分、合操作，彻底改变了传统的依靠指针式仪表和模拟屏或操作屏等进行操作。

（2）液晶显示器显示画面。作为变电所人机联系的主要桥梁手段的液晶显示器，不仅可以取代常规的仪器、仪表，而且可实现许多常规仪表无法完成的功能。可显示采样和计算的实时运行参数（电压、电流、有功功率、无功功率、功率因数、有功电能、无功电能及主变压器温度、系统频率等）、实时主接线图、事件顺序记录、越限报警、值班记录、历史趋势、保护定值自控装置的设定值、故障记录和设备运行状态等。

（3）输入数据。指输入电流互感器和电压互感器变比、保护定值和越限报警定值、测控装置的设定值、运行人员密码等。

8. 打印功能

定时打印报表和运行日志，断路器、隔离开关操作记录，事件顺序记录，越限，召唤，抄屏，事故追忆等。

9. 数据处理与记录功能

在监控系统中，数据处理和记录也是很重要的环节。历史数据的形成和存储是数据处理的主要内容。此外，为了满足继电保护专业人员和变电站管理的需要，必须进行一些数据统计，主要有：记录母线电压日最高值和最低值以及相应的时间；主变压器及各条线路的功率、功率因数及电能的计算和统计；统计断路器、避雷器、重合闸的动作次数；统计断路器切除故障电流和跳闸次数的累计数；记录控制操作和定值的修改；事件顺序记录及事故追忆等。

10. 谐波的分析与监视

电能质量的一个重要指标是其谐波要限制在规定的范围内。随着非线性元件和设备的广泛使用，电力系统的谐波成分明显增加，影响程度也越来越严重，目前，谐波“污染”已成为电力系统的公害之一。因此，在综合自动化系统中，必须重视对谐波含量的分析和监视。对谐波“污染”严重的变电所，要采取适当的抑制措施，降低谐波含量。

11. 报警处理

报警处理内容包括：设备状态异常、故障；测量值越限及计算机监控系统的软/硬件、通信接口及网络故障等。

12. 画面生成及显示

画面显示的信息包括日历时间、经编号的测点、表示该点的文字或图形、该点实时数据或历史数据、经运算或组合后的各种参数等。由画面显示的内容包括全所生产运行的电气接线图、设备配置图、运行工况图、电压棒形图、实时参数曲线图、各种信息报告、操作票、工作票及各种运行报表等。

13. 在线计算及制表功能

（1）对变电所运行的各种常规参数进行统计及计算，如：日、月、年中的最大值、最小值及其出现的时间，电压合格率，变压器负荷率，全所负荷及电能平衡率等。

（2）对变电所主要设备的运行状况进行统计及计算，如：断路器正常操作及事故跳闸次数、变压器分接开关调节的档次、次数等。

（3）利用以上数据生成不同格式的生产运行报表，并按要求方式打印输出。

14. 电能量处理

电能量处理包括变电所各种方式采集到的电能量进行处理、对电能量进行分时段的统计计算以及当运行方式的改变而自动改变计算方法并在输出报表上予以说明等。

15. 远动功能

监控子系统能实现《地区电网调度自动化设计技术规程》（DL/T 5002—2005）、《电力系统调度自动化设计技术规程》（DL/T 5003—2017）中与变电所有关的全部功能，满足电网电能实时性、安全性和可靠性。

16. 运行管理功能

运行管理功能包括运行操作指导、事故记录检索、在线设备管理、操作票开列、模拟操作、运行记录及交接班记录等。

除上述功能外还具有时钟同步、防误闭锁、同步、系统自诊断与恢复以及与其他设备接口等功能。

二、微机保护子系统功能

微机保护系统功能是变电所综合自动化系统最基本、最重要的功能，它包括变电所的主设备和输电线路的全套保护，高压输电线路保护和后备保护，变压器的主保护、后备保护以及非电量保护，母线保护，低压配电线路保护，无功补偿装置保护，所用变保护等。各保护单元除应具备独立、完整的保护功能外，还应具有以下附加功能：

（1）事件记录功能。事件记录包括发生故障、保护动作出口、保护设备状态等重要事项的记录。

（2）与系统对时功能。以便准确记录发生事故和保护动作的时间。

（3）存储多种保护定值功能。

（4）当地人机接口功能。不仅可显示保护单元各种信息，还可以通过它修改保护定值。

（5）通信功能。提供必要的通信接口，支持保护单元与计算机系统通信协议。

（6）故障自诊断功能。通过自诊断，及时发现保护单元内部故障并报警。对于严重故障，在报警的同时，应可靠闭锁保护出口。

（7）各保护单元满足上述功能要求的同时，还应满足保护装置的快速性、选择性和灵敏性要求。

第五节　典型城市轨道交通自动化监控系统

本节导读

SCADA（Supervisory Control And Data Acquisition）系统，即数据采集与监视控制系统。SCADA 系统在城市轨道交通控制中心设有电力调度系统，在主变电所、牵引降压混合变电所、降压变电所、电源开关站设有综合自动化系统，并通过数据通道，实现控制中心对供电系统的运行状态进行实时监视、控制和数据采集。

一、概　述

SCADA 系统在控制中心设有电力调度系统（主站监控系统），在主变电所、牵引降压混合变电所、降压变电所、电源开关站设有综合自动化系统（子站系统），并通过数据通道，实现控制中心对供电系统的运行状态进行实时监视、控制和数据采集。除利用遥控、遥信、遥测、遥调功能监视供电系统的运行情况，及时掌握和处理供电系统的各种事故、报警事件功能外，利用该系统的后台工作站还可以对系统进行数据归档和统计报表功能，实现供电系统设备的自动化调度管理，以确保供电系统安全可靠和经济运行。

以某城市地铁 3 号线为例，全线配置一套电力监控与数据采集系统，采用计算机型监控装置，1∶N 集中监控方式，系统预留远期扩展裕度，进行分期实施。主站监控系统采用分布式计算机局域网络结构，客户机/服务器模式，网络重要设备冗余配置。子站系统（综合自动化系统）设在主变电所、牵引降压混合变电所、降压变电所。变电所综合自动化系统采用集中管理，分散控制模式。主变电所内设置集中监控台设备，为值班员提供管理界面。控制信号屏配置有人机接口工作站，为运行人员提供监控图形界面，同时留有与外界便携式计算机的接口，用于对综合自动化子系统的调试、维护及所内监控。

在车辆基地供电车间内设置复示系统，通过与控制中心电力监控与数据采集系统联网，完成对全线供电系统设备的维修和调度管理。

视频 2.5.1　城市轨道交通自动化监控系统典型案例

二、系统软件

（一）操作系统软件

操作系统是计算机的资源管理系统，它实现对计算机资源的分配、控制、调度及回收。在操作系统平台的选择上主要考虑可靠性、安全性、可移植性、实时响应性、柔软性、技术支持性、多任务并发处理能力、网络管理能力等性能特点。

（二）应用软件

SCADA 电力监控系统具有成熟的工程运行经验、高度的稳定性、安全性。SCADA 电力监控系统有完善的模块化设计的应用软件包及系统组态、调试软件包。系统配置的应用软件满足系统各种功能要求。应用软件采用模块化设计，各种应用软件模块接口简单，一个模块故障不影响其他模块运行。应用软件程序主要模块如下：

（1）日志模块：日志有全日志和专项日志，专项日志是全日志的子集。

（2）报表模块：表格分为报警表格和一般表格，其中报警表格包括电力系统工艺报警表、系统设备故障报警表；其他属于一般表格，包括模拟量超量程表、开关量抖动表、强制禁止表、变化率超差表。

（3）列表模块：列表包含了所有的物理点，利用列表功能可以查询不同专业、不同应用类型、不同工艺系统、不同设备类型的点，并且可以实时查询这些点的值和状态。同时用户可以自己任意定义几组查询组，方便用户的查询。

（4）历史趋势模块：历史数据的趋势组有固定趋势组和自定义趋势组，固定趋势组是离线数据库组态时生成的，用户不能修改；自定义趋势组是在线时每个操作员站自己组态的趋势组，只保存在自己的操作员站上。

（5）人机接口模块：用于用户画面的显示，曲线和直方图图像生成、人机对话等。

（6）遥控执行模块：用于遥控命令的确认、校验、发出和执行结果的显示。

（7）遥信处理模块：用于遥信信息的确认、结果显示。

（8）遥测处理模块：用于遥测信息的确认、越限比较、结果显示。

（9）系统时钟模块：用于与主母钟系统同步对时，向变电所综合自动化系统发布同步命令。

（10）远方通信模块：实现与远方计算机之间的信息交换，系统采用通用性强的通信规约，并向用户开放。

（11）通信管理模块：监视通信通道的运行状态。

（12）网络管理模块：监视网络的运行。

应用软件具有良好的开放性和组态特性，通过配置方式完成各种系统功能的组态。具有看门狗、自诊断、自恢复功能。

三、系统与外界接口

（一）与 35 kV 系统接口

SCADA 系统对变电所高压交流保护测控装置可分为段进行通信。在开关柜内分别设置通信单元，接入高压保护设备，通信单元将高压保护设备的接口或协议进行转换后接入控制信号盘内。控制信号盘内通信控制器通过间隔层交换机，完成对高压交流保护设备的数据采集与控制等接口功能，接口分界如图 2.1 所示。

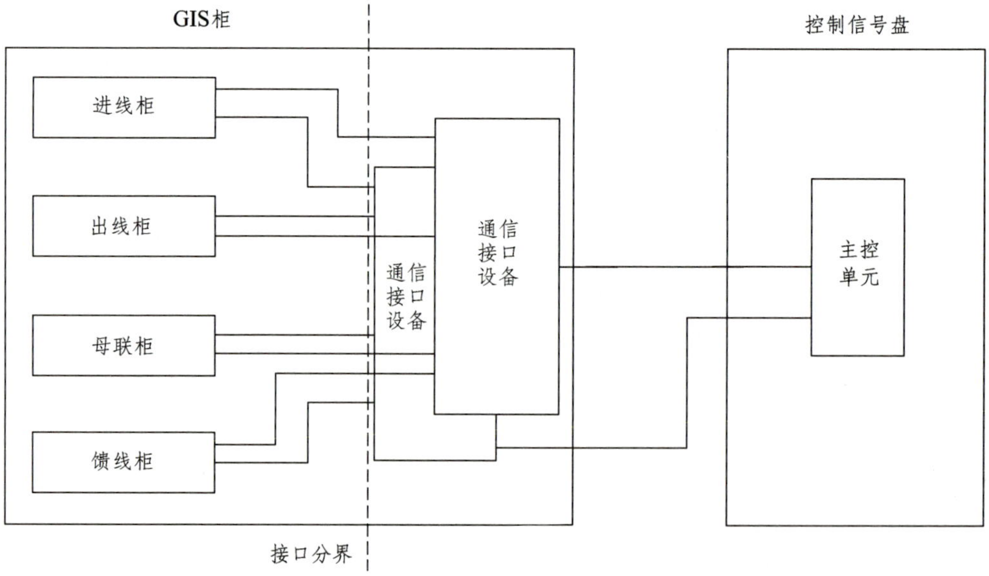

图 2.1　35 kV 系统接口图

（二）与直流系统接口

SCADA 系统在直流系统设备柜内配置通信单元，接入直流 1 500 V 间隔层设备。

通信单元将直流保护设备的接口或协议转换后接入控制信号盘内，控制信号盘内的通信控制器再通过间隔层交换机完成对直流保护设备的数据采集与控制等接口功能。接口分界如图 2.2 所示。

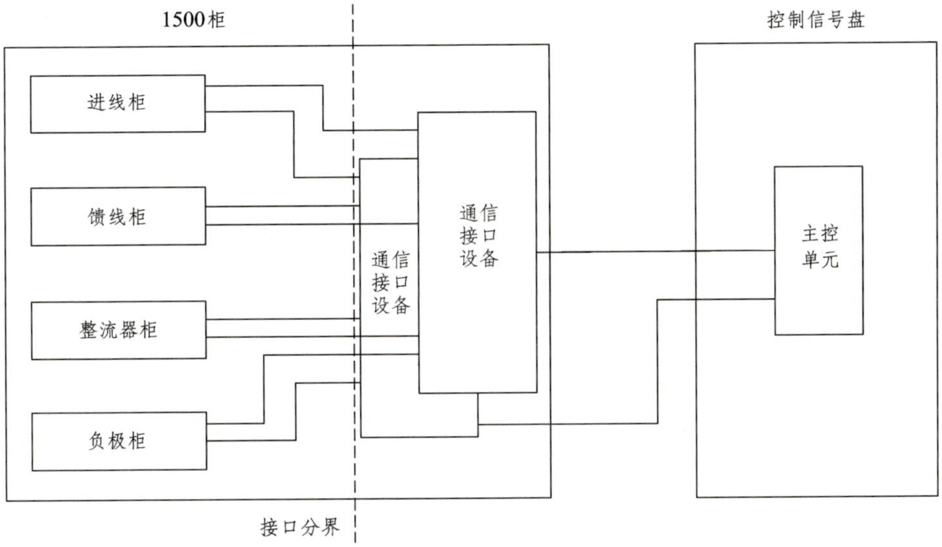

图 2.2　直流系统接口图

（三）与 400 V 系统接口

SCADA 系统在低压交流开关柜内配置通信单元，接入低压交流测控设备，通信单元将低压交流测控设备的接口或协议转换后接入控制信号盘内，控制信号盘内的通信控制器再通过间隔层交换机完成对低压交流测控设备的数据采集与控制等接口功能。接口分界如图 2.3 所示。

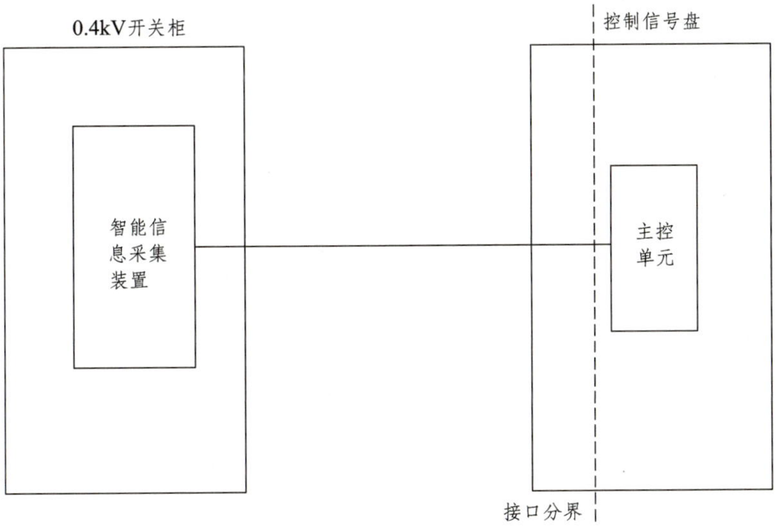

图 2.3　400 V 系统接口图

（四）与交直流屏系统接口

SCADA 系统完成与变电所交直流屏设备的接口，将与交直流屏设备接口相关功能纳入到 SCADA 系统中，使运行人员方便直观地对该设备数据进行监视和控制。接口分界如图 2.4 所示。

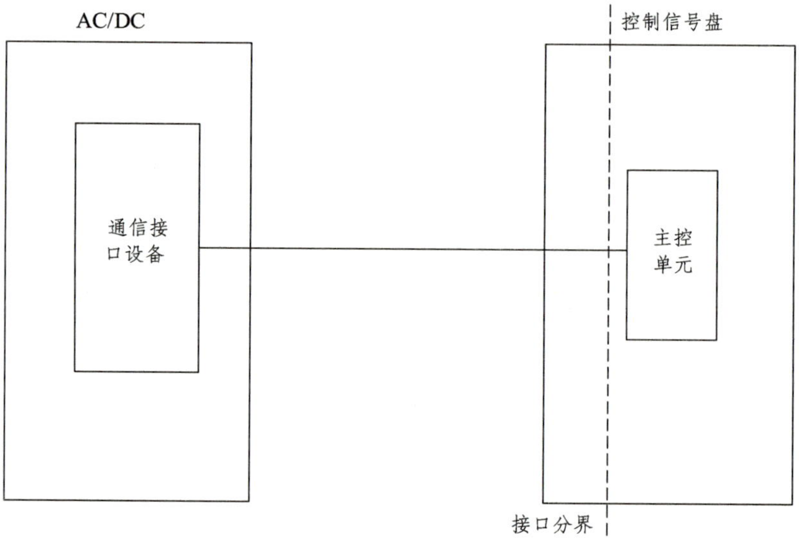

图 2.4 交直流屏接口

（五）与隔离开关接口

隔离开关以硬接线的方式连接到 PLC 端子排上，通过 PLC 采集信息再上传至通信控制器中。接口分界如图 2.5 所示。

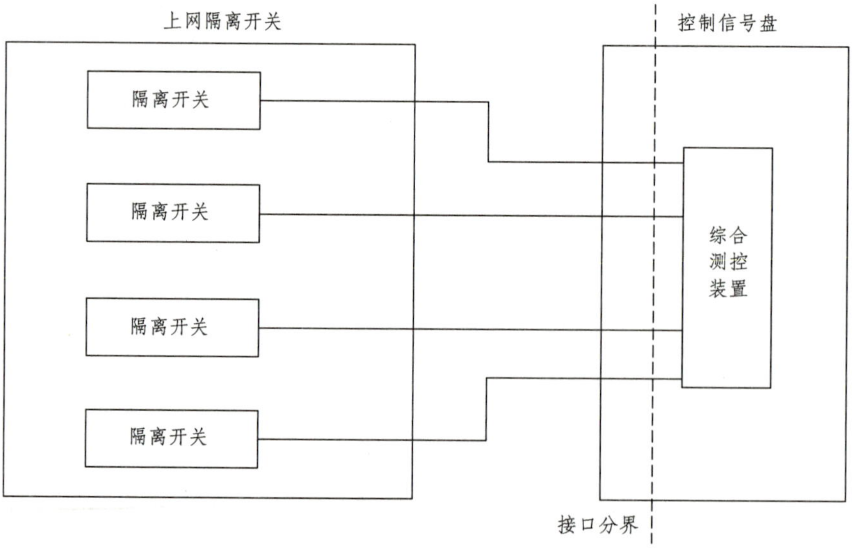

图 2.5 上网隔开接口

四、系统构成实例

图 2.6 为牵引降压混合变电所综合自动化系统的构成；图 2.7 为降压变电所综合自动化系统的构成。对比两图，主要差异为牵引降压混合变电所综合自动化系统有 1 500 V 保护测控单元，而降压变电所综合自动化系统没有该模块。

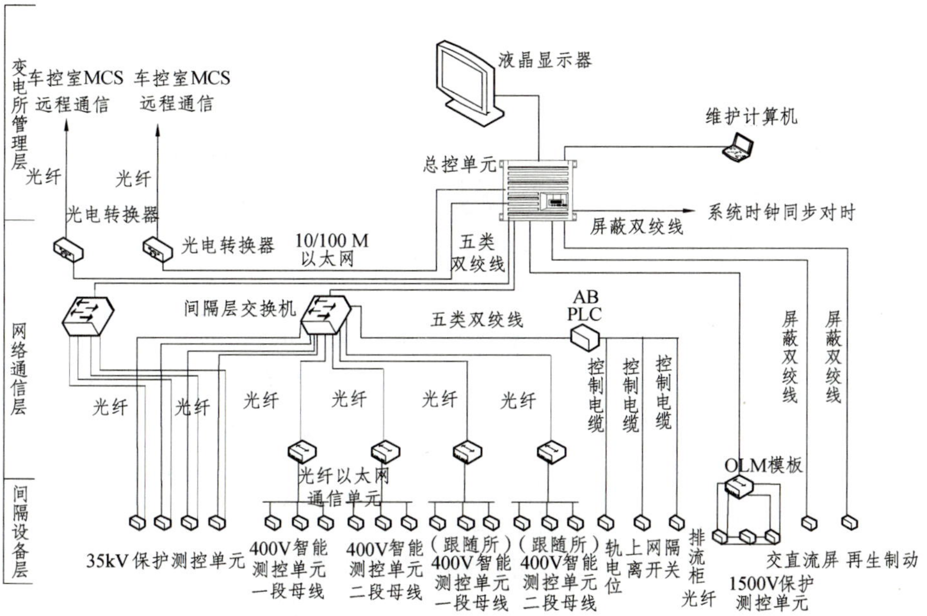

图 2.6　牵引降压混合变电所综合自动化的系统构成

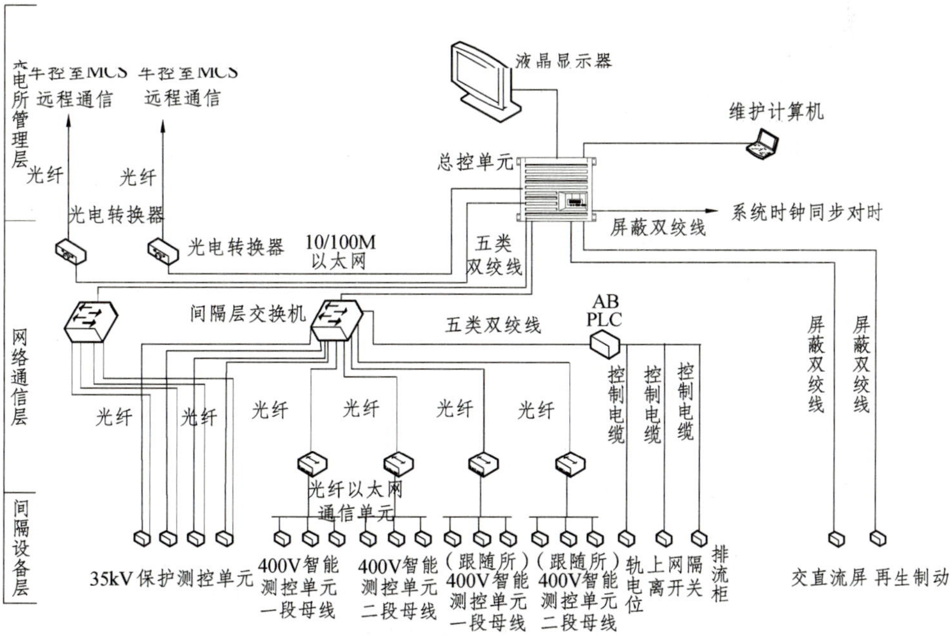

图 2.7　降压变电所综合自动化的系统构成

综合练习

一、单项选择题

1.（　　）是桥梁，联系着变电所内部各部分之间、变电所与控制中心之间使其相互交换数据。

A. 微机保护系统　　B. 通信控制管理

C. 数据采集系统　　D. 直流电源系统

2.（　　）不是变电所综合自动化系统的优点。

A. 控制和调节由计算机完成，减少了劳动强度，避免了误操作

B. 简化了二次接线，整体布局紧凑，减少了占地面积，降低变电所建设投资

C. 减少了人的干预，使人为事故大大减少

D. 操作时不能看到设备，不直观

3.（　　）不是变电所综合自动化系统数据采集的量。

A. 电流　　B. 有功电能

C. 断路器位置信号　　D. 通信状态

4. 监控系统在运行过程中，对采集的电流、电压、主变压器温度、频率等量要不断进行越限监视，如发现越限，立刻发出（　　），同时记录和显示越限时间和越限值，另外还要监视保护装置是否失电，自控装置是否正常等。

A. 合闸指令　　B. 分闸信号

C. 分闸指令　　D. 告警信号

5.（　　）是变电所综合自动化系统最基本、最重要的功能，它包括变电所的主设备和输电线路的全套保护。

A. 监控子系统　　B. 通信系统

C. 微机保护系统功能　　D. 数据采集系统

6. 要构成变电所综合自动化系统，必需的软件包括（　　）。

A. 操作系统软件和应用软件　　B. 操作系统软件

C. 应用软件　　D. 组态软件

二、填空题

1. 变电所综合自动化系统体系由________________、________________、直流电源系统三大块构成变电所自动化基础。

2. 变电所综合自动化系统的结构模式主要有__________、__________和__________三种。

3. 无论是无人还是少人值班的变电所，运行人员都可通过液晶显示器屏幕对断路器、允许远方电动操作的隔离开关和接地开关进行________________。

4. ______________功能是变电所综合自动化系统最基本、最重要的功能，它包括变电所的主设备和输电线路的全套保护。

5. SCADA 电力监控系统有完善的模块化设计的应用软件包及________________、____________________。

三、综合分析题

1. 对于城市轨道交通牵引降压混合变电所、降压变电所系统，综合自动化系统与外界的接口主要包括哪 5 项？从以下给定的选项中选择。

与 35 kV 系统接口	与 1 500 V 直流系统接口	与 400 V 系统接口
与交直流屏系统接口	与 110 kV 系统接口	与隔离开关接口

2. SCADA 系统的应用软件程序包括哪些模块？

第三章 城市轨道交通综合自动化系统构成

电力监控系统由设置在控制中心的监控系统、设置在各变电所内的SCADA子系统以及联系二者的通信通道构成。电力监控系统采用分层分布式结构，分为中央级监控系统层、车站级监控系统层、就地设备自动化系统层。中心级和车站级之间通过骨干网或专用通信网络连接。

一、电力监控系统的组成

电力监控系统包括调度主站系统、变电站综合自动化系统和所间通信通道三部分。位于控制中心的调度主站系统通过通信通道与变电所主控单元进行信息交换，变电所综合自动化系统通过所内通信网与所内的智能电子设备通信，通过通信通道与调度主站进行通信。变电所综合自动化系统由站控主单元和所内通信网等组成。

（1）调度主站系统主要由SCADA服务器、数据库服务器、调度员工作站、操作员工作站等组成，它们通过冗余的以太网连接。

（2）变电站综合自动化系统由站控主单元、间隔层和所内通信网组成。不仅可以完成传统的远程终端功能，还可以实现变电所各种设备的监控功能，包括各个设备的电流、电压、功率、电度数采集和电气一次设备的控制、监视、联动、联锁、闭锁、自动投切等。

二、电力监控系统的结构

视频3.1.1 城轨供电综合自动化系统构成

电力监控系统的结构一般采用二级管理（车站级、控制中心级）和三级监控（控制中心级、车站级、现场级）的结构。

中心级和车站级监控的重心有所不同。PSCADA系统的监控重心在中央控制中心（OCC），变电所设备（400 V）的默认控制权在中心，车站/变电所保留对供电设备的控制功能但重点是监视（其中车站只保留400 V设备控制功能）；对所控设备，中心、车站和变电所遥控是互斥关系，即中心、车站和变电所不可同时对受控设备进行遥控操作。

中心级、车站级和变电所通过控制权限移交机制实现控制权管理。

第一节　控制中心监控系统构成

本节导读

控制中心电力监控系统作为城市轨道交通供电系统监控的最顶层与全系统供电可靠性的中枢指挥系统，发挥着极其重要的作用。本节主要介绍其系统组成情况。

控制中心电力监控系统由中央级局域网络、主备服务器、主备电力调度操作员工作站、维护工作站、复示工作站、时钟子系统、音响报警设备、监控软件等构成。

控制中心配置 UPS 电源，保证监控设备的不间断供电。

视频 3.1.2　高速铁路供电监控系统基本概念

一、中央级局域网络

中央级局域网采用高速交换工业以太网，网络双冗余配置，互为热备用，自动切换，采用 TCP/IP 协议。中央级局域网把 OCC 的所有 SCADA 设备连接起来，并通过地铁骨干网实现中央级局域网与车站局域网的连接。由于采用了冗余的高速交换网络技术，极大地提高了控制中心系统对地铁全线变电站自动化系统控制的可靠性、及时性，提高了系统的响应速度。

二、服务器

系统采用冗余的两台服务器，自动切换，互相显示状态信息，实现全线数据的管理。系统软件具有友好的汉化图形人机界面。系统采用的数据库具有最新技术水平，符合工业控制数据库的发展方向，真正实现开放互联及分布式的数据库管理。同时系统具有开放式的软件和通信接口，可以与外系统通信。

主备服务器承担实时数据处理和历史数据及文档存储管理，操作员工作站可对全线供电系统进行监视和执行操作。

三、维护工作站

维护工作站，又称工程师工作站，主要供维护工程师在 OCC 从事全线 SCADA 软件的维护、组态、运行参数的定义、系统数据库的维护及用户操作画面的修改、增加、故障的检查和资料查询等，实现变电站自动化系统程序及各监控站工程修改功能，满足远程系统维护的要求。维护工作站具有较高的操作级别，同时具有操作记录功能。

四、电力调度操作员工作站计算机

系统配置两套功能完全等价、互为备用、实时监控的操作员工作站。它用于调度人员的日常控制、监视、和调度管理工作。任一时刻两者均能同时监视各种信息，但在同一时刻仅允许一台操作员工作站发出遥控命令。主备操作员计算机机型和规格与维护计算机相同。

五、时钟子系统

SCADA 系统与综合监控系统共用时钟系统，通过数字串行或网络接口与行车调度指挥中心通信系统主母钟进行同步对时。电力监控系统主站定时与各变电所综合自动化系统定时同步对时，同步间隔时间可调。

六、音响报警设备

系统配置音响报警设备，反映事故信息及预告信息的报警。事故报警与预告报警有不同的音响频率。行车调度指挥中心报警器放置于电力调度控制台内，与操作员站连接，变电所内报警器放置于控制信号盘内，与所内主站连接。

七、监控软件

监控软件要实现数据采集和协议转换，收集数据进行判断和处理，人机界面监控和操作的工程组态。中心级服务器及各工作站的监控软件一般为同一厂家提供的同一版本构成，车站级可以为不同厂家提供，但是需要由相应的通信规约驱动实现中心和车站的信息互联。

八、复示系统

复示系统仅用于监视全线设备的运行情况，使调度人员和供电维护人员及时了解现场事故信息，提高处理事故的工作效率，缩短停电时间。

复示系统主要设备包括计算机、工作台等，复示系统计算机与维护计算机的规格相同。

供电复示系统设在供电车间设备运行监控间和维修中心调度值班室内，供电复示系统工作站通过供电车间以太网交换机与综合监控系统交换机连接来获取全线供电系统设备信息。

第二节　车站变电所控制系统构成

本节导读

车站变电所电力监控系统多采用分层、分布式结构，主要用于对车站变电所电气系统进行监视和控制。本节主要介绍其系统组成情况。

变电所电力监控系统采用分层、分布式结构，设备采用集中与分散相结合的布置方式。整个系统由站级管理层、网络通信层和间隔设备层构成，分别为控制信号屏（包括上位监控单元、液晶显示器）、下位单元（综合保护测控单元）及所内通信网络。各下位监控单元安装于各开关柜内，上位监控单元通过所内通信网络对其进行监视控制。

车站级变电所分为降压变电所、牵引降压混合变电所、跟随式降压变电所，跟随式降压变电所一般位于正线区间或车辆段内，附属于相邻的降压变电所或牵引降压混合变电所。

跟随式降压变电所内设置与车站变电所通信的网络接口设备，接入采用光纤以太网方式。

车辆段牵引降压混合变电所综合自动化系统设备构成与正线各牵引降压混合变电所相同。

一、站级管理层

站级管理层由设置于各变电所控制信号屏内的主监控单元、通信管理单元、智能综合测控装置等构成，负责变电所内通信管理、规约转换、与中心级系统的通信。通信管理单元采用双机冗余结构，可选用整机冗余或任务冗余，采用任务冗余时需满足遥控命令转发及自动清除功能，防止拒动或误控发生。

设置在变电所控制信号屏内的通信管理单元、主监控单元为站级管理层。对于不宜设置监控单元的开关设备（例如钢轨电位限制装置、接触网电动隔离开关等）的控制监视，由控制信号屏通过具备总线接口的智能测控装置直接监控。主监控单元采用高性能平板式工控机。通信管理单元完成所内网络的管理，与各测控保护单元及有关IED（智能电子设备）进行数据通信，将所辖供电设施的运营信息实时地传送至控制中心主站系统，同时下达主站系统的控制、调整、查询及诊断等命令。主监控单元提供变电所电力监控系统的人机接口界面，供电系统管理人员可以通过主监控单元的液晶显示器查询系统信息、各种历史数据、模拟量数据及下发操作指令等。

二、间隔设备层

间隔设备层由分散安装于各开关柜内的保护测控一体化单元、交直流屏监控单元、钢轨电位限制装置以及接入变电所电力监控系统的接触网电动隔离开关、排流柜等设备构成。

间隔层设备包括：

（1）35 kV GIS 综合保护测控单元。

（2）1 500 V 直流开关柜综合保护测控单元（牵引降压混合变电所内）。

（3）0.4 kV 开关柜智能信息采集单元。

（4）整流器监控单元/整流变压器温控器（牵引降压混合变电所）。

（5）配电变压器温控器。

（6）交直流电源装置监控单元。

（7）上网/越区电动隔离开关（牵引降压混合变电所）。

（8）钢轨电位限制装置。

（9）排流柜（牵引降压混合变电所内）。

这些设备通过多种开放的现场总线形式或部颁电力标准协议接入上位监控单元。对于非公开的协议，根据相关设备厂家提供的通信协议说明，在上位监控单元中编制驱动程序接入 SCADA 系统。

三、变电所通信网络

变电所综合自动化系统的通信网络优先采用工业以太网结构，网络传输媒介优先采用光纤总线，通信传输速率不小于 19.2 kb/s。牵引降压混合变电所及降压变电所管理层与间隔层单元之间通过网络通信层实现数据传输，如图 3.1 所示。

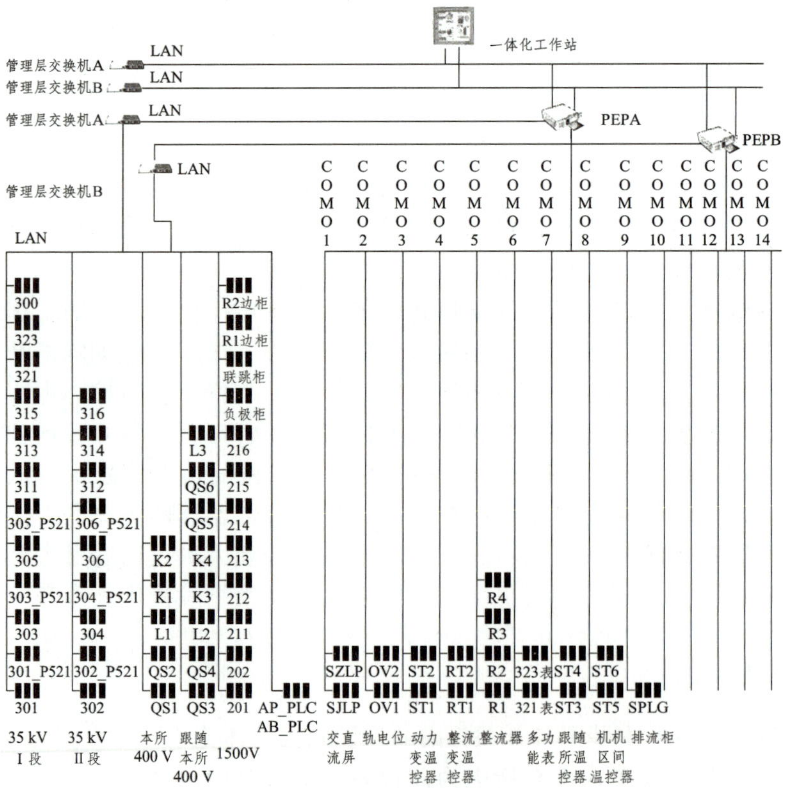

图 3.1　变电所通信结构图

第三节　主变电所控制系统构成

本节导读

主变电所电力监控系统也多采用分层、分布式系统，主要用于对主变电所电气系统进行监视和控制。本节主要介绍其系统组成情况。

主变电所电力监控系统采用分层分布式系统。分为站级控制层和间隔级控制层二层，间隔级控制层将采集和处理后的数据信号经光纤或双绞线传输到站级控制层，各间隔级单元相互独立，互不影响。

站级网络采用高速以太网或现场总线结构；间隔级网络采用实时、可靠、抗干扰性能好的现场总线或以太网通信网络，网络传输速率需满足系统的实时性要求，双网冗余结构。

系统配置一台操作员工作站。

110 kV 间隔级控制层采取相对集中方式，35 kV 间隔级设备及其保护装置下放至 35 kV 配电装置设备间。I/O 测控屏与站级控制层的主机之间通过双绞线或光纤进行通信。

站级层和间隔层之间通过所内局域网进行连接。

某主变电所控制系统通信结构如图 3.2 所示。

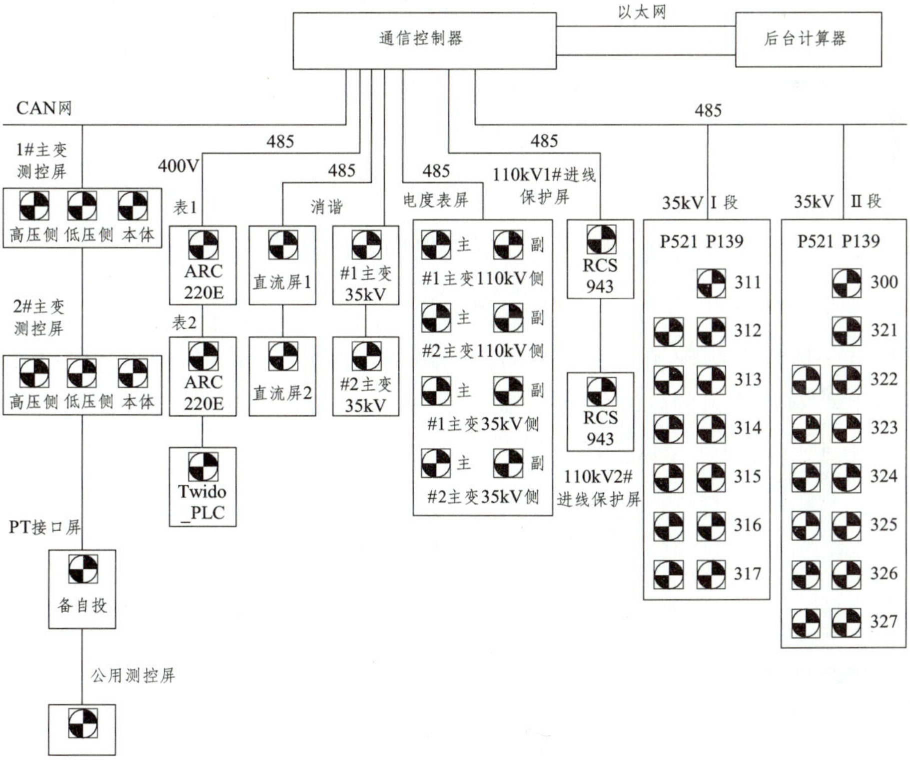

图 3.2　某主变电所通信结构图

第四节　场段接触网隔离开关监控系统构成

本节导读

车辆段和停车场的接触网隔离开关的监控，纳入其牵引降压混合所电力监控系统，本节主要介绍其系统组成情况。

车辆段和停车场的接触网隔离开关监控系统纳入车辆段和停车场牵引降压混合所电力监控系统中，监控软件与变电所电力监控系统使用同一平台，车辆段和停车场变电所控制信号屏上设置隔离开关的控制开关及指示灯。接触网隔离开关监控系统实现对车辆段接触网供电分区的电动隔离开关的远程分合闸、故障状态监视及报警、接触网带电状态实时监视，以提高供电系统的自动化水平、运营管理效率及可靠性。

接触网隔离开关监控系统由设置在车辆段、停车场牵引降压混合变电所主控屏内的监控主站、车辆段和停车场牵引供电分区电动隔离开关当地的监控子站及联系两者的总线型光纤环网构成。牵引降压混合变电所内的监控主站由可编程控制器（包括 CPU 模块、电源模块、I/O 模块、光纤通信模块等）、液晶触摸屏等构成。当地监控子站采用带光纤总线通信模块的可编程控制器，安装于电动隔离开关操作机构箱附近的控制柜内。接触网隔离开关监控系统通过牵引降压混合变电所主控屏内的总线通信接口与牵引降压混合变电所控制信号屏的通信管理单元连接，实现与控制中心电力调度系统的远程通信。

1. 控制范围

车辆段和停车场供电分区范围内接触网电动隔离开关。

2. 监视范围

隔离开关监控系统现场网络及网络节点运行状况，车辆段和停车场供电分区范围内接触网电动隔离开关分合闸位置状态信号、控制回路断线信号、电机回路故障信号、远方/当地控制档位信号、接触网带电状态信号。

第五节　系统通道

本节导读

本节主要介绍综合监控系统骨干网的构成、特点及拓扑结构。

站级电力监控系统与中央级电力监控系统通过综合监控网络进行互联。

一、综合监控系统骨干网构成

综合监控系统骨干网是综合监控系统整体网络的主干道，它将连接车站局域网、车辆段局域网以及控制中心局域网，它由设在车站、车辆段/停车场、控制中心、主变电所等地点的交换设备及交换设备之间的通信传输系统提供的传输通道构成。

各车站、车辆段/停车场及控制中心等均作为网络节点，每个节点均采用主备冗余的两套以太网交换机，所有车站、车辆段、控制中心的电力监控系统设备都连接到相应局域网上进行数据通信，从而构成一个完整的监控系统。

二、综合监控系统骨干网的特点以及拓扑结构

综合监控系统对各集成和互联系统监控的实时性和在突发事故发生时各系统数据量突增的特点，决定了网络的吞吐量必须足够大。为了保证系统性能和将来的扩充，服务器、网络和软件平台的处理能力都必须预留 50%的富余量。由通信系统传输平台负责提供 2 条具有链路层功能的环形 1 000 M 带宽的传输通道，由综合监控系统设置的以太网交换机完成网络冗余等第三层网络功能。拓扑结构如图 3.3 所示。

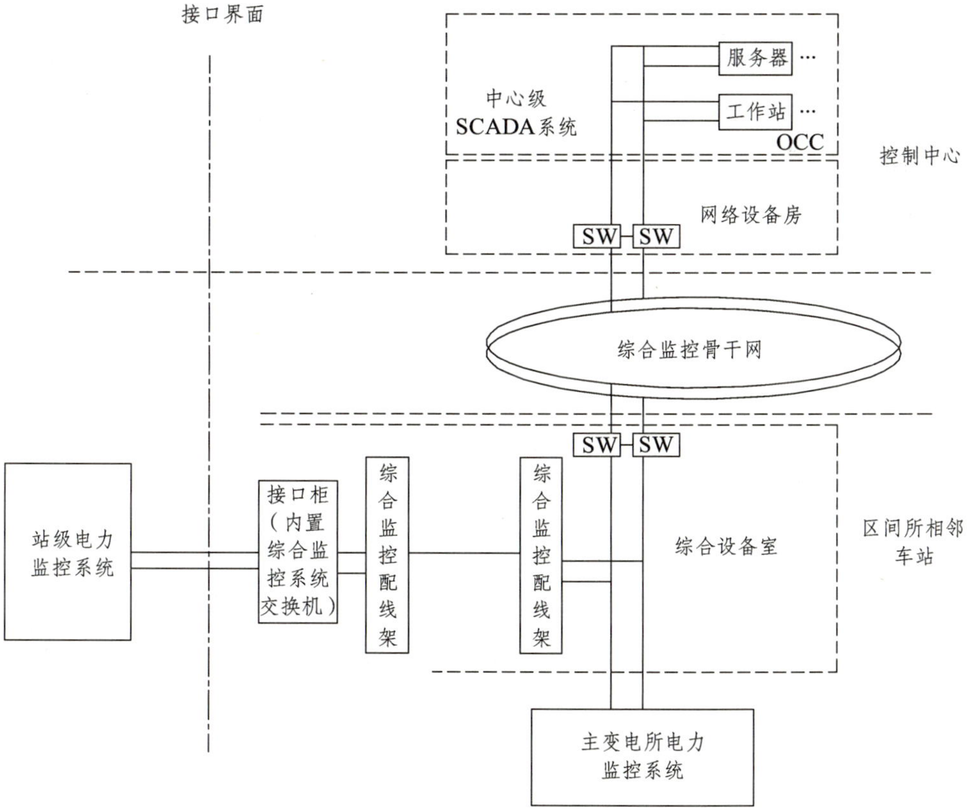

图 3.3 骨干网拓扑图

综合练习

一、单项选择题

1. 中央级局域网一般采用高速交换工业以太网，网络（　　）配置，互为热备用，自动切换，采用 TCP/IP 协议。

A. 单网　　B. 双冗余

C. 单冗余　　D. 多冗余

2. 监控软件要实现数据采集和协议转换、收集数据进行判断和处理、人机界面（　　）的工程组态。

A. 监控和操作　　B. 监视和测量

C. 操作和读取　　D. 测量和保护

3. 各车站、车辆段/停车场及控制中心等均作为网络节点，每个节点均采用主备冗余的两套以太网交换机，所有车站、车辆段、控制中心的电力监控系统设备都连接到相应（　　）上进行数据通信，从而构成一个完整的监控系统。

A. 工作站　　B. 广域网

C. 局域网　　D. 系统

4. （　　）仅用于监视全线设备的运行情况，使调度人员和供电维护人员及时了解现场事故信息，提高处理事故的工作效率，缩短停电时间。

A. 复示系统　　B. 通信系统

C. 监控系统　　D. 操作系统

5. 牵引降压混合变电所内的监控主站一般由（　　）和液晶触摸屏等构成。

A. 计算机　　B. 可编程控制器

C. 变频器　　D. 继电器

二、填空题

1. 电力监控系统采用分层分布式结构，一般分为____________、____________、____________。

2. 车站级变电所分为____________、____________、跟随式降压变电所，跟随式降压变电所一般位于正线区间或车辆段内，附属于相邻的降压变电所或牵引降压混合变电所。

3. 变电所综合自动化系统的通信网络优先采用____________，网络传输媒介优先采用光纤总线，通信传输速率不小于 19.2 kb/s。

4. 主变电所电力监控系统采用分层分布式系统。分为二层：站级控制层和间隔级控制层，间隔级控制层将采集和处理后的数据信号，经____________传输到站级控制层，各间隔级单元相互独立，互不影响。

5. 车辆段和停车场的接触网隔离开关监控系统纳入车辆段和停车场____________电力监控系统中，监控软件与变电所电力监控系统使用同一平台。

三、综合分析题

1. 简要说明综合监控系统骨干网的作用。

第四章 城市轨道交通变配电所综合自动化系统功能

电力监控系统由设置在 OCC 的 SCADA 监控计算机系统、设置在各种变电所内的综合自动化子系统以及联系二者的通信通道构成，OCC 电力监控主站连接在 OCC 局域网上，变电站综合自动化系统连接在车站局域网上，两局域网又由全线通信骨干网连接起来。图 4.1 为变电站 SCADA 系统与供电设备结构示意图。

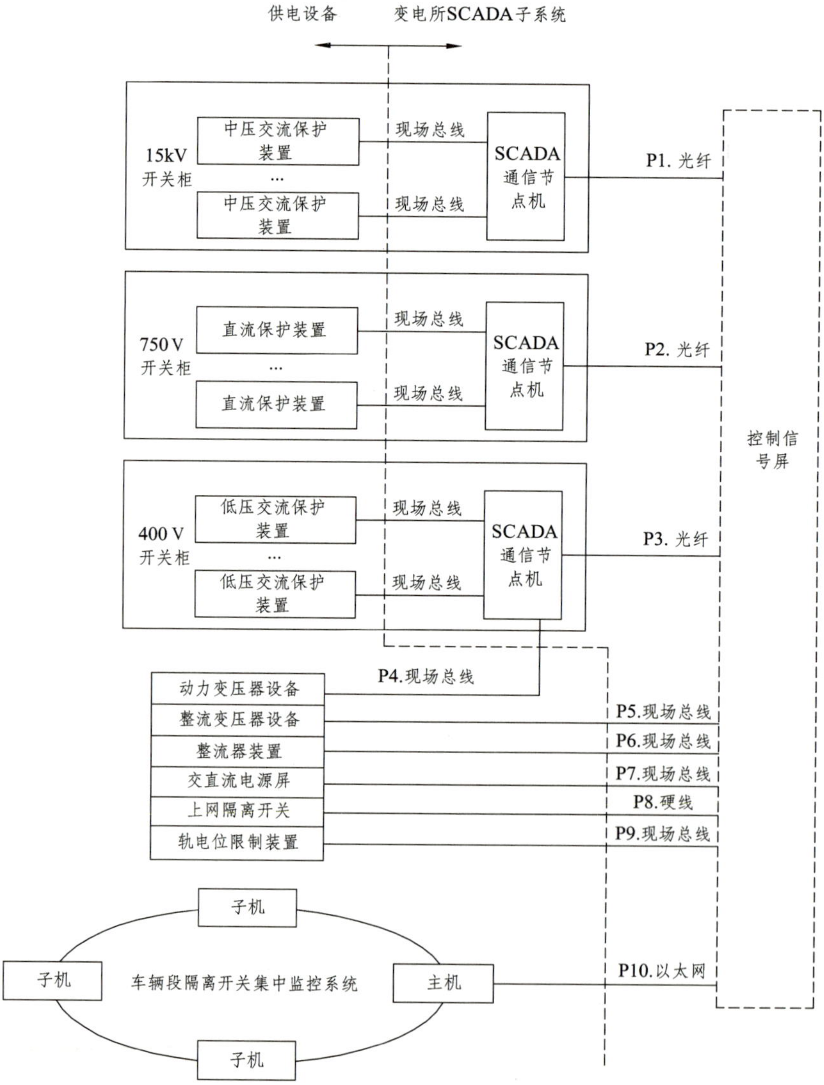

图 4.1 变电站 SCADA 系统与供电设备结构示意图

一、中心电力监控系统

中心监控系统由局域网络、主备服务器、主备操作员计算机、维护计算机、复示系统工作站等设备构成。OCC 配置 UPS 电源，保证监控设备的不间断供电。主备服务器承担实时数据处理和历史数据及文档存储管理，操作员工作站可对全系统进行监视和执行全部操作，工作站可从主备服务器中取得所需归档的历史数据和实时数据。中心级局域网把 OCC 的所有 SCADA 设备连接起来，并通过地铁骨干网实现中央级局域网与车站局域网的连接。由于采用冗余的高速交换网络技术，极大地提高了控制中心系统对地铁全线变电站自动化系统控制的可靠性、及时性，提高系统的响应速度。

二、车站电力监控系统

车站电力监控系统设备由控制信号盘、下位单元综合保护测控单元及所内通信网络等部分组成。系统采用集中管理、分散布置的模式，各下位监控单元安装于各开关柜内，上位监控单元通过所内通信网络对其进行监视控制。

第一节　基本内容

本节导读

本节主要介绍了电力监控系统对主变电所、牵引降压混合变电所、降压变电所、车辆段和停车场接触网隔离开关监控系统的监控内容。

一、电力监控 SCADA 系统监控对象

视频 4.1.1　城市轨道交通供电综合自动化系统的功能

（一）变电所综合自动化系统控制、监视、测量范围

1. 主要控制范围

（1）主变电所。

110 kV 断路器/电动隔离开关、主变压器中性点接地刀闸、35 kV 断路器、主变压器有载调压开关。

（2）牵引降压混合变电所。

35 kV 断路器、1 500 V 直流快速断路器、接触网电动隔离开关、0.4 kV 进线断路器、0.4 kV 母线分段断路器、0.4 kV 三级负荷总开关。

（3）降压变电所（包括跟随所）。

35 kV 断路器、0.4 kV 进线断路器、0.4 kV 母线分段断路器、0.4 kV 三级负荷总开关。

2. 主要监视范围

（1）主变电所。

遥控开关合/分位置、自动装置位置、远方/当地开关位置、进线检压信号、主变压器保护信号、馈线保护信号、变电所用交/直流系统监测信号、设备自检信号、自动装置动作信号、主变压器分接头位置。

（2）牵引降压混合变电所。

遥控开关合/分位置、自动装置位置、远方/当地位置信号、母线检压信号、35 kV 进/出线保护信号、35 kV 馈线保护信号、牵引整流机组保护信号、配电变压器保护信号、1 500 V 直流母线电压异常信号、1 500 V 直流馈线保护信号、0.4 kV 系统保护信号、设备自检信号、钢轨电位限制装置状态信号、变电所用交/直流系统监测信号。

（3）降压变电所（包括跟随式降压变电所）。

遥控开关合/分位置、自动装置位置、远方/当地位置信号、母线检压信号、35 kV 进/出线保护信号、35 kV 馈线保护信号、配电变压器保护信号、0.4 kV 系统保护信号、设备自检信号、变电所用交/直流系统监测信号。

（4）若变电所采用门禁系统，则监控系统应能监视变电所大门的开启情况和人员进入时间及编号等。

3. 主要测量范围

（1）主变电所。

① 110 kV 进线电流、电压、有功功率、无功功率、有功电度、无功电度。

② 110 kV 侧功率因数。

③ 主变压器低压侧电流。

④ 主变压器油温和绕组温度。

⑤ 主变电所谐波测量。

⑥ 35 kV 馈线电流、有功电度、无功电度。

⑦ 35 kV 母线分段断路器电流。

⑧ 35 kV 母线电压。

⑨ 直流辅助电源装置直流母线电压。

（2）牵引降压混合变电所。

① 35 kV 进/出线电流。

② 35 kV 母线分段断路器电流。

③ 35 kV 母线电压。

④ 牵引整流机组和配电变压器一次侧电流、有功功率、有功电度。

⑤ 牵引整流机组输出电流。

⑥ 35 kV 功率因数。

⑦ DC1500 V 母线电压。

⑧ DC1500 V 馈线电流。

⑨ DC1500 V 回流电流。

⑩ 负极柜回流电流。

（3）降压变电所（包括跟随所）。

① 35 kV 进/出线电流。

② 35 kV 母线分段断路器电流。

③ 35 kV 母线电压。

④ 配电变压器一次侧电流、有功功率、有功电度。

⑤ 35 kV 功率因数。

⑥ 0.4 kV 进线电流、母线电压。

⑦ 直流辅助电源装置直流母线电压。

（二）车辆段和停车场接触网隔离开关监控系统控制、监视范围

1. 控制范围

车辆段和停车场供电分区范围内接触网电动隔离开关。

2. 监视范围

隔离开关监控系统现场网络及网络节点运行状况，车辆段和停车场供电分区范围内接触网电动隔离开关分合闸位置状态信号、控制回路断线信号、电机回路故障信号、远方/当地控制档位信号、接触网带电状态信号。

（三）系统容量

电力监控系统主站系统软件容量及硬件扩展能力按满足首期工程要求设计，并适度考虑近、远期扩展的裕量。

被控站容量除满足同类型被控站最大实际容量要求外，还应考虑预留一定的扩展裕度。被控站系统容量（大致容量）见表 4.1。

表 4.1 典型电力监控系统被控站系统容量表

被控站类型	遥控	遥信	遥测	遥调
主变电所	224	1 100	212	4
牵引降压混合变电所（含跟随式降压变电所）	260	958	272	
降压变电所（含跟随式降压变电所）	192	772	252	
车辆段接触网隔离开关监控系统	148	470	68	
停车场接触网隔离开关监控系统	36	140	48	

第二节　系统功能

本节导读

本节详细介绍了车站变电所综合自动化监控系统、车辆段和停车场综合自动化监控系统所要采集、监视、控制的众多信息及功能。

一、车站变电所 SCADA 系统

设置在变电所控制信号屏内的通信管理单元、主监控单元为站级管理层。对于不宜设置监控单元的开关设备（例如钢轨电位限制装置、接触网电动隔离开关等）的控制监视，由控制信号屏通过具备总线接口的智能测控装置直接监控。主监控单元采用高性能平板式工控机。通信管理单元完成所内网络的管理，与各测控保护单元及有关 IED（智能电子设备）进行数据通信，将所辖供电设施的运营信息实时地传送至控制中心主站系统，同时下达主站系统的控制、调整、查询及诊断等命令。主监控单元提供变电所电力监控系统的人机接口界面，供电系统管理人员可以通过主监控单元的液晶显示器查询系统信息、各种历史数据、模拟量数据及下发操作指令等。变电所通信管理单元、主监控单元采用单机配置，二者之间通过所内工业以太网交换机通信。

（一）车站变电所 SCADA 监控

1. 实时数据采集

SCADA 系统实时数据监控功能分为遥信数据采集、遥测数据采集。

（1）遥信。

系统提供的遥信功能可将位置信号、事故信号、预告信号远传至调度指挥中心电力调度系统。实现对被控对象的位置状态信号、主要设备故障信号、保护装置及自动装置动作信号等进行实时采集并分类归入数据库中，并在监视器上显示，打印机上记录上述事件结果，同时对故障信息提供声光报警功能。

① 遥信数据分为位置遥信及保护遥信。

a. 位置遥信包括供电系统中的各种断路器、刀闸、接触器的合/分状态，开关手车的工作、实验位置状态等。位置遥信有单位置遥信和双位置遥信两种情况，单位置遥信只有 0 或 1 两种状态，分别代表设备的分/合状态，双位置遥信有 00、01、10、11 四种状态，状态信息如下：

01：正常位置状态（分）。

10：正常位置状态（合）。

00：故障状态。

11：故障状态。

b. 保护遥信为供电系统出现非正常状态时各保护测控装置、智能电子设备产生的信息，按照非正常状态的严重程度分事故遥信和预告遥信，保护遥信为单位置遥信，包括事故遥信的正常、故障状态及预告遥信的正常、预告状态。

② 遥信内容。

a. 变电所各种电动开关、刀闸、接触器的分/合状态。

b. 直流断路器手车的工作、实验位置状态等位置信号。

c. 变电所内事故信号、预告信号。

d. 自动装置投/退位置信号。

e. 有载调压开关位置信号。

f. 变电所内交、直流电源系统故障信号。

g. 系统设备自检信息。

h. 接触网隔离开关位置状态。

（2）遥测。

遥测量主要包括变电所内测量对象的交流电压、交流电流、零序电压、零序电流、直流电压、直流电流、交流电度、直流电度、有功功率、无功功率、电源频率、功率因数、蓄电池电压等电气量。

系统对遥测信号可进行超量程检查，数据库中可以定义超量程允许范围，每一模拟值可设置低低限、低限、高限、高高限四种运行限值。同时为防止遥测数据在限值附近变化造成系统反复报警的情况发生，数据库中可定义报警死区，只有数据变化过死区范围时，系统方进行越限报警。

（3）SOE（事件顺序记录）。

记录主要断路器和保护信号的状态、动作顺序及动作事件，形成动作顺序表。帮助运行维护人员判明系统事故起因和断路器跳闸顺序。

当遥信点状态发生变化时，该信号应被立即传送到 LCD 上，信号的时标（SOE）由装置本身带入，对于无 SOE 功能的装置，时标由通信管理单元带入。所有在数据库组态中定义为 SOE 点的开关量均可触发 SOE 事件记录。

LCD 上可弹出实时 SOE 显示界面，界面中可显示最近发生的 20 条 SOE 信息，显示内容应包括发生时间，变电所名称、设备编号、SOE 描述、数据点值等，具体显示内容可组态定义。

主监控单元应具有历史 SOE 查询功能，用户可根据需要自定义查询条件，查询条件应包括发生时间，变电所名称、设备编号、SOE 描述、数据点值等，查询条件可唯一，也可多个条件组合查询。操作员设置查询条件后系统应自动将查询结果按时间排序显示。

2. 画面监视

动态显示监控系统图、变电所主接线、日志记录、报警等用户画面。操作员通过用户画面可监视供电系统状态，及时了解现场事故信息，提高处理事故的工作效率，缩短停电时间。

（1）变电所主接线图。

变电所主接线图显示每个变电所的一次电气主接线，对于 0.4 kV 系统单独设置 0.4 kV 系统接线图。

变电所主接线图显示各电压等级断路器、隔离开关、自动装置状态，直流 1 500 V 断路器手车位置；显示各电压等级主要遥测量（母线电压，各进出线的电流，变压器组功率、电能等）。

同时主接线图具有拓扑着色功能，根据相关设备状态及主要遥测量数值，自动对带电线路进行着色（颜色根据电压等级区分），停电线路使用灰色表示。

操作员可在设备图例处查阅该设备的技术参数。

（2）变电站综合自动化监控系统图。

显示变电所内包括控制信号屏、通信管理单元、主监控单元、所内监控网络的配置情况及各种模块运行状态信息。

操作员通过此图直观地查看变电所监控系统的结构、下位机配置情况。

画面动态显示通信管理单元与主监控单元、各间隔层保护测控单元、监控模块通信状态（离线、在线）。

（3）遥测趋势图。

显示操作员选定的遥测量实时和历史趋势。操作员通过坐标设置功能可对趋势坐标的上限、下限进行设置，该设置可用于当前趋势，同时也可对所有趋势进行设置。

通过时间轴调整功能，操作员可查看历史趋势，在同一个趋势图中可同时显示最多 8 条趋势，每条趋势颜色均有明显区别。

对于某一时间段的趋势用户可选择存盘或打印。

（4）报警信息画面。

显示报警信息的详细内容，包括报警时间、报警设备、报警说明等，显示内容可根据组态确定。

不同级别报警采用不同颜色显示，报警发生时报警信息闪烁，报警确认后报警信息停止闪烁，报警信息采用滚动显示的方式，最近一条报警信息显示在最上一行。

操作员可在报警信息画面中查询历史报警信息，同时可将查询结果输出到打印机。

（5）日志记录。

显示操作员操作行为的详细信息，包括操作时间、操作员全名、操作行为、操作结果等。

进入操作记录界面的操作行为包括控制操作、登录系统、退出系统等。

操作结果包括成功、失败。

操作记录采用滚动显示的方式，最近一条操作记录显示在最上一行。

（6）数据清单。

显示各智能电子设备上传的各种数据；按照遥测、遥信等分类显示间隔层保护测控装置、监控单元上传数据。

遥信数据显示内容包括测点名称、数据当前值、单位。

（7）光字牌。

显示各智能装置上传报警信息。

光字牌界面应模拟电力系统机械光字牌显示方式，显示内容为预告报警信息和事故报警信息。预告报警产生相关信息变为黄色，事故报警产生相关信息变为红色，报警消失后恢复为黑色。

光字牌界面中设置保护复归按钮,操作员可点击按钮复归该设备的保护动作信息。

（8）平面布置图。

按照实际地理方位显示变电所高低压室布置图，操作员通过平面布置图可察看各高低压电气设备布置情况，各电压等级开关柜中断路器、刀闸配置。

（9）模拟量棒图（模拟量直方图）。

以直方图的形式显示模拟量实时值,按照模拟量数值自下而上对直方图进行填充。

3. 控制对象

变电所 SCADA 通过控制信号屏上主监控单元计算机实现变电所本地控制功能。控制对象应包括供电系统中可以远方控制的断路器、上网开关、自动装置以及保护复归等。电力运行人员可在 LCD 屏上安全可靠、直观、方便地操作，实现对系统的远方控制和操作。

主要控制范围：

牵引降压混合变电所的 35 kV 断路器、1 500 V 直流快速断路器、接触网电动隔离开关、0.4 kV 进线断路器、0.4 kV 母线分段断路器、0.4 kV 三级负荷总开关。

降压变电所（包括跟随所）的 35 kV 断路器、0.4 kV 进线断路器、0.4 kV 母线分段断路器、0.4 kV 三级负荷总开关。

操作中具有必要的安全检查，提示，返校确认、撤销功能及防同时操作功能等，并且将操作人员姓名、操作对象、操作时间、结果均记录存档，可供查阅、打印。

（1）单控操作。

第一步：操作员首先调出被控站的主接线图，选择控制对象，系统检查操作员权限，只有具有控制权限的操作员可使用控制功能。操作员完成对象选择后，系统自动检查各工作站及就地监控机上是否有控制操作进行，如有其他操作进行，系统应给出提示；系统自动检查该设备的操作方式，如该设备处于就地控制或控制中心控制方式。以上检查完成，所选对象在 LCD 上闪烁，同时 LCD 上弹出被选中的对象的控制画面，画面中提示操作员控制对象所处变电所及该设备的调度编号，操作员可再次核查该控制对象是否正确，如控制对象错误，操作员可选择退出结束操作。

第二步：控制操作画面采用“选择—返送校核—执行”的方式，对于支持该种操作方式的设备，应校核到该设备，否则控制系统校核到该车站上位监控单元（前置通信机）。系统提示操作员选择控制逻辑（合闸/分闸），系统自动检查控制操作的条件关系是否满足（该条件关系应可通过组灵活设置），不满足时系统应给出提示。

第三步：操作员单击“预置”按钮，系统向设备（前置通信机）发送“预置”命令，设备（前置通信机）向系统发送返送信息，系统校核返送信息是否正确，在 15 s（时间范围应可在组态中调节）内系统没有收到返送信息或返送信息错误，系统提示“返校失败”，操作员可重新发送“预置”命令或退出结束此次操作。

第四步：操作员单击“执行”按钮，系统向设备发“执行”命令。在 15 s（时间范围应可在组态中调节）内系统检查设备位置改变是否正确，如正确，系统应给出相应提示，同时 LCD 上设备符号停止闪烁；如不正确，系统提示“合闸/分闸失败”，同时 LCD 上设备符号停止闪烁，此时操作过程结束，操作员可选择重新操作或退出。

操作结束后，系统应自动完成操作记录，操作记录主要包括操作时间、操作员名称、操作对象、操作内容、执行结果。

（2）控制闭锁。

为保证供电系统运行安全，SCADA 系统中具有控制闭锁功能：系统允许维护工程师定义每个控制对象的合/分闸条件，执行该设备操作前系统自动检查条件是否满足，当条件不满足时该设备的操作被禁止；系统允许维护工程师定义每种程控操作的条件和程控操作中每一步单控操作的条件。

控制闭锁条件主要包括以下类别：

① 控制方式；

② 相关设备位置；

③ 设备故障信息；

④ 相关模拟量。

（3）遥控试验。

在 LCD 主接线画面上设置遥控试验光标，控制信号屏内设置模拟试验控制继电器，遥控试验操作过程与单控操作过程相同，正常运行中若出现多次控制失败，可试验控制继电器进行操作，判断通信通道是否良好。

4. 报警（事故、预告告警）处理

车站供电系统设备出现非正常状态时，设备产生报警信息并上传，报警信息包括模拟量越限、数字量状态的改变、系统本身报警等。

报警信号分为事故报警、预告信号及模拟量报警，事故报警（紧急报警）即由非手动操作引起的断路器跳闸信号、保护动作信号，预告信号即报警接点的状态改变，模拟量报警即模拟量的越限值。

报警程度分若干级，各级含义和颜色在数据库中定义。

报警方式包含声音报警、语音报警、文字报警、打印报警、画面报警等几种方式，可单独使用，也可组合使用。

（1）报警等级。

报警等级分为以下几类（最多可扩充到 255 级）：

① 事故报警：非手动操作引起的断路器跳闸信号、保护动作信号。

② 预告信号：报警接点的状态改变。

③ 越限告警：模拟量越限告警。

④ 设备报警：包括间隔层保护测控装置、监控单元通信中断，通信管理单元通信中断，系统内其他设备故障。

（2）报警方式描述。

① 画面报警：当事故报警发生时，无论 LCD 显示在何种情况下，系统都自动推出故障所在的变电所主接线画面，故障显示窗口显示故障站名，相应的故障变位开关闪烁，运行人员确认后停止闪烁，开关显示绿色。同时系统具有拓扑着色功能，在供电网络图等画面上将故障停电的部分自动转为灰色或其他指定的颜色。

② 打印报警：当报警发生后，不仅 LCD 报警画面上显示发生告警的详细内容，还在事件打印机上进行打印输出，内容包括报警设备、报警内容、报警等级、报警时间等。

③ 文字报警：系统提供按时间顺序显示文字信息行的报警画面，文字信息内容为报警设备、报警内容、报警等级、报警时间。当报警发生后，报警报警文字信息行出现在报警画面，不同级别的报警文字颜色不同，同时报警文字闪烁。当操作员对报警信息进行确认后，报警文字停止闪烁。操作员采用单独确认一条报警、确认一屏报警或确认全部未确认报警的方式进行报警确认。

④ 音响报警：在监控中心、各变电所，根据需要可设报警音响。

（3）报警查询。

操作员可以调出报警画面跟踪显示当前发生的报警信息，也可以查询报警的历史信息。

查询条件可设置为报警设备、报警内容、报警等级、报警时间等，报警条件可单独使用，也可组合使用。系统根据查询条件将相关报警信息按照时间顺序显示在报警画面中。

操作员可在报警画面中查看查询结果，同时可将查询结果输出到打印机。

（二）车站变电所控制信号屏

变电所综合自动化应实现变电所各种设备的控制、监视、联动、联锁、闭锁功能，自动投切功能，电流、电压、功率、电度采集功能。

重要设备之间不仅能利用二次回路实现硬线的联动、联锁、闭锁，还应能利用综合自动化软件完成上述功能，实现逻辑判断、计算、继电器等功能。

1. 控制信号屏内通信管理单元

通信管理单元应具有多种形式的现场网络接口，实现与不同微机装置的通信，并能对所有网络进行管理。通过现场监控网络实现与所内各种微机装置（含控制、监视、保护、测量）的数据交换。变电所通信管理单元采用单机配置。

实现与控制中心的通信，接受综合监控系统主站或当地主监控单元计算机的控制命令；向综合监控系统主机或当地维护计算机传送变电所操作、事故、预告、测量等信息。

对不宜装设监控单元的开关设备（例如：接触网上网电动隔离开关），采用直接监控。

在控制信号屏内配置控制接触网电动隔离开关的二次回路，主要包括当地/远方转换开关、操作按钮及开关位置指示灯、中间继电器等。其二次回路还应实现直流馈线断路器与接触网电动隔离开关的闭锁条件。

当整流机组直流侧采用电动隔离开关时，通信管理单元能实现整流机组高压侧35 kV断路器与整流机组直流侧电动隔离开关之间的电气联锁功能。

通信管理单元实现与控制信号屏上的主监控单元通信，以及与便携式机监控计算机的通信。

2. 控制信号屏内主监控单元

主监控单元提供变电所电力监控系统的人机接口界面，供电系统管理人员可以通过主监控单元的液晶显示器查询系统信息、各种历史数据、事件顺序记录信息、保护装置工作状态信息、模拟量数据及具有保护定值传输与修改、下发本地操作指令等。变电所主监控单元采用单机配置。

3. 事故、预告音响

主监控单元采用高性能平板式工控机，液晶显示器设置于控制信号屏上，采用数字通信方式与通信管理单元通信，显示所内所有故障、预告信号、所内各监控单元的运行状态，各种开关状态及动态实时数据。

所内任何事故、预告信号均发音响信号，事故、预告采用不同音响，且音响在一定的时间内自动解除，时间可调。音响具有“投入”“撤除”功能。

4. 开关柜内微机综合保护测控单元

35 kV交流开关柜、1 500 V直流开关柜内的保护测控单元实现对开关柜的保护、测量、控制、监视，其由开关柜卖方提供，综合自动化系统卖方与其实现网络通信，接口标准在设计联络时确定。35 kV交流开关柜之间、1 500 V直流开关柜之间的网络及连接由开关柜供货商完成。

5. 变电所维护、监控计算机

电力监控系统配置变电所主监控单元计算机，用于供电系统调试、地铁运行初期阶段、通信通道故障情况下变电所内当地监控。

变电所主监控单元配置专用的维护软件工具，实现对变电所监控网络和监控单元软件编程功能，以及对各监控单元软件的日常维护。利用提供的软件维护工具调出、输入变电所综合自动化系统采集的数据及参数，即可完成对变电所综合自动化系统的维护。

变电所主监控单元计算机配置监控软件实现变电所当地的控制操作、信息显示。

变电所主监控单元计算机一般配置变电所内设备的控制、监视、电气测量、数据统计显示等功能，对于用于牵引变电所的维护计算机还应具有接触网电动隔离开关的控制、监视功能。维护计算机用户操作画面应与控制中心保持一致。

6. 系统故障诊断

所内任何监控单元发生故障时，均应报警，单个监控单元的故障，不影响整个网络的运行，故障标志达到模块级。

7. 自动对时

接受综合监控系统发出的时钟信息或通信系统发出的时钟脉冲，并按此时钟校准整个系统的时钟同步。对时精度为 1 ms。

二、车辆段/停车场综合监控系统

车辆段/停车场综合监控系统功能仅包含车辆段变电所 SCADA 子系统功能、车辆段及停车场接触网隔离开关监控系统功能。其变电所 SCADA 功能与车站变电所 SCADA 系统功能要求相同。

实现对车辆段、停车场接触网供电分区的电动隔离开关远程分合闸、故障状态监视及报警、接触网带电状态实时监视，以提高供电系统自动化水平、运营管理效率及安全运行可靠性。

1. 集中监控

系统可完成对车辆段、停车场内电动隔离开关远方的集中分/合控制。

2. 信号采集

分合闸位置状态信号、控制回路断线信号、电机回路故障信号、开关控制档位信号、接触网带电状态信号以及装置电源过压保护器等故障信息的采集。

3. 控制闭锁

当需人工操作车辆段、停车场接触网越区供电隔离开关时，能闭锁其自动功能，以便正常检修、维护；当需要进行越区供电时，应检测开关两侧供电分区均无压时，方能闭合越区供电隔离开关，否则应闭锁该开关的合闸操作。

4. 系统报警

自诊断及报警功能：开关分合闸回路故障检测及报警，控制回路故障检测及报警，电机回路故障报警，装置电源过压报警。

5. 用户画面

配置动态显示的系统运行状态图，车辆段、停车场供电分段示意图，开关动作统计记录，系统故障报警历史记录画面及系统现存故障报警画面，开关倒闸操作画面。

6. 报警、数据归档和统计报表

分门别类地保存操作信息、事故和警报信息的历史记录，记录≥50 条，并具有简便的搜索、翻页调出查看功能；实现开关动作的统计报表。

7. 远程通信

车辆段、停车场接触网隔离开关监控系统能通过与变电所控制信号屏的远程通信接口，纳入整个电力监控系统，能在控制中心实现远程调度功能。

第三节 性能指标

本节导读

本节主要介绍了综合自动化系统各个子系统的性能指标，并详细介绍了服务器、工作站、通信控制器、交换机、测控装置、微机保护装置等设备的技术指标。

一、系统性能指标

表 4.1 系统性能指标

系统性能	指标
状态位变位传送到画面的时间	≤2 s
遥控命令执行的传送时间	≤2 s
冗余服务器切换时间	≤2 s
通信处理机切换时间	≤1 s
网络切换时间	≤0.5 s
系统平均无故障时间	≥8 000 h
系统可用性指标	≥99.98%
服务器中央处理器平均负荷率	≤30%
工作站中央处理器平均负荷率	≤30%
前置机中央处理器平均负荷率	≤20%
局域网平均负荷率	≤20%
系统平均动态内存占用率	≤30%

注：具体系统性能指标详见《城市轨道交通综合监控系统工程设计规范》（GB 50636—2010）。

二、设备质量

（一）中心实时服务器

（1）实时服务器须采用冗余配置。冗余实时服务器应能自动进行切换，采用多用户、多任务的操作系统和实时数据库。每个实时服务器应通过以太网接口与中心以太网交换机连接，网口应不少于 2 个。

（2）服务器应使用 RAID5、RAID1+0 等可以提高数据可靠性及容错能力的磁盘阵列配置，禁止使用 RAID0 或 RAID0+1。

（3）每台服务器硬盘数量不宜少于 4 块，单块硬盘容量应不小于 250 G 并支持热插拔操作。

（4）服务器柜内如要使用视频切换器，则应使用有源视频切换器（避免无源视频切换器切换过程中可能存在切换失败导致黑屏无法恢复的问题）。

（5）中心实时服务器应单独运行 SCADA 系统工程，不得包含综合监控系统工程，如实时服务器退出运行应不对综合监控系统产生任何影响。

（6）服务器不直接承担跨专业、跨系统业务，如主变电所综合自动化、信号系统、时钟系统、大屏幕系统、TCC 等。

（7）冗余服务器出现单机离线或故障时，系统 HMI 应产生故障报警，双机离线或故障时，系统 HMI 应产生明显提示信息。

（8）服务器系统安装完成后应先安装杀毒软件方可上线运行。

（二）中心电调工作站

（1）电调工作站如需从电源插座取电应使用 PDU 电源，不得使用普通电源插排，同时应做好 PDU 负载及上级电源标识。

（2）电调工作站应采用双机冗余配置，当其中一台出现故障时，电调可在另一台工作站上继续进行操作。

（3）冗余电调工作站电源在配电箱中分别采用两个独立空开供电。

（4）每台电调工作站应配置双显示器，支持图像跨屏显示。显示器屏幕尺寸应不小于 19 英寸，分辨率不小于 1 280 × 1 024。如采用宽屏显示器屏幕尺寸宜不小于 22 英寸。

（5）每台电调工作站应独立设置报警音箱。

（三）通信控制器

（1）通信控制器应采用可靠性高，处理能力强，实时响应速度快的工业级产品，使用 DC 220 V 电源（建议使用交直流两用电源模块，方便线下维护和测试）。

（2）通信控制器采用双机冗余结构，可选用整机冗余或任务冗余，采用任务冗余时需满足遥控命令转发及自动清除功能，防止拒动或误控发生。

（3）通信控制器宜配置冗余远程通信接口，并可实现通道自动切换。

（4）通信控制器应具备良好的可远程维护性，方便维护人员进行远程重启、查看 I/O 点状态等操作。

（5）通信控制器应具备通信报文追忆功能，对于遥信变位报文应能自动存储方便维护人员进行故障分析，报文保存周期不小于 2 天。

（6）通信控制器与所内间隔单元的通信规约、通信接口应尽量统一，通信接口优选以太网或 RS485，通信规约优选 IEC60870-5-103 及 Modbus，并可通过通信规约对间隔单元的 SOE 进行读取。

（7）通信控制器与 OCC 通信协议建议使用 IEC60870-5-104 通信规约。

（8）主所接口通信控制器宜设置在 OCC。

（9）通信控制器串口应具有光电隔离功能。

（10）通信控制器应具有看门狗、自诊断、自恢复功能。

（11）通信接口应保留不少于 20%的扩展余量。

（四）监控一体机

（1）监控一体机应采用不间断电源供电。

（2）监控一体机显示屏尺寸应不小于 17 英寸，屏幕显示分辨率应不低于 1 280 × 1 024。

（3）监控一体机网口应不少于两个。

（4）监控一体机内存应不小于 2 G，硬盘应不小于 100 G。

（5）监控一体机应安装 FEP、PLC、交换机及远程维护等维护管理软件。

（五）测控装置

（1）输入采用光电隔离方式，并可扩展，每路输入带有滤波器，每块模块具有过压、过流保护措施。

（2）输出接点闭合时间在 200 ms ~ 5 s 可调，若接点闭合时间超过硬件设置时间，控制输出自动中断。

（3）I/O 接口应保留不少于 20%的扩展余量。

（4）测控装置 I/O 模块应支持热插拔。

（5）测控装置应选用标准化、通用产品，以方便运营采购及更换，应避免选用特殊定制产品。

（六）交换机

（1）符合 IEEEE 802.3/802.3u 标准，工作温度：– 5 ~ 70 °C，支持 SNMP 简单网络管理协议，配备专门的网络管理软件进行网络管理，可对整个网络进行管理、监视、分析、诊断等，具有工业级别的安全及可靠性设计。

（2）交换机须具备端口镜像功能。

（3）通信接口应保留不少于 20%的扩展余量。

（4）如有光纤接入时，优先选用带光口的交换机。

（七）直流 1 500 V、35 kV、400 V 开关柜通信接口转换装置

（1）通信接口装置应独立安装于通信接口柜内，避免安装于开关柜内。如现场不具备独立接口柜安装条件，应在各开关柜上预留通信接口装置运行状态观察窗口。

（2）通信接口装置优先采用直流 220 V 电源供电。

（3）光电转换器的安装应考虑可维护性，相邻光电转换器应保持一定的安装间隙，方便故障时维护人员进行更换。

（4）接口数量应满足所内间隔层智能电子设备接入的要求并留有 20%的余量。

（5）各接口箱柜应可靠接地。

（6）箱（柜）的正上方应避开给排水的管道、风口、空调等设备。

（八）电源装置

（1）电源装置输出电压偏差应小于 5%。

（2）在满足设备供电需求的前提下，电源装置型号应尽量统一，以减少备件数量。

（3）变电所内设备优先采用 DC 220 V 电源供电，减少电源转换装置数量。

（4）新线图纸审核阶段应审核空开、熔断器容量设置是否合理。

① 电源空开、熔断器的容量应能满足负载正常用电需求，并能承受负载启动时的电流冲击。

② 电源空开、熔断器的选择应注重上下级保护特性的配合，避免出现越级跳闸或出现事故时无法自动切断故障点的现象。

（5）严禁使用普通家用插排为设备供电，可使用 PDU 插座。

（九）屏体及附件

（1）混合所建议采用接触网隔开控制屏加控制信号屏双屏布置方式。专业人员在土建设计阶段应及时与相关专业或设计人员沟通，以确保屏体布置空间及孔洞预留到位。

（2）变电所空间限制无法采用双屏布置的可在控制信号屏机柜侧面加装边柜，边柜尺寸深度和高度同机柜相同，宽度不小于 200 mm。

（3）屏体左、右侧宜采用可拆卸的挡板结构。

（4）屏体防护等级不低于 IP30 级，选用高强度钢组合结构，面板厚度不小于 2.5 mm，盘体采用全封闭结构，表面采用喷塑处理。

（5）屏内电流二次线最小截面不小于 2.5 mm^2，接地二次线最小截面不小于 4 mm^2，其他二次线最小截面不小于 1.5 mm^2，导线无划痕和损伤。

（6）屏柜内二次线、通信线均有双重标号，即本侧、对侧端子号均在线号管上注明，禁止只标明本侧或对侧。

（7）屏内宜设置温度感应装置，并能够联动屏体散热风扇。

（8）屏内照明应采用 LED 等高效节能照明。

（9）屏柜柜门（含柜内平开门）开启至 90°时，应有自动扣紧设计，防止门自行关闭。

（10）屏柜柜门（含柜内平开门）上有元件时，二次布线经过门轴处，应设计线槽，防止光纤、二次线折断或被门轴处夹伤、损坏。

（11）散热风扇电源接口应采用卡扣或插接式，防尘滤网应便于拆装更换。

（12）当接入屏内光缆接较多时，应设置光纤配线架。

（13）控制信号屏、主所公用测控屏屏内须设置模拟试验控制继电器用于遥控试验，遥控试验操作过程与单控操作过程相同。

（14）屏内应装有 PDU 机柜插座，容量不小于 10 A，供调试设备等使用。

（15）屏外电缆均需使用端子转接后接入屏内，且保证每个端子孔内只安装 1 根线缆。

（16）屏体下方应设有接地铜排和端子，并可靠接地。

（17）屏体正上方应避开给排水的管道、风口、空调等设备。

（18）屏内各设备（含空气开关、指示灯、继电器等附件）应有清晰、可靠的 6S 标识。

（19）屏体及屏内设备进场安装后接管单位应做好成品保护工作，特别是设备防尘、防潮工作。

（十）车辆段、停车场接触网隔离开关监控系统

（1）车辆段、停车场接触网隔离开关监控系统应纳入 SCADA 系统设计、招标范畴。

（2）监控软件应与变电所电力监控系统使用同一平台。

（3）子站设备按集散方式布置在车辆段、停车场相应的电动隔离开关处，优先安装在有上盖的地方。

（4）现场子站设备采用工业级 PLC 设备，箱体应为高质量不锈钢箱体，可用于户外恶劣环境，防护等级需达到 IP54 级。

（5）系统 I/O 接口应保留不少于 20%的扩展余量。

（十一）管线敷设

（1）系统采用电力电缆应符合下列规定：

① 地下线路应采用无卤、低烟的阻燃电线和电缆。

② 地上线路可采用低卤、低烟的阻燃电线和电缆。

（2）管线敷设应采取抗电磁干扰措施。信号线与电源线不能共用一条电缆，也不能敷设在同一根金属管内。采用屏蔽线缆时，应保持屏蔽层的连续性。

（3）电缆贯穿隔墙、楼板的孔洞处均应实施阻火封堵。

（4）强电电缆与弱电电缆必须严格分开布线。强弱电线缆相交时，须在相交处采用支架隔开，相隔距离必须大于 20 cm。

（5）所有的电缆、光缆不得在中间驳接，电缆屏蔽层应采用 1.5 mm^2 黄绿接地线引至箱柜内接地排可靠接地。

（6）系统管线严禁跨越接触网，应采用过轨方式敷设。

（7）机柜线缆布放应整洁、整齐、标识完整。

（8）电缆、光缆每隔 100 m 以及首末端、穿墙处、分支处、过轨处必须绑扎电缆标识牌，板面材料为 PVC 塑料，足厚 1.0 mm，尺寸 80 mm × 40 mm，字体为四号宋体。制作要求标识牌四角打孔，用于绑扎线缆。字体印刷要防水，不掉色，名称、型号、起点、终点的内容根据施工图和现场实际情况调整。底色 RAL9016 交通白，边框及文字 RAL9017 交通黑。使用两根塑料扎带分别通过标识牌两端的穿孔直接绑扎在电缆上，标识牌有字面朝向轨道侧。

（9）通信光缆宜采用铠装光缆。

（10）通信电缆与高压电缆相交时，须在相交处采用支架隔开，相隔距离必须大于 20 cm，不得将通信电缆与电话线、视频线缆等绑在一起。

（11）信号转换设备、网络跳线和接续设备（如串口线、光缆终端合、尾纤收容盘、尾纤等）必须使用成品，不得现场制作，确保产品质量。

（12）光纤在用及备用芯宜按 1∶1 配置，所有备用芯应熔接好接头。

（13）光纤熔接完毕后，安装方应进行光纤衰减测试（含备用芯）并向用户出具测试记录。

（14）线槽盖必须固定密封，线槽涂防火漆、内部整洁、线缆不外露、线缆标识清晰，线槽穿越墙体或楼板时必须进行孔洞封堵。

（15）轨行区线缆建议使用浸塑不锈钢扎带进行紧固，对于线缆重点受力处可使用钢卡头进行紧固。

（16）轨行区线缆严禁使用塑料扎带。

三、软件质量

（一）软件版权

（1）所有软件必须为正版软件并具有相应授权证明。

（2）所有系统软件应提供终身使用授权。

（3）所有应用软件（包括子系统软件）的版权归业主所有。

（4）承包商应向业主提供为系统专门编写的协议相应软件的源代码。

（5）监控系统软件不允许绑定设备硬件，可采用软件狗或硬件狗的方式。如采用硬件狗的方式，应对硬件狗的硬件部分单独报价，避免因硬件损坏导致重新购买授权。

（二）病毒防范

（1）服务器、工作站、一体机等装有 Windows 操作系统的电脑设备须先安装好杀毒软件并经杀毒软件查杀证明无毒后方可上线运行。

（2）防毒杀毒软件应选用经过国家认证的通用产品，可按需要扫描与内存驻留扫描相结合的方式，能够保护服务器、工作站、网络设备等免受病毒和其他恶意软件的侵扰。

（3）防杀病毒软件，不能与系统软件发生冲突而影响系统正常功能。

（4）承包商应确保易感染病毒的软件在无病毒环境下开发。

（5）承包商在现场调试时应采用调试专用存储介质或专用笔记本接入系统，严禁使用个人 U 盘等存储介质私自接入系统。

（三）用户管理

（1）系统通过用户名、密码识别并分配操作权限来实现系统安全管理，所有用户都必须经过登录过程才能访问系统。当用户输入密码时，密码可被有效保护而不在屏幕上直接显示，操作者登录口令字进入系统时，屏幕只显示操作者姓名及表示密码的“*”。

（2）系统给每个级别用户分配一定的权限，这些权限包括操作模式、控制权力、控制范围等。用户权限可以按系统、功能、区域、报警分类等多条件组合进行调配，根据登录用户的权限系统开放不同的监控内容，包括可见的区域、可操作的功能、可监视的报警。

（3）用户分级。登录用户级别至少应包含四级：

① 监视员：为系统默认用户级别，只能查看用户画面。

② 运行操作员级：键入口令后，只能调用监视画面和操作画面，进行正常的开关操作和事件监视，以及提供给操作员使用的设备（如打印机）进行操作。本级别用户适用对象为电调。

③ 管理员级：键入口令后，可进行对运行参数及各种用户画面和数据库的修改、编辑和定义，但不具备开关操作及报警确认权限。本级别用户适用对象为 SCADA 系统维护人员。

④ 系统维护员级：在具有管理员级权限基础之上，还可以为操作员和管理员建立和删除口令字。系统维护员权限在本系统中是最高权限，键入口令后，可对系统程序进行编程和修改。

（4）用户登录及权限的认证手段应安全可靠，认证途径应冗余设置，当用户集中管理服务器认证失败时，可以降级为本地认证。

（5）管理员在用户集中管理服务器上进行用户添加、删减、权限修改等操作后，可以一键将新的配置下发至全线或指定站点的设备。每个用户（包括操作员、管理员、工程师）可以修改自身的口令字。

（6）仅在 OCC 有用户维护功能，在车站可以修改登录用户的口令。

（7）任何一位已登记的但在预设定时隔内一直是无活动的操作员将会被自动注销，时隔可由系统管理员定义。

（8）所有操作员的登录、注销、控制操作活动应记入事件日志，并在日志中体现活动发生的计算机名或 IP 地址。

（9）在同一时刻，系统仅允许一名用户控制一个设备。任何用户开始控制某个设备，在相关控制完成之前，其他用户无法控制相同设备。

（四）画面监视

系统能动态显示供电系统图、监控系统图、变电所主接线、日志记录、报警、接触网供电分段示意图等用户画面。

监控画面需使用矢量图，更换显示器尺寸或比例时监控画面应不失真。

1. 电力调度系统主画面

画面显示城市轨道交通线路工程地理信息图，采用圆形图标表示各变电所地理分布，当该变电所发生报警时图标闪烁，操作员确认报警后，图标停止闪烁。通过 OCC 主画面操作员可切换到各变电所主画面、各变电所主接线图、交流系统图、直流系统图、接触网供电分段图及电力监控系统构成示意图。LCD 画面具有带电显示及图形滚动功能。

2. 供电系统图

供电系统图包括：交流系统图、直流系统图、接触网供电分段图。交流系统图显示 110/35 kV 供电网络及各电压等级断路器状态。直流系统图显示直流 1 500 V 供电网络及直流断路器、上网隔离开关状态及直流断路器手车位置。接触网供电分段图显示 1 500 V 供电网络及直流断路器、上网/越区隔离开关状态、锚段关节及分段绝缘器位置。

3. 变电所主接线图

变电所主接线图显示每个变电所的一次电气主接线，对于 0.4 kV 系统单独设置 0.4 kV 系统接线图。

变电所主接线图显示各电压等级断路器、隔离开关、自动装置状态，1 500 V 直流断路器手车位置，各电压等级主要遥测量（母线电压，各进出线的电流，变压器组功率、电能等）。同时主接线图具有拓扑着色功能，根据相关设备状态及主要遥测量数值，自动对带电线路进行着色（颜色根据电压等级区分），停电线路使用灰色表示。

4. 变电站综合自动化监控系统图

显示变电所内包括控制信号屏、保护测控装置、各间隔层设备监控单元、所内监控网络的配置情况及各种模块运行状态信息。操作员通过此图可直观地查看变电所监控系统的结构、保护测控装置、智能电子设备配置情况。画面动态显示通信控制机与监控中心、各保护测控装置、各间隔层设备监控单元通信状态（离线、在线）。

5. 遥测趋势图

（1）遥测趋势包括实时和历史趋势。

（2）操作员可自定义需要显示的遥测量，并可进行多次重新设定。操作员通过坐标设置功能，可对趋势坐标的上限、下限进行设置，该设置可用于当前趋势，同时也可对所有趋势进行设置。

（3）在同一个视窗界面内，至少同时显示 8 条趋势，每条趋势颜色均有明显区别。

（4）对于某一时间段的趋势用户可选择存盘或打印。

（5）趋势数据应可导出 Excel 格式文件存盘。

6. 报警信息画面

显示报警信息的详细内容，包括报警时间、报警设备、报警说明等，显示内容可根据组态确定。

不同级别报警采用不同颜色显示，报警发生时报警信息闪烁，报警确认后报警信息停止闪烁，报警信息采用滚动显示的方式，最近一条报警信息显示在最上一行。

操作员可在报警信息画面中查询历史报警信息，同时可将查询结果输出到打印机或导出存盘。

7. 日志记录

（1）显示操作员操作行为的详细信息，包括操作时间、操作员全名、操作行为等。

（2）控制操作、登录系统、退出系统等操作信息应记录进日志信息中。

（3）操作记录采用滚动显示的方式，最近一条操作记录显示在最上一行。

（4）操作员可通过 HMI 查询至少三个月的历史日志。

（5）日志查询结果输出到打印机或导出存盘。

8. 数据清单

应按照遥测、遥信等分类方式显示各智能电子设备上传的各种数据。

9. 光字牌

（1）能显示各智能电子设备上传的报警信息。

（2）光字牌界面应模拟电力系统机械光字牌显示方式，显示内容为预告报警信息和事故报警信息。预告报警产生相关信息变为黄色，事故报警产生相关信息变为红色，报警消失后恢复为黑色。

（3）光字牌界面中设置保护复归按钮，操作员可点击按钮复归该设备的保护动作信息。

10. 平面布置图

按照实际地理方位显示变电所高低压室布置图，操作员通过平面布置图可查看各高低压电气设备布置情况。

11. 一屏多显

系统支持一机多屏显示，各显示器能同时显示不同的画面内容，鼠标在各屏之间快速随意移动。

12. 支持画面硬拷贝

该系统能够拷贝任一时刻的显示器画面，拷贝后的画面可输出到打印机或以文件形式保存。

（五）控制对象

（1）控制对象包括供电系统中可以远方控制的断路器、电动隔离开关、自动装置、变压器分接头以及保护整定值切换、保护复归等。

（2）为了保证控制输出的安全性，在同一时间内，只允许操作员工作站主、备两台计算机中的一台具有控制权，当一台操作站进行遥控操作时，另一台操作站控制权自动取消，不能进行任何控制操作，只有具有控制权的计算机完成遥控操作后，另一台操作员工作站方可进行控制操作。

（3）SCADA 系统控制方式共分为三级：设备就地、变电所主监控计算机、OCC 电调工作站。其中设备就地优先级最高，设备处于就地控制时其他控制方式自动闭锁，同时监控画面该设备图符上显示就地控制。变电所主监控计算机、电调工作站操作优先级相同，两者之间相互闭锁。

（4）操作中具有必要的安全检查，提示，返校确认、撤消功能及防同时操作等功能，并且将操作人员姓名、操作对象、操作时间、结果均记录存档，可供查阅、打印。

（5）控制操作采用“选择—返送校核—执行”的方式，对于支持该种操作方式的设备，应校核到该设备。否则控制系统校核到该车站上位监控单元（通信控制器）。

（6）程控过程中系统应能自动判断控制执行条件，对不满足执行条件的控制过程，系统自动终止相应程控，并给出相应提示。

（7）程控执行过程中，电调工作站监控画面应能自动切换至程控对象所在变电所的主接线图。

（六）报警处理

（1）监控软件报警扫描周期与保护装置信号保持时间应能正确配合，防止漏报警。

（2）报警等级包含事故报警、预告信号及通信报警。

（3）当事故报警发生时，无论 LCD 显示在何种情况下，系统应都能自动推出故障所在的变电所主接线画面。

（七）SOE 记录

（1）当保护装置具备 SOE 记录功能时，SOE 时标由装置本身带入，对于无 SOE 功能的装置，时标由通信管理单元带入。

（2）SOE 记录采用滚动显示的方式，最近一条操作记录显示在最上一行。

（3）操作员可通过 HMI 查询至少三个月的 SOE 记录。

（4）SOE 查询结果可输出到打印机或导出存盘。

（八）系统自检

（1）系统具有远方诊断功能，具有容错、自诊断、自恢复功能，故障时能提示报警。

（2）当系统外部断电恢复后，系统能够自动恢复正常运行。

（3）系统具有对各通道进行监视的功能，并能对通道误码率进行统计。

四、系统调试

（1）站级调试及中心联调应有详细调试记录。调试记录须承包商、运营、监理三方人员共同签字后方有效。

（2）调试记录应妥善保存，不得缺漏。

（3）承包商应优先开展典型站对点调试工作。对于典型站调试过程中发现的问题应予以解决后再开展其他站点调试工作，避免其他站点出现相同问题。

（4）调试阶段承包商应进行以下系统功能测试并提供测试报告：

① 系统冗余测试（含双机、双网切换测试）；

② 遥控命令自动清零测试；

③ 校时功能测试；

④ 紧急停电功能测试；

⑤ 程控功能测试。

（5）对于调试过程中出现的问题应做好详细记录，及时督促承包商进行整改，形成闭环。

综合练习

一、单项选择题

1. 以下哪项不属于主变电所的主要监视范围（　　）。

A. 遥控开关合、分位置　　B. 主变压器保护信号

C. 馈线保护信号　　D. 配电变压器保护信号

2. 以下（　　）不属于牵引降压混合变电所的主要测量范围。

A. 35 kV 母线电压

B. 牵引整流机组输出电流

C. DC 1 500 V 馈线电流

D. 配电变压器一次侧电流、有功功率、有功电度

3.（　　）包括供电系统中的各种断路器、刀闸、接触器的合、分状态，开关手车的工作、实验位置状态等。

A. 位置遥信　　B. 保护遥信

C. SOE 记录　　D. 遥测信号

4. 操作员通过（　　）可监视供电系统状态，及时了解现场事故信息，提高处理事故的工作效率，缩短停电时间。

A. 复示系统　　B. 用户画面

C. 遥测信号　　D. 操作系统

5. 变电所 SCADA 通过控制信号屏上主监控单元计算机实现变电所本地控制功能。控制对象应包括供电系统中可以远方控制的（　　）、上网开关、自动装置以及保护复归等。

A. 断路器　　B. 可编程控制器

C. 变频器　　D. 继电器

6. 重要设备之间不仅利用二次回路实现硬线的联动、联锁、闭锁，还应利用（　　）完成上述功能，实现逻辑判断、计算、继电器等功能。

A. 综合自动化软件　　B. 综合自动化硬件

C. 综合自动化通信　　D. 测控装置

二、填空题

1. 中心监控系统由____________________、____________________、主备操作员计算机、____________________、复示系统工作站等设备构成。

2. 主变电所综合自动化系统的主要控制范围包括 110 kV 断路器/电动隔离开关、主变压器中性点接地刀闸、____________________、____________________。

3. 若变电所采用________________，则监控系统应能监视变电所大门的开启情况和人员进入时间及编号等。

4. 电力监控系统主站系统软件容量及硬件扩展能力按满足首期工程要求设计，并适度考虑__________________________。

5. 变电所通信管理单元、主监控单元采用单机配置，二者之间通过所内________通信。

6. 系统提供的遥信功能可将______________、______________、预告信号远传至调度指挥中心电力调度系统。

三、综合分析题

1. 牵引降压混合变电所综合自动化系统的主要控制范围包括哪些设备？从以下给定的选项中选择。

400 V 母线分段断路器	1 500 V 直流断路器	110 kV 断路器
400 V 进线断路器	主变压器中性点接地刀闸	400 V 三级负荷总开关
主变压器有载调压开关	35 kV 断路器	接触网电动隔离开关

2. 下表中所列的内容均为城市轨道交通综合自动化系统硬件质量和软件质量，请根据本单元的知识，将相应的内容填入表格对应的方格内。

中心实时服务器、病毒防范、中心电调工作站、用户管理、通信控制器、软件版权、监控一体机、测控装置、画面监视、交换机、控制对象、报警处理、通信接口转换装置、SOE 记录、系统自检、电源装置

硬件质量	软件质量

第五章 微机保护子系统

第一节　微机保护的发展及其特点

本节导读

本节主要介绍了微机保护从20世纪60年代开始至今的发展历程，介绍了与传统继电保护相比具备的一些特点及优点。

一、微机保护的发展概况

20世纪60年代末期，国外提出用计算机构成继电保护的倡议。当时还不具备商业性生产这类保护装置的条件，早期的研究工作是以小型机为基础的，要采用一台小型计算机来实现多个电气设备或整个变电站的保护功能。

70年代中期，随着大规模集成电路技术的发展，微型计算机进入了实用阶段，性价比和可靠性大为提高，为微机保护的实用化打下了硬件基础。

经过近40年的发展和变化，目前微机保护已经在各个电力系统的变电站、发电厂、线路及其他用电设备上大量使用。

某现场微机保护盘柜如图5.1所示。

图5.1　现场微机保护盘柜

二、微机保护的特点

1. 维修调试方便

相较于过去大量使用的整流型继电保护装置，微机保护装置几乎可以不用调试，微机保护对硬件和软件都有自检功能，装置上电时，有故障就会立即报警，可以大大地减轻运行维护的工作量。

2. 可靠性高

在各种保护方法中，微机保护装置考虑到了电力系统中的各种情况，具有很强的综合分析和判断能力。微机系统运行时，可以不断进行自检，因此，能够立即检查出微机保护内部的大多数随机故障，而采取适当的纠正措施。

3. 易于获得各种附加功能

由于计算机的通用性，因而在继电保护硬件的基础上，微机保护装置可以很方便地通过增加软件的方法获得保护之外的功能。例如，保护的动作顺序记录、故障谐波分析、故障测距、低频减载等。

4. 保护性能易于改善

对于相同的硬件，可以通过不同的算法，实现不同的保护。这样，也就可以通过改善算法来不断完善保护性能，而不需要改动硬件。通过软件算法的改善，可以较好地解决原有模拟继电保护装置无法解决的一些问题。

5. 便于远方监控

目前的微机保护装置均设有通信接口，这样可以方便地将各地保护装置纳入变电站综合自动化系统，实现远方修改定值与投切保护装置。

6. 灵活性大

目前，国内中低压变电站内不同一次设备的保护装置在硬件设计时，尽可能采用同样的设计方案。而超高压电力系统保护装置若采用多 CPU 实现多种保护功能时，每块 CPU 模块的硬件设计也倾向于尽量相同。由于保护的原理主要由软件决定，因此，只要改变软件就可以改变保护的特性和功能，从而可灵活地适应电力系统发展对保护要求的变化，也减少了现场的维护工作量。

7. 经济性好

微处理器和集成电路芯片的性能不断提高而价格一直在下降，而电磁型继电器的价格在同一时期内却不断上升。而且，微机保护装置是一个可编程序的装置，它可基于通用硬件实现多种保护功能，使硬件种类大大减少。因此，在经济性方面也优于传统保护。

第二节　微机继电保护硬件系统的构成原理

本节导读

本节分析了传统继电保护的动作原理及硬件构成，介绍了微机保护的硬件组成，即数据处理单元、数据采集单元、输入/输出系统、人机对话系统和电源系统五个部分，并详细说明了其实现原理和作用。

一、传统保护装置硬件系统构成

电力系统发生故障时，相关电气参数将发生变化。例如，电流增大、电压降低以及电流与电压之间的相位角变化等。利用故障前后这些基本电气参数的差别，就可构成不同原理的继电保护装置，如：

视频 5.2.1　直流系统巡视

视频 5.2.2　直流系统监控模块

（1）电流明显增大→过电流保护；

（2）电压明显降低→低电压保护；

（3）电压与电流间的相位角会发生变化→方向保护；

（4）测量阻抗会发生变化→阻抗保护；

（5）电气元件流入与流出电流的关系发生变化→电流差动保护；

（6）出现负序和零序分量→零序保护和负序保护。

根据不同原理构成的继电保护装置种类虽然很多，但一般情况下，它们都是由三个基本部分组成，即测量部分、逻辑部分和执行部分，其原理框图如图 5.2 所示。

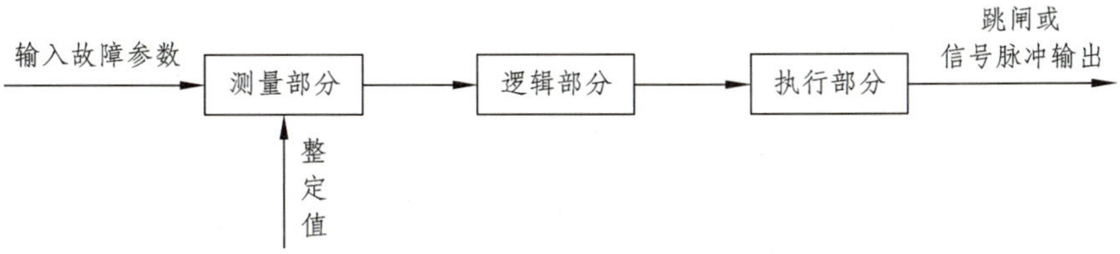

图 5.2　传统继电保护装置的原理框图

继电器是传统继电保护装置的基本组成元件。它是一种能够自动动作的电器元件。当它反映的物理参数量达到其本身的固有量时，继电器就能自动动作。按动作和构成原理分类，可分为电磁型继电器、感应型继电器、静态型继电器等。传统继电保护装置工作原理图如图 5.3 所示。

二、微机保护装置硬件系统构成

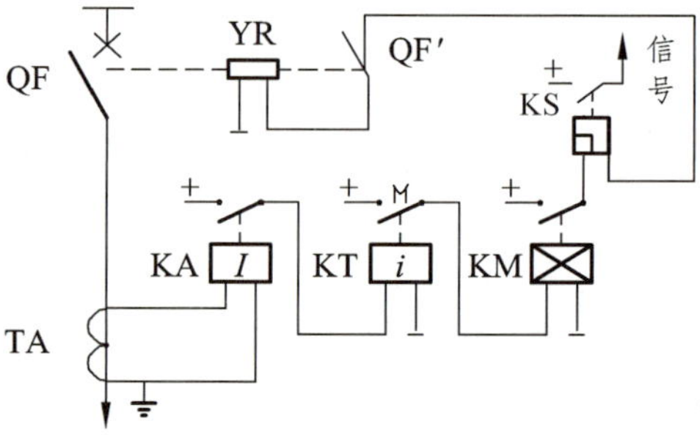

图 5.3　传统继电保护装置工作原理图

微机保护装置硬件系统按功能可分为如下五个部分：

微机系统（数据处理单元）：包括微处理器、存储器、定时器以及并行口等。微处理器执行存放在程序存储器中的保护程序，对由数据采集系统输入至随机存取存储器中的数据进行分析处理，以完成各种继电保护的功能。

模拟数据采集单元：包括电压形成和模数转换等模块，完成将模拟输入量准确地转换为数字量的功能。

开关量输入/输出系统：由若干并行接口、光电隔离器及中间继电器等组成，以完成各种保护的出口跳闸、信号警报、外部接点输入及人机对话等功能。

人机对话微机系统：人机接口部分的作用是建立起微机保护与使用者之间的信息联系，以便对装置进行人工操作、调试和信息反馈。外部通信接口的作用是提供计算机局域通信网络以及远程通信。

电源系统：供给微处理器、数字电路、模数转换芯片及继电器所需的电源。

典型的保护装置的硬件结构示意图如图 5.4 所示。

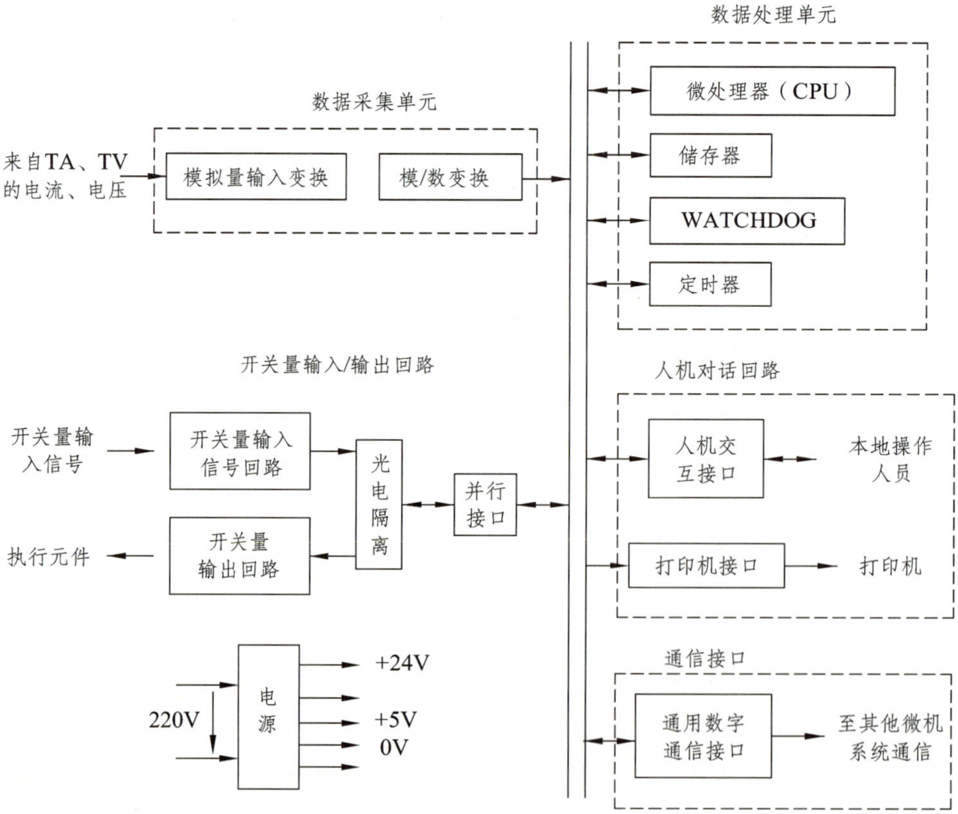

图 5.4　微机保护硬件示意框图

1. 微机系统（计算机主系统）

微机保护的计算机主系统有中央处理器（CPU）、只读存储器 EPROM、电擦除可编程只读存储器 EEPROM、随机存取存储器 RAM、定时器等。

CPU 执行控制及运算功能。

EPROM 主要存储编写好的程序，包括监控、继电保护功能程序等。

EEPROM 可存放保护定值，可通过面板上的小键盘设定或修改保护定值。

RAM 作为采样数据及运算过程中数据的暂存器。

定时器用以记数、产生采样脉冲和实时钟等。

CPU 主系统的常见外设，如小键盘、液晶显示器和打印机等用于实现人机对话。

2. 数据采集系统

（1）电压形成回路。

在微机保护中通常要求输入信号为 ± 5 V 或 ± 10 V 的电压信号，电压信号大小取决于所用的模数转换器的型号。电压变换常采用小型中间变换器来实现。电流变换器、电压变换器和电抗变换器的原理图分别如图 5.5（a)、(b）和（c）所示，5.5（d）是电抗变换器的原理结构图。

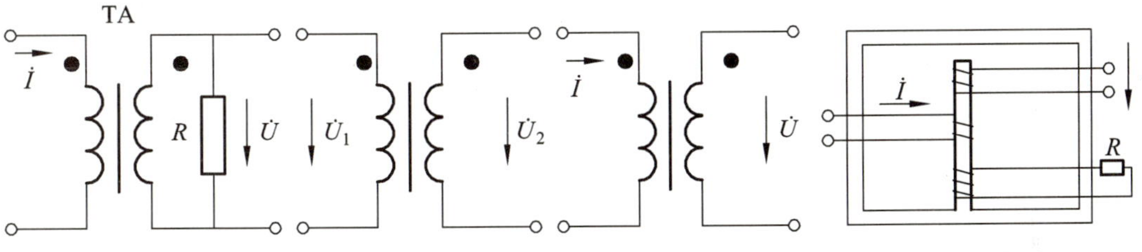

图 5.5 变换器原理图

（2）采样保持电路。

采样就是将连续变化的模拟量通过采样器加以离散化。其过程如图 5.6 所示。模拟量连续加于采样器的输入端，由采样控制脉冲控制采样器，使之周期性的短时开放输出离散脉冲。采样脉冲宽度为 T_C，采样脉冲周期为 T_S。采样器的输出是离散化了的模拟量。

继电保护算法是多输入，而且要求同时采样，再依次顺序送到公用的 A/D 转换器中去的，微机保护中通常需要采样保持电路。

目前，采样保持电路大多集成在单一芯片中，但芯片内不设保持电容，需用户外设，常选 0.01 μF 左右。常用的采样保持芯片有 LF198、LF298、LF398 等。

（3）模拟低通滤波器（ALF）。

滤波器是一种能使有用频率信号通过，同时抑制无用频率信号的电路。对微机保护系统来说，在故障初瞬间，电压、电流中可能含有相当高的频率分量（例如 2 kHz

以上)，为防止频率混叠，采样频率不得不取值很高，从而对硬件速度提出过高的要求。但实际上，在这种情况下可以在采样前用一个低通模拟滤波器（ALF）将高频分量滤掉，这样就可以降低采样频率，降低对硬件速度的要求。

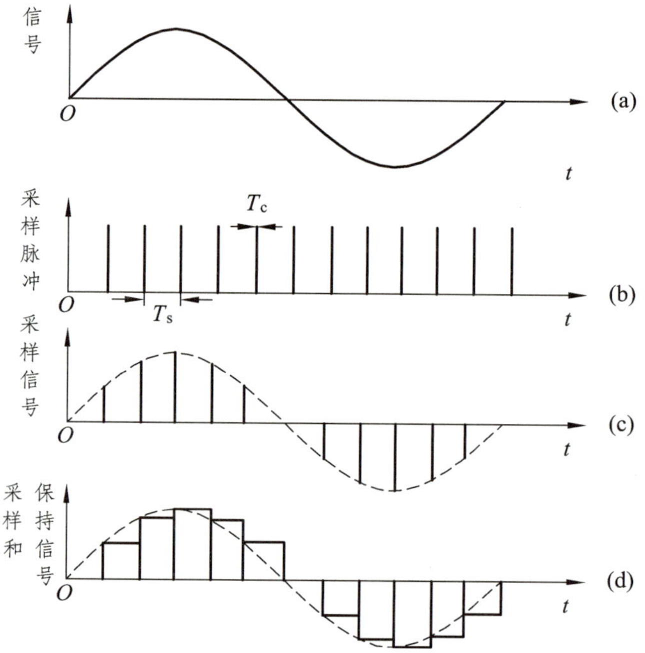

图 5.6　采样保持过程示意图

模拟低通滤波器通常分为两大类：一类是无源滤波器，由 *RLC* 元件构成；另一类是有源滤波器，主要由 *RC* 元件与运算放大器构成。

目前，微机保护中，采样频率常采用 600 Hz（即每工频周波采样 12 个点）、800 Hz 等。

（4）模拟多路转换开关（MUX）。

在实际的数据采集系统中，被模数转换的模拟量可能是几路或十几路，利用多路开关 MUX 轮流切换各被测量与 A/D 转换电路的通路，达到分时转换的目的。在微机保护中，各个通道的模拟电压是在同一瞬间采样并保持记忆的，在保持期间各路被采样的模拟电压依次取出并进行模数转换，但微机所得到的仍可认为是同一时刻的信息（忽略保持期间的极小衰减），这样按保护算法由微机计算得出正确结果。

（5）模数转换器（A/D）。

模数转换器 A/D 是数据采集系统的核心，它的任务是将连续变化的模拟信号转换为数字信号，以便计算机进行处理、存储、控制和显示。A/D 转换器主要有以下各种类型：逐位比较（逐位逼近）型、积分型以及计数型、并行比较型、电压频率（即 V/F）型等。

3. VFC 型数据采集系统

电压、电流信号经电压形成回路后，均变换成与输入信号成比例的电压量，经过VFC，将模拟电压量变换为脉冲信号，该脉冲信号的频率与输入电压成正比，经快速光电耦合器隔离后，由计数器对脉冲进行计数，随后，微型机在采样间隔 T_s 内读取的计数值就与输入模拟量在 T_s 内的积分成正比，达到了将模拟量转换为数字量的目的，实现了数据采集系统的功能。

典型的电荷平衡式 V/F 转换器的电路结构（不含计数器和定时器）如图 5.7 所示。这种方法的原理是产生频率正比于输入电压的脉冲序列，然后在固定时间内对脉冲序列计数。除计数器和定时器外，该电路实际上可视为一个振荡频率受输入电压 U_{in} 控制的多谐振荡器。A_1 和 R_1C 组成一积分器，A_2 为零电压比较器。当积分器的输出电压 U_a 降到 0 V 时，零电压比较器发生跳变，触发脉冲发生器，使其产生一个定宽度 T_0 的脉冲。在 T_0 期间，模拟开关 S 接向负参考电压 $-U_r$ 由于电路设计成 $U_r/R_2 > U_{in}/R_1$，因此，在 T_0 期间积分器一定以反充电为主，使从上升到某一电压，T_0 结束后，由于只有正的输入电压 U_{in} 作用，使积分器充电输出电压 U_a 沿负斜线下降。当 U_a 下降到 0 V 时，比较器翻转，再次触发脉冲发生器，产生一个 T_0 脉冲，再次反充电，如此反复振荡不止，其波形如图 5.8 所示。

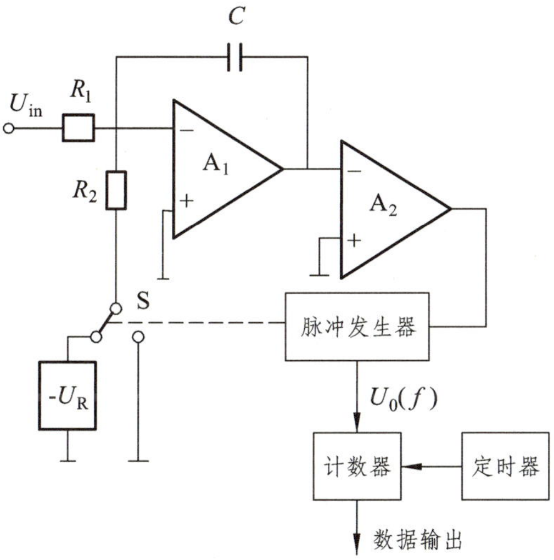

图 5.7　VFC 原理图

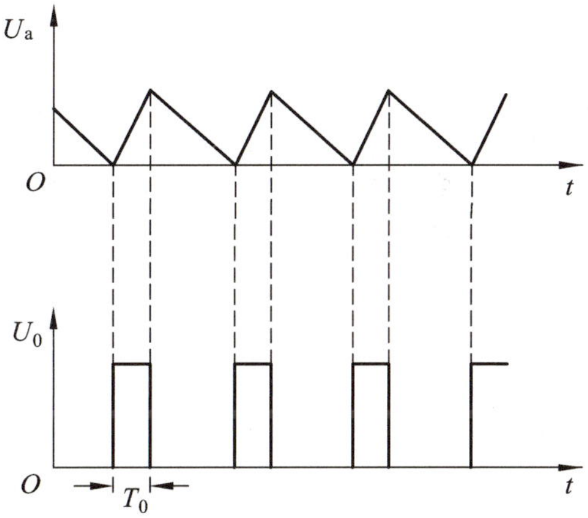

图 5.8　VFC 波形图

VFC 型数据采集系统优点：

普通 A/D 转换器是对瞬时值进行转换，而 VFC 型数据采集系统是对输入信号的连续积分，具有低通滤波的效果，降低噪声。

VFC 型数据采集系统的工作根本不需要微型机控制，微型机只要定时去读取计数器的计数值即可，因此与微型机的接口简单。

VFC 型数据采集系统目前广泛应用于微机保护装置。

4. 开关量输入、输出系统

开关量输入 *DI* 主要用于识别运行方式、运行条件等，以便控制程序的流程，如重合阀方式、同期方式、收信状态和定值区号等。

开关量泛指反应“是”或“非”两种状态的逻辑变量，如断路器的“合阀”或“分阀”状态、开关或继电器触点的“通”或“断”状态、控制信号的“有”或“无”状态等。

（1）开关量输入回路。

对微机保护装置的开关量输入，即接点状态（接通或断开）的输入可以分成以下两大类：

① 可以与 CPU 主系统使用共同电源，无须电气隔离的开关量输入。

这类接点包括在装置调试时用的或运行中定期检查装置用的键盘接点，以及切换装置工作方式用的转换开关等。

② 与 CPU 主系统使用不同电源，需要电气隔离的开关量输入。如断路器、隔离开关的辅助触点，继电器触点等。如图 5.9 所示。

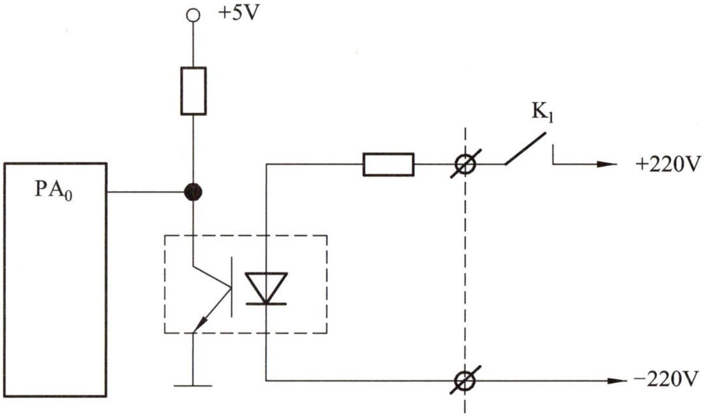

图 5.9　装置外部接点与微机的连接接线图

（2）开关量输出回路。

开关量输出 D_0 主要包括保护的跳闸出口以及本地和中央信号等。

一般都采用并行接口的输出口来控制有接点继电器(干簧或密封小的中间继电器）的方法，但为提高抗干扰能力，最好也经过一级光电隔离，图 5.10 为装置开关输出回路接线图。

只要由软件使并行口的 PB_0 输出“0”，PB_1 输出“1”，便可命名与非门 Hl 输出低电平，光敏三极管导通，继电器 J 被吸合。在初始化和需要继电器 J 返还时，应使 PB_0 输出“1”，PB_0 输出“0”。

设置反相器 B_1 及与非门 H_1，而不是将发光二极管直接同并行口相连。一方面是因为并行口带负载能力有限，不足以驱动发光二极管；另一方面因为采用与非门后，要满足两个条件才能使 J 动作，增加了抗干扰能力。

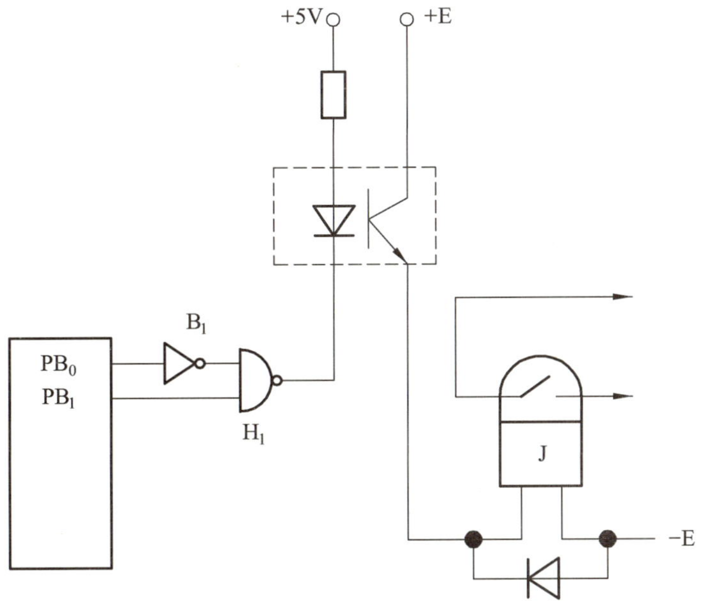

图 5.10　装置开关输出回路接线图

最后应当注意：图 5.10 中的 PB_0 经一反相器，而 PB_1 却不经反相器，这样接可防止拉合直流电源的过程中继电器 J 的短时误动。因为在拉合直流电源过程中，当 5 V 电源处在中间某一临界电压值时，可能由于逻辑电路的工作紊乱而造成保护误动作，特别是保护装置的电源往往接有大量的电容器，所以拉合直流电源时，无论是 5 V 电源还是驱动继电器 J 用的电源 E，都可能相当缓慢地上升或下降，从而完全可能来得及使继电器 J 的接点短时闭合。采用图 5.10 的接法后，由于两项相反的条件的互相制约，可以可靠地防止误动作。

图 5.11 为 WXH820 系列微机保护开关量输出电路板。

图 5.11　微机保护开关量输出电路板

5. 人机对话系统

（1）继电保护整定值的输入方法及其固化电路。

对于微机继电保护装置需要整定的项目很多，如果在保护装置的面板上设置专用的整定值输入插销或轮拨开关，会使操作面板的元件过多而不好安排，而且还会因引线过多而降低保护的抗干扰能力和工作的可靠性。为此，应将保护装置的定值输入改在装置操作面板上，采用键盘输入方式，将整定值送入微机并固化在可以电改写的 E^2PROM 之中。

EPROM、E^2PROM、RAM 芯片的作用：

EPROM：在扩展插件中必须扩展有紫外线可擦除的只读存储器 EPROM（27256），用以存储保护装置的程序。

E^2PROM：电可擦除的存储器 E^2PROM，它用来专门存放定值并可供调度人员远方整定或继保检修人员就地调整修改。

RAM：随机存储器，用于存放数值计算及逻辑运算过程的中间数据及其结果。

定值固化电路由一片 E^2PROM 芯片 2817A 和相应的控制电路构成，如图 5.12 所示，在片选信号有效时，该 E^2PROM 被选中，地址总线 AB（A0 ~ A10）就指向 E^2PROM 里某个存储单元。在 RD 或 WR 控制线有效时 CPU 通过数据总线（D0 ~ D7）DB，对 AB 指定存储单元内的内容进行读或写操作。

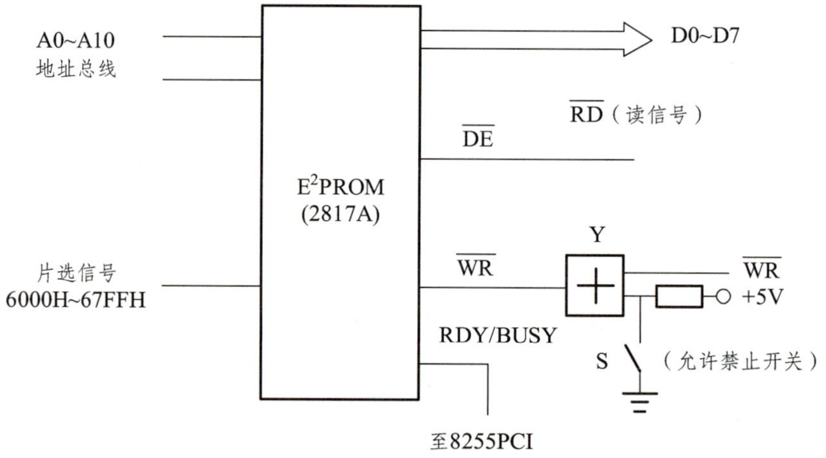

图 5.12 定值固化电路

① 定值固化。

CPU 来的写信号 WR 与固化开关 S 组成或门（74LS32）电路控制固化，只有固化开关打在允许位置（接通）和 WR 写控制线低电平时，或门电路才输出低电平，允许对 2817A 进行改写。在改写过程中，由 BUSY（忙）端给出一个低电平，通知 CPU 还没有改写完，以免造成数据改写出错。

② 读操作。

当继保工作人员需要检查固化的定值时，通过人机接口面板的键盘，下发查询命令，在 RD 读信号有效时（RD 低电平），软件将根据定值区号，查 E^{2}PROM 中对应的定值表，它通过数据总线 D0 ~ D7 传送，把所读定值在液晶显示器上显示出来。

③ 定值拨轮电路。

对于旁路保护或需要根据运行方式切换保护定值的保护装置可使用定值拨轮改变定值。在 2817EPROM 中分设 10 个定值区，每个定值区存放了一套定值。在 CPU 插件的面板上设有一组拨轮开关，从 0 ~ 9 分别对应 10 个不同的定值区，定值区的编码由拨轮开关输出四根引线，形成 BCD 码，送至 8255 并行扩展口。保护 CPU 通过 8255 并行口查询拨轮开关的四位 BCD 码，从而确定了定值区号。再根据定值区号就能从 E^{2}PROM 中读出当前使用的保护整定值。

定值拨轮开关内部结构是一种机械式的编码电路。当值班人员通过拨轮开关改变定值区号时，其内部的机械转换开关就输出一组对应的 BCD 码。

（2）人机对话系统的硬件原理。

随着电力系统的不断发展，微机型继电保护产品得到了广泛的应用，已成为我国电网安全稳定运行的重要支柱。许多微机保护产品都有人机对话单元，便于值班人员方便、快捷操作及维护微机保护装置，保证系统的正常运行。同时也便于继电保护人员快速、准确分析故障原因。因此，人机对话便成为微机保护产品的“眼睛”，显得非常重要。

人机对话微型机系统作为人机联系的主要手段，利用键盘操作，可输入各种保护命令、继电保护整定值的存放地址等。利用打印机、液晶显示器作为人机联系的输出设备。同时，利用人机对话微型机系统，一方面可以实现对各执行保护功能程序的微型机系统进行自检，有利于提高微型机继电保护装置在线运行的可靠性；另一方面还可以把系统的故障类型和继电保护整定值、保护动作行为等信息量，通过专用的接口输送到计算机互联网，为电力系统自动化提供所需的继电保护信息，实现对整个电力系统继电保护的在线网络化管理。

视频 5.3.1 微机保护装置的结构

第三节 微机继电保护装置的结构

本节导读

本节主要介绍了一台具体的微机保护装置结构组成，它包括了机箱、插件、液晶面板、总线等。

对于一个具体的微机保护装置，通常将硬件电路按功能分别布置在几个 PCB 板上，称为保护的插件，各插件安装于一个机箱中，采用总线把各插件联系在一起，构成一套完整的保护装置。

从结构上看，一个完整的微机保护包括：机箱、插件、面板、总线。

应用在现场的微机保护装置，为了便于安装、调试与维护，通常采用标准机箱的插拔式结构。将构成完整微机保护装置的电路，按功能相近的原则，分割成若干个 PCB 板分别制作，形成了微机保护装置的插件。微机保护装置机箱及 PCB 图如图 5.13 所示，其面板布置图如图 5.14 所示，其端子布置图（背视）如图 5.15 所示。

图 5.13　微机保护装置机箱及 PCB 图

视频 5.3.2　正极柜逆流保护

视频 5.3.3　继电保护及自动装置巡视

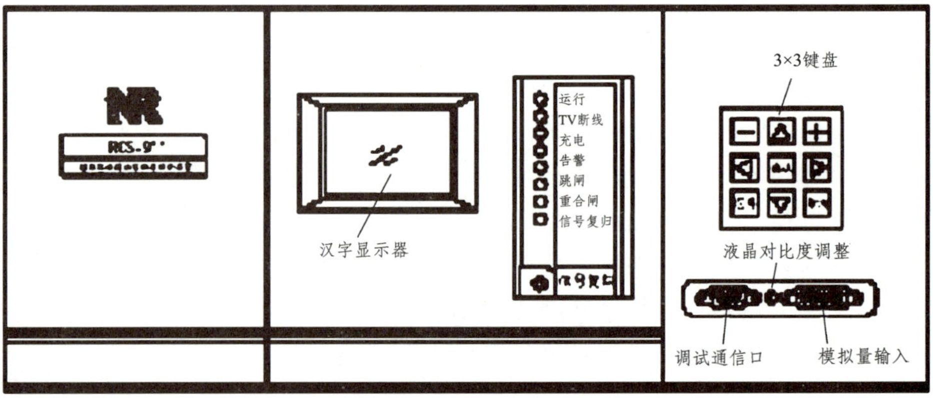

图 5.14　微机保护装置面板布置图

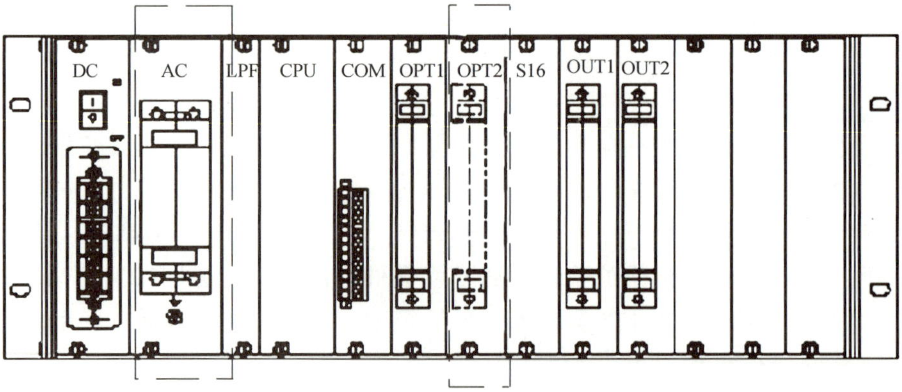

图 5.15　微机保护装置端子布置图（背视）

微机保护的各个插件安装在机箱内，通过总线的方式把它们连接在一起，构成微机保护装置。其外观形状也有多种，比较常见的如图 5.16 所示。

图 5.16　微机保护装置外观

视频 5.3.4　拓展实训资源

第四节　微机继电保护在城市轨道交通供电系统中的应用

本节导读

本节主要介绍了电力监控系统中主变电所、牵引降压混合变电所、降压变电所中应用到的各种微机保护装置，以及这些微机保护装置实现的保护功能，并列举了典型微机保护装置的原理及在工程中的应用情况。

城市轨道交通供电系统的主要功能是给主变电所、牵引/降压混合变电所、降压变电所等几种类型变电所供电。城市轨道交通供电系统中涉及的保护主要包括 110 kV 线路保护；110/35（33）kV 变压器保护；35 kV 母线保护；35 kV 母联保护；35 kV 线路保护；35 kV 牵引动力变压器保护；整流器保护；DC 1 500 V 进线及馈线保护，等等。

以下从不同侧重点介绍几种城市轨道交通供电系统中应用的微机保护装置，以便对其原理、特点、使用等有更加清晰的了解。

一、某城市轨道交通用于 110 kV 线路保护的北京四方 CSL103C 型微机保护装置

该装置设有分相式光纤电流差动保护、三段式相间距离保护、三段式接地距离保

护、四段式零序方向电流保护和三相一次重合闸功能。实际应用时根据需要，决定保护功能的投退。

CSL103C 数字式线路保护装置可以适用于：110 kV 及以下中性点直接接地的大电流接地系统的输电线路，中性点不接地或经消弧线圈接地的小电流接地系统的输电线路。

1. 装置具有的特点

（1）高性能、高可靠、大资源的硬件系统。

采用 DSP 和 MCU 合一的 32 位单片机，高性能的硬件体系保证了装置对所有继电器进行并行实时计算，并保持了总线不出芯片的优点，有利于保护装置的高可靠性。

采用全新的前插拔组合结构，保持了前插拔维护方便的优点，兼有后插拔强弱电分离、强电回路直接从插件上出线的优点。

大容量的故障录波，兼容 COMTRADE 格式，全过程记录故障数据，可以保存不少于 24 次录波数据。完整的事件记录和动作报告，可保存不少于 2 000 条动作报告和 2 000 次操作记录，停电后数据不丢失。

（2）硬件自检智能化。

装置内部各模块智能化设计，实现了装置各模块全面实时自检。

模拟量采集回路采用双 A/D 冗余设计，实现了模拟量采集回路的实时自检。

继电器检测采用新方法，可以检测继电器励磁回路线圈完好性和监视出口触点的状态，实现了继电器状态的检测与异常告警。

开入回路检测采用新方法，开入状态经两路光隔同时采集后判断。对微机保护的电源模块各级输出电压进行实时监测。

对机箱内温度进行实时监测。

（3）功能设计全面化。

可适用于要求全线速动的双端、三端（T 接）线路、弱电源或负荷端、负荷频繁波动的线路、电压慢速恢复需较长时间开放重合闸的系统等。

同时，软件设计模块化，保护功能可配置灵活，以满足用户的不同要求，并简化定值管理。

（4）用户界面人性化。

采用大液晶显示，可实时显示电流、电压、功率、频率、压板状态、定值区等信息。装置提供四个快捷键，可以实现“一键化”操作，方便了现场运行人员的操作。

（5）动作过程透明化。

装置可以记录保护内部各元件的动作过程和各种计算值，可通过分析软件 CSPC 分析保护动作全过程。

（6）通信接口多样化。

装置可以提供两个高速的电以太网接口（可选光纤以太网接口）、LonWorks 网络接口和 RS-485 接口。可采用 IEC 60870-5-103 规约或四方公司 CSC2000 规约，实现与变电站自动化系统和保护信息管理系统的接口。

提供一个用于调试分析的 RS-232 接口（前面板）。

（7）光纤差动保护通信接口。

电流差动型号可以配置两个光纤通信接口，可实现一主一备两个通道的通信方式，满足常规接线双通道切换的要求。也可实现三端差动保护以满足“T”接线路全线速动保护要求。

专用光缆通信方式：2 Mbps 速率数据接口传输。

复用通信方式：2 Mbps 速率数据（E1）接口传输和 64 kbps 速率数据（PCM）同向接口传输，两种方式可选。

（8）完善的振荡闭锁原理。

更加完善的系统振荡时 $\mathrm{d}R/\mathrm{d}t$ 的计算公式，能够快速准确地区分振荡和振荡中故障，保证了系统振荡时能够快速切除区内故障，而在区外故障时可靠闭锁。

2. 装置主要技术参数

（1）额定参数。

直流电压：220 V 或 110 V；

交流电压：相电压：$100/\sqrt{3}$ V；线路抽取电压：100 V 或 $100/\sqrt{3}$ V；

交流电流：5 A 或 1 A。

（2）交流回路精确工作范围（10%误差范围内）。

相电压：0.2 ~ 70 V（小电流接地系统装置为 1 ~ 120 V）；

线路抽取电压：1 ~ 120 V；

电流：0.08 I_n ~ 30 I_n，I_n 表示 TA 二次额定值（1 A 或 5 A），下同。

（3）电流差动保护。

整定范围：0.1 I_n ~ 30 I_n；

测量误差：不大于 ± 2.5%或 ± 0.02 I_n。

（4）距离保护。

整定范围：0.01 ~ 25 Ω（5 A 额定值）；0.05 ~ 125 Ω（1 A 额定值）；

测量误差：不大于 ± 3%；

距离 I 段的暂态超越：不大于 ± 5%。

（5）零序电流保护。

整定范围：0.1 I_n ~ 30 I_n；

测量误差：不大于 ± 2.5%或 ± 0.02 I_n。

（6）过电流保护。

整定范围：0.1 I_n ~ 30 I_n；

测量误差：不大于 ± 2.5%或 ± 0.02 I_n。

（7）过负荷保护。

整定范围：0.1 I_n ~ 30 I_n；

整定值误差：不大于 ± 2.5%或 ± 0.02 I_n。

（8）低周减载。

频率整定范围：45 ~ 49.5 Hz，测量误差：< ± 0.02 Hz；

频率滑差整定范围：0.5 ~ 20 Hz/s。

（9）低压减载。

电压定值整定范围：30 ~ 100 V（线电压）；

电压突变闭锁定值整定范围：10 ~ 100 V/s（线电压）。

（10）三相一次重合闸。

检同期角度误差：≤ ± 2°。

（11）动作时间（包括继电器固有动作时间）。

差动保护的动作时间：2 倍整定值时，不大于 30 ms；

相间和接地距离 I 段的动作时间：0.7 倍整定值以内时，不大于 25 ms；

零序电流 I 段的动作时间：1.2 倍整定值时，不大于 25 ms；

过电流 I 段的动作时间：1.2 倍整定值时，不大于 25 ms。

（12）测距误差（不包括装置外部原因造成的误差）。

金属性短路时，不大于 ± 2%。有较大过渡电阻时，测距误差将增大。

（13）光纤接口。

光纤类型：单模；

光波长：1 310 nm（1 550 nm 可选）；

光接收灵敏度： – 38 dBm；

发送电平：大于 – 10 dBm；

光纤连接器类型：FC 型（可选 ST 型）；

采用专用光缆时传送距离小于 50 km。

二、某城市轨道交通用于 110/35 kV 变压器保护的 GE 公司 SR745 型微机保护装置

主要设有的保护功能包括：比例差动；差动速断；110 kV 侧相速断过流；35（33）kV 侧相速断过流；110 kV 侧接地速断过流；110 kV 侧负序速断过流；变压器过负荷；过激励；非电量保护（包括本体重瓦斯、有载调压重瓦斯、本体轻瓦斯、风冷全停、本体温度告警、绕组温度告警、油温超温跳闸、绕组超温跳闸、压力释放）等。

1. SR745 保护装置功能

SR745 微机型继电保护装置是基于多处理器的高速的三相式、两或三绕组变压器管理装置，用于大、中、小型变压器的主保护和管理。

装于一个经济型壳体中的 745 继电器包括比例式差动、过电流、频率和过激磁等保护元件以及监视各次谐波量和总谐波畸变量（THD）等。

SR745 提供各种自适应保护功能。自适应的谐波制动——防止变压器涌流时误跳

闸。自适应的延时过电流元件——当变压器带高次谐波负荷时，根据计算的变压器承受的过电流能力，自动调整过电流的整定值。整定组多达 4 个——用户可以根据电力系统的运行状况对继电保护的要求动态地进行分组整定。电流互感器变比不匹配修正功能——动态监视变压器带负荷调压分接头并且自动修正电流互感器变比的不平。FlexLogicTM——像可编程控器（PLC）的方程式一样，对任何逻辑输入，输出和 745 的保护元件之间进行逻辑编程。

SR745 提供强大的试验和模拟功能。继电保护调试人员可以根据 745 继电器捕捉的或计算机产生的波形数据测试继电器的动作情况。此数据可以被换算成一个数值化的格式，并且存到 745 的模拟缓冲存储器内，以便再次读出。

波形捕捉功能——记录变压器故障、涌流或报警情况下的波形数据。

变压器接线组别自动配置功能——所有 CT 都接成星形接线，由装置按照设定的变压器接线组别自动补偿。

2. SR745 保护装置状态指示

SR745 装置送电时，装置正常时 IN SERVICE 灯亮。如果自检不成功，SELF-TEST ERROR 指示为红灯。装置面板指示灯含义见表 5.1。

表 5.1　装置面板指示灯含义表

指示灯	含　义
IN SERVICE	装置正常使用（G）
SELF-TEST ERROR	装置自检失败（R）
TEST MODE	测试模式（A）
DIFFERENTIAL BLOCK	差动谐波闭锁（A）
LOCAL	当地模式（G）
MESSAGE	外部闭锁/信息报告（A）
TRANSFORMER DE-ENERGIZED	变压器励磁正常（A）
TRANSFORMER OVERLOAD	变压器过负荷（A）
LOAD-LIMIT REDUCED	谐波降低负荷（A）
SETPOINT GROUP1	设置于第 1 组定值（G）
SETPOINT GROUP2	设置于第 2 组定值（G）
SETPOINT GROUP3	设置于第 3 组定值（G）
SETPOINT GROUP4	设置于第 4 组定值（G）
TRIP	保护跳闸（R）
ALARM	报警（A）
PICKUP	保护启动（显示框内有对应启动的保护名称）（A）
PHASE A	A 相跳闸（A）

续表

指示灯	含　义
PHASE B	B 相跳闸（A）
PHASE C	C 相跳闸（A）
GROUND	接地跳闸
GREEN（G）	表示正常状态
AMBER（A）	表示警惕状态
RED（R）	表示严重的报警或警告

保护动作跳闸后，SR745 面板发出相应的光字牌，按 SR745 面板的 RESET 键红灯熄灭。

3. SR745 保护装置技术说明

（1）适用性。

变压器：两圈或三圈变压器。

频率：50 Hz 或 60 Hz 额定（频率跟随允许从 2 ~ 65 Hz）。

（2）输入：

控制电源：

① Lo 范围：DC = 25 ~ 60 V，AC = 20 ~ 48 V；

② HI 范围：DC = 90 ~ 300 V，AC = 70 ~ 265 V。

功率：30 VA 额定，最大 40 VA。

电流输入：

源 CT：1 ~ 50 000 一次/1 A 或 5 A 二次。

继电器输入：1 A 或 5 A。

电压输入：

源 VT：2 ~ 750 kV/60 ~ 120 V。

继电器输入：60 ~ 120 V 相对中性点。

模拟输入（常规用途）：

类型：直流电流 DC（mA）。

范围：0 ~ 1 mA，0 ~ 5 mA，0 ~ 10 mA，0 ~ 20 mA，或 4 ~ 20 mA（可程控）。

输入阻抗：375（1 ± 10%）Ω。

模拟输入（分接头位置）：

类型：电阻（Ω）。

范围：0 ~ 500 Ω或 0 ~ 5 kΩ（可程控）。

模拟输入（热电阻）：

类型：三线式。

传感器：① 100 Ω铂电阻（DIN，43 760）；

② 100 Ω或 120 Ω镍铬；

③ 10 Ω铜。

（3）输出：

模拟输出（7）：

输出范围：0 ~ 1 mA，0 ~ 5 mA，0 ~ 10 mA，0 ~ 20 mA，或 4 ~ 20 mA。

最大负荷：0 ~ 1 mA，10 kΩ；4 ~ 20 mA，600 Ω。

隔离：完全隔离。

输出继电器：

配置：2 ~ 5 跳闸：取自 A（断路器跳闸额定）。

6 ~ 8 辅助：取自 C。

9 自检测：取自 C。

触点材料：银合金。

最大额定值：300 Vac，250 Vdc，15 A，1 500 VA。

（4）通信：

所有端口：300 ~ 19 200 波特，可程控奇偶校验，Modbus RTU 规约。

（5）时钟：

分辨率：1 ms。

带有 IRIG-B 时的精度：± 1 ms。

未带有 IRIG-B 时的精度：± 1 分钟/月。

供电电池寿命：连续使用 10 年。

（6）工作环境：

工作温度范围：– 40 ~ +60 °C。

储存环境温度：– 40 ~ +60 °C。

湿度：最高到 90%，不结露。

（7）箱体：

完全拉出单元（自动短接 CT）。

密封储存。

防尘门。

（8）产品测试：

加热：运行在环境温度然后加热到 60 °C。

绝缘强度：按 IEC 255-5 和 ANSI/IEEE C37.90，在 CT 输入端，VT 输入端，控制电源输入端以及继电器输出端做 2 kV、1 min 的测试。

4. SR745 保护装置校验

（1）做安全措施。

（2）比率差动（PERCENT DIFFERENTIAL）保护功能测试。

投入比率差动保护，关闭其他保护，按照整定值通知单检查设置。

① 模拟单相侧电源故障测量保护的启动值。

a. 绕组 1 侧，即 110 kV 高压侧。

因变压器为 Y/Y0/Y0，所以 $I_A = I_B = I_C = 0.09 \times CT = 0.09 \times 5 = 0.45$（A）。当单相

分别加电流时，SR745 要去除零序分量，所以加在 W1 上的电流 $I_1 = 0.45/0.667 = 0.675$（A）。

测量启动值，如表 5.2 所示。

表 5.2　W1 侧比例差动启动值

相别	整定值	计算值/A	测量值/A
A	0.09CT	0.675	0.650
B	0.09CT	0.675	0.650
C	0.09CT	0.675	0.650

b. 绕组 2 侧，即 33 kV 侧。

CT mismatch error：CT_2（Idear）$= CT_1 \times (V_1/V_2) = 200 \times (110/33) = 666.7$。

CT mismatch error = 666.7/240 = 2.778。

所以加在 W2 上的电流：$I_2 = 0.675 \times 2.778 = 1.875$（A）。

测量启动值，如表 5.3 所示。

表 5.3　W2 侧比例差动启动值

相别	整定值	计算值/A	测量值/A
A	0.09CT	1.875	1.810
B	0.09CT	1.875	1.815
C	0.09CT	1.875	1.815

② 比例差动斜率 1（25%）的测量。

做制动量 $I_R = 0.8CT$ 点，以 W1 为制动电流，加电流 $I_1 = 0.8CT \times 1.5 = 6$ A。

差动动作电流 $I_D = 0.8CT \times 25\% = 0.2CT$。

在 W2 所加电流计算值和测量值如表 5.4 所示。

$I_{W1} - I_{W2} = 0.2CT \rightarrow 0.8CT - I_{W2}/2.778 = 0.2CT$。

$I_{W2} = 0.6CT \times 2.778 \times 5 = 8.334$ A。

$I_2 = I_{W2} \times 1.5 = 12.5$ A。

表 5.4　比例差动斜率 1 的测量

相别	W1 所加电流 I_1	W2 计算值 I_2	W2 测量值 I_2	斜率
A	6A∠0°	12.5A∠180°	12.6∠180°	25%
B	6A∠0°	12.5A∠180°	12.6∠180°	25%
C	6A∠0°	12.5A∠180°	12.6∠180°	25%

做制动量 $I_R = 0.6CT$ 点，以 W1 为制动电流，加电流 $I_1 = 0.6CT \times 1.5 = 4.5$ A。

差动动作电流 $I_D = 0.6 \times 25\% = 0.15CT$。

在 W2 侧所加电流计算值和测量值如表 5.5 所示。

$I_{W1} - I_{W2} = 0.15CT \rightarrow 0.6CT - I_{W2}/2.778 = 0.15CT$。

$I_{W2} = 0.45CT \times 2.778 \times 5 = 6.251$ A。

$I_2 = I_{W2} \times 1.5 = 9.376$ A。

表 5.5　比例差动斜率 1 的测量

相别	W1 所加电流 I_1	W2 计算值 I_2	W2 测量值 I_2	斜率
A	4.5A∠0°	9.376A∠180°	9.4∠180°	25%
B	4.5A∠0°	9.376A∠180°	9.4∠180°	25%
C	4.5A∠0°	9.376A∠180°	9.4∠180°	25%

③ 比例差动斜率 2（50%）的测量。

做制动量 $I_R = 1.2CT$ 点，以 W1 为制动电流，加电流 $I_1 = 1.2CT \times 1.5 = 9$ A。

差动动作电流 $I_D = 1.2 \times 50\% = 0.6CT$。

在 W2 侧所加电流计算值和测量值如表 5.6 所示。

$I_{W1} - I_{W2}/2.778 = 0.6CT \rightarrow 1.2CT - I_{W2}/2.778 = 0.6CT$。

$I_{W2} = 0.6CT \times 2.778 \times 5 = 8.334$ A。

$I_2 = I_{W2} \times 1.5 = 12.5$ A。

表 5.6　比例差动斜率 2 的测量

相别	W1 所加电流 I_1	W2 计算值 I_2	W2 测量值 I_2	斜率
A	9A∠0°	12.5A∠180°	12.6∠180°	50%
B	9A∠0°	12.5A∠180°	12.6∠180°	50%
C	9A∠0°	12.5A∠180°	12.6∠180°	50%

做制动量 $I_R = 1.5CT$ 点，以 W1 为制动电流，加电流 $I_1 = 1.5CT \times 1.5 = 11.25$ A。

差动动作电流 $I_D = 1.5 \times 50\% = 0.75CT$。

在 W2 侧所加电流计算值和测量值如表 5.7 所示。

$I_{W1} - I_{W2}/2.778 = 0.75CT \rightarrow 1.5CT - I_{W2}/2.778 = 0.75CT$

$I_{W2} = 0.75CT \times 2.778 \times 5 = 10.418$ A，

$I_2 = I_{W2} \times 1.5 = 15.62$ A。

表 5.7　比例差动斜率 2 的测量

相别	W1 所加电流 I_1	W2 计算值 I_2	W2 测量值 I_2	斜率
A	11.25A∠0°	15.62A∠180°	15.8∠180°	50%
B	11.25A∠0°	15.62A∠180°	15.8∠180°	50%
C	11.25A∠0°	15.62A∠180°	15.8∠180°	50%

④ 比例差动拐点的实验。

做制动量 $I_R = 0.99CT$ 点，以 W1 为制动电流，加电流 $I_1 = 0.99CT \times 1.5 = 7.425$ A，差动动作电流 $I_D = 0.99 \times 25\% = 0.247\ 5CT$。

在 W2 侧所加电流计算值和测量值如表 5.8 所示。

$I_{W1} - I_{W2}/2.778 = 0.247\ 5CT \rightarrow 0.99CT - I_{W2}/2.778 = 0.247\ 5CT$。

$I_{W2} = 0.742\ 5CT \times 2.778 \times 5 = 10.313$ A。

$I_2 = I_{W2} \times 1.5 = 15.47$ A。

表 5.8　比例差动拐点

相别	W1 所加电流 I_1	W2 计算值 I_2	W2 测量值 I_2	斜率
A	7.425A∠0°	15.47A∠180°	15.5∠180°	25%
B	7.425A∠0°	15.47A∠180°	15.5∠180°	25%
C	7.425A∠0°	15.47A∠180°	15.5∠180°	25%

做制动量 $I_R = 1.01CT$ 点，以 W1 为制动电流，加电流 $I_1 = 1.01CT \times 1.5 = 7.575$ A。

差动动作电流 $I_D = 1.01 \times 50\% = 0.505CT$。

在 W2 侧所加电流计算值和测量值如表 5.9 所示。

$I_{W1} - I_{W2}/2.778 = 0.505CT \rightarrow 1.01CT - I_{W2}/2.778 = 0.505CT$。

$I_{W2} = 0.505CT \times 2.778 \times 5 = 7.014$ A。

$I_2 = I_{W2} \times 1.5 = 10.521$ A。

表 5.9　比例差动拐点

相别	W1 所加电流 I_1	W2 计算值 I_2	W2 测量值 I_2	斜率
A	7.575A∠0°	10.521A∠180°	10.5∠180°	50%
B	7.575A∠0°	10.521A∠180°	10.5∠180°	50%
C	7.575A∠0°	10.521A∠180°	10.5∠180°	50%

⑤ 谐波制动值测量，如表 5.10 所示。

表 5.10　谐波制动值

相别	整定值	基波/A	二次谐波测量值/A	百分比
A	$20\%f_0$	1.0	0.2	20%
B	$20\%f_0$	1.0	0.2	20%
C	$20\%f_0$	1.0	0.2	20%

⑥ 保护出口。

比率差动跳 1DL、2DL、3DL、DL，谐波制动动作保护不出口。

（3）差动速断（INST DIFFERENTIAL）保护功能测试。

① 投入差动速断保护，关闭其他保护，按照以下整定值设置：

Inst Differential Function = Enabled;

Inst Differential Target = Latched;

Inst Differential Pickup = 3.00 × CT;

Inst Differential Block = Disabled。

② 测量启动值，如表 5.11 所示。

加入单相故障电流测量动作值 $I_1 = 3 \times CT \times 1.5 = 3 \times 5 \times 1.5 = 22.5$ A。

表 5.11　差动速断动作值

W1 相别	整定值	计算值/A	测量值/A
A	3×CT	22.5	22.5
B	3×CT	22.5	22.5
C	3×CT	22.5	22.5

③ 保护出口。

差动速断保护跳 1DL、2DL、3DL、DL。

（4）绕组 1 相速断过电流 I 段（W1 PHASE INST OC1）保护功能测试。

① 投入绕组 1 过电流 I 段 250P1 保护，关闭其他保护，按照以下整定值设置：

W1 Phase IOC1 Function = Enabled;

W1 Phase IOC1 Target = Latched;

W1 Phase IOC1 Pickup = 3.60 × CT;

W1 Phase IOC1 Delay = 50 ms;

W1 Phase IOC1 Block = Disabled。

② 测量启动值。

分别加入单相故障电流测量动作值，如表 5.12、5.13 所示。

表 5.12　W1 PHASE INST OC1 启动值

相别	整定值	计算值/A	测量值/A
A	3.6×CT	18	18.0
B	3.6×CT	18	18.0
C	3.6×CT	18	18.0

表 5.13　W1 PHASE INST OC1 动作时间

相别	整定值/ms	测量值/ms
A	50	85.3
B	50	81.8
C	50	88.9

③ 保护出口：绕组 1 过电流 Ⅰ 段保护跳 1DL、DL。

（5）绕组 1 相速断过电流 Ⅱ 段（W1 PHASE INST OC2）保护功能测试。

① 投入绕组 2 过电流 Ⅱ 段 250P1 保护，关闭其他保护，按照以下整定值设置：

W1 Phase IOC2 Function = Enabled；

W1 Phase IOC2 Target = Latched；

W1 Phase IOC2 Pickup = 1.30 × CT；

W1 Phase IOC2 Delay = 1 800 ms；

W1 Phase IOC2 Block = Disabled。

② 测量启动值。

分别加入单相故障电流测量动作值，如表 5.14、5.15 所示。

表 5.14　W1 PHASE INST OC2 启动值

相别	整定值	计算值/A	测量值/A
A	1.3×CT	6.5	6.50
B	1.3×CT	6.5	6.51
C	1.3×CT	6.5	6.50

表 5.15　W1 PHASE INST OC2 动作时间

相别	整定值/ms	测量值/ms
A	1 800	1 836
B	1 800	1 829
C	1 800	1 840

③ 保护出口：绕组 2 过电流 Ⅱ 段保护跳 1DL、DL。

（6）绕组 2 相速断过流 Ⅰ 段（W2 PHASE INST OC1）保护功能测试。

① 投入绕组 2 过电流 Ⅰ 段 250P1 保护，关闭其他保护，按照以下整定值设置：

W2 Phase IOC1 Function = Enabled；

W2 Phase IOC1 Target = Latched；

W2 Phase IOC1 Pickup = 3.00 × CT；

W2 Phase IOC1 Delay = 0 ms；

W2 Phase IOC1 Block = Disabled。

② 测量启动值。

分别加入单相故障电流测量动作值，如表 5.16、5.17 所示。

表 5.16　W2 PHASE INST OC1 启动值

相别	整定值	计算值/A	测量值/A
A	3.0×CT	15	14.95
B	3.0×CT	15	14.98
C	3.0×CT	15	14.99

表 5.17　W2 PHASE INST OC1 动作时间

相别	整定值/ms	测量值/ms
A	1 200	1 246
B	1 200	1 241
C	1 200	1 235

③ 保护出口：绕组 2 过电流 I 段保护跳 2DL、4DL，闭锁 33 kV 备自投。

（7）绕组 3 相速断过流 I 段（W3 PHASE INST OC1）保护功能测试。

① 投入绕组 3 过电流 I 段 350P1 保护，关闭其他保护，按照以下整定值设置：

W3 Phase IOC1 Function = Enabled;

W3 Phase IOC1 Target = Latched;

W3 Phase IOC1 Pickup = 3.00 × CT;

W3 Phase IOC1 Delay = 0 ms;

W3 Phase IOC1 Block = Disabled。

② 测量启动值。

分别加入单相故障电流测量动作值，如表 5.18 ~ 5.20 所示。

表 5.18　W3 PHASE INST OC1 启动值

相别	整定值	计算值/A	测量值/A
A	3.0×CT	15	14.99
B	3.0×CT	15	14.99
C	3.0×CT	15	15.00

表 5.19　W3 PHASE INST OC1 动作时间 Time3

相别	整定值/ms	测量值/ms
A	1 000	1 054
B	1 000	1 067
C	1 000	1 073

表 5.20　W3 PHASE INST OC1 动作时间 Time2

相别	整定值/ms	测量值/ms
A	1 200	1 242
B	1 200	1 240
C	1 200	1 229

③ 保护出口：绕组 3 过电流 I 段保护跳 3DL、5DL，Time3 跳 5DL、Time2 跳 3DL。

（8）绕组 2 接地速断过流（W2 GROUND INST OC1）保护功能测试。

① 投入绕组 2 接地速断过流保护，关闭其他保护，按照以下整定值设置：

W2 Ground IOC1 Function = Enabled;

W2 Ground IOC1 Target = Latched;

W2 Ground IOC1 Pickup = 0.80 × CT;

W2 Ground IOC1 Delay = 300 ms;

W2 Ground IOC1 Block = Disabled。

② 测量启动值，如表 5.21、5.22 所示。

表 5.21　W2 GROUND INST OC1 启动值

整定值	计算值/A	测量值/A
0.8×CT	4.0	3.99

表 5.22　W2 GROUND INST OC1 动作时间

整定值/ms	测量值/ms
300	335

③ 保护出口：绕组 2 接地速断过流跳 1DL、2DL、3DL、DL。

注：该保护的 CT 是接在 110 kV 侧，实则 110 kV 侧接地速段过流保护。

（9）绕组 1 负序速断过流（W1 NEG SEQ INST OC）保护功能测试。

① 投入绕组 1 负序速断过流保护，关闭其他保护，按照以下整定值设置：

W1 Neg Seq IOC Function = Enabled;

W1 Neg Seq IOC Target = Latched;

W1 Neg Seq IOC Pickup = 1.60 × CT;

W1 Neg Seq IOC Delay = 300 ms;

W1 Neg Seq IOC Block = Disabled。

② 测量启动值。

加入频率为 50 Hz 的电流：$I_A = I_{test}\angle 0°$，$I_B = I_{test}\angle 120°$，$I_C = I_{test}\angle 240°$。如表 5.23、5.24 所示。

表 5.23　W1 NEG SEQ INST OC 启动值

整定值	计算值/A	测量值/A
1.6×CT	8.0	8.0

表 5.24　W1 NEG SEQ INST OC 动作时间

整定值/ms	测量值/ms
300	327

③ 保护出口：绕组 1 负序速断过流跳 1DL、DL。

（10）变压器过负荷（TRANSFORMER OVERLOAD）保护功能测试。

① 投入变压器过负荷保护，关闭其他保护，按照以下整定值设置：

Transformer Overload Function = Enabled；

Transformer Overload Target = Latched；

Transformer Overload Pickup = 120% rated；

Transformer Overload Delay = 8 s；

Transformer Overload Block = Disabled；

Transformer Overload Alarm Signal = Disabled。

② 测量启动值，如表 5.25、5.26 所示。

表 5.25 TRANSFORMER OVERLOAD 启动值

整定值	计算值/A	测量值/A
120%	1.98A	1.99

表 5.26 TRANSFORMER OVERLOAD 动作时间

整定值/s	测量值/s
3	8

③ 保护出口：发报警信号。

（11）过激励（VOLTS-PER-HERTZ 1）保护功能测试。

① 投入过激励保护，关闭其他保护，按照以下整定值设置：

Volts-Per-Hertz 1 Function = Enabled；

Volts-Per-Hertz 1 Target = Latched；

Volts-Per-Hertz 1 Minimum Operating Voltage = 0.90VT；

Volts-Per-Hertz 1 Pickup = 2.45V/Hz；

Volts-Per-Hertz 1 Shape = Definite Time；

Volts-Per-Hertz 1 Delay = 2.00 s；

Volts-Per-Hertz 1 Reset = 0.1 s；

Volts-Per-Hertz 1 Block = Disabled。

② 测量启动值，如表 5.27 ~ 5.29 所示。

表 5.27 VOLTS-PER-HERTZ 1 最小操作电压

整定值	计算值/V	测量值/V
0.9VT	90	92

表 5.28 VOLTS-PER-HERTZ 1 启动值

整定值	电压/V	频率/Hz	电压/频率/（V/Hz）
2.45V/Hz	100	41	2.44

表 5.29　VOLTS-PER-HERTZ 1 动作时间

整定值/ms	测量值/ms
2 000	2 121

③ 保护出口：过激励（VOLTS-PER-HERTZ 1）保护跳 1DL、2DL、3DL、DL。

（12）开关量输入检测。

分别人为短接本体重瓦斯、有载重瓦斯、本体轻瓦斯、风冷全停报警、本体油温报警、绕组温度告警、本体油温跳闸、绕组超温跳闸、压力释放相应接点，验证出口状态的正确性。

三、某城市轨道交通用于 DC 1 500 V 馈线开关保护的西门子 DPU96 微机保护装置

DPU96 数字式保护和控制装置，用于避免直流开关设备和接触网设备出现过载，甚至在电流上升过程中达到最大短路电流之前就能检出短路的发生，从而动作于跳闸，在最小的影响范围将故障消灭。

DPU96 系统配置包括中央处理单元、直流隔离放大器、分压器模块、电缆监视器模块、应用软件等。

用于 DC 1 500 V 馈线开关保护的西门子 DPU96 微机保护装置，主要设有 I_{max} 电流速断保护、ΔI 电流增量保护、di/dt 电流变化率保护、UMZ 过流保护、电缆温度保护、双边联跳保护及自动重合闸等功能。

数字式保护及控制装置外观如图 5.17 所示。

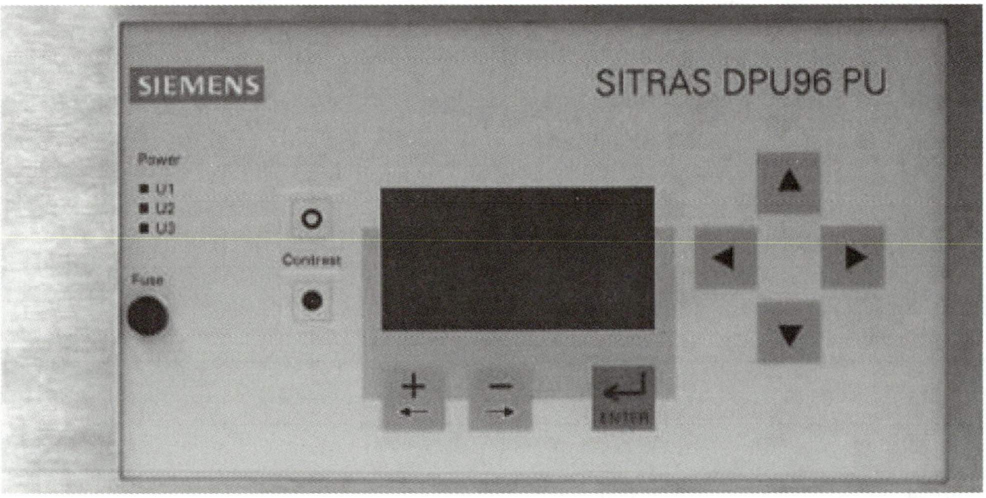

图 5.17　DPU96 微机保护装置外观

1. LED 显示电源的工作状态

LED U1 亮起：隔离放大器电源就绪。

LED U2 亮起：中央处理单元电源就绪。

LED U3 亮起：数字式输入和输出电源以及其他 24 V 设备就绪。

FUSE：输入电压保护。

显示：四行液晶显示。

键盘：薄膜按键。

2. 技术参数及菜单

（1）参数类型。

参数可用来更改装置设置值或查看数值。每个观察参数都具有规定参数编码、名称和一个确切的变量。有以下两种不同类型的参数：

① 观察参数（BP）表示操作状态或实际数值，如 I_{act}。操作人员不能更改或保存该参数。

② 设置参数（EP）具有可以更改的数值，如 I_{max}。如果确认了新参数，则该参数立即被保存。

每个保护功能设置参数有 5 个参数，它们用 EP5 表示。只有一次存在机会的参数用 EP1 表示。

（2）访问级别。

对参数的访问可以设置为三种访问权限：

观察（BEO）：访问关键的观察参数和重要的设置参数（例如，访问权限）。

标准（STA）：对一般性保护设置和维护所需的设置值及观察参数的辅助访问。

专家（EXP）：访问所有参数。这种访问权限仅适用于经过适当资格认证的人员。

（3）存储。

装置使用不同的存储方法：事件存储、报警存储、测量存储。

① 事件存储器中的记录信息可分为以下三种事件：

跳闸：由定时限过流保护（UMZ）、UMIN 监视、UMAX 监视、IMAX 监视、ΔI 监视、di/dt 监视、电缆绝缘监视、电缆温度监视或阻抗保护等激发的直流断路器跳闸。

系统信号：来自中央处理单元控制例程的事件。

开关动作：由于操作顺序而引起的系统状态变更。区段测试中的事件和自动控制信号（例如，CB ON）。

事件存储器是一个具有 1 000 条记录的环形缓冲区。通常可以访问最近的 1 000 个事件。事件存储器由电池进行缓存备份，以使其信息在断电过程中不会丢失。

每个事件保存有下列数据：事件代码、事件数值、事件日期、事件时间。

图 5.18 所示为按事件顺序显示事件缓存器中的事件。

图 5.19 所示为显示保存在事件缓存器中的所有跳闸事件。

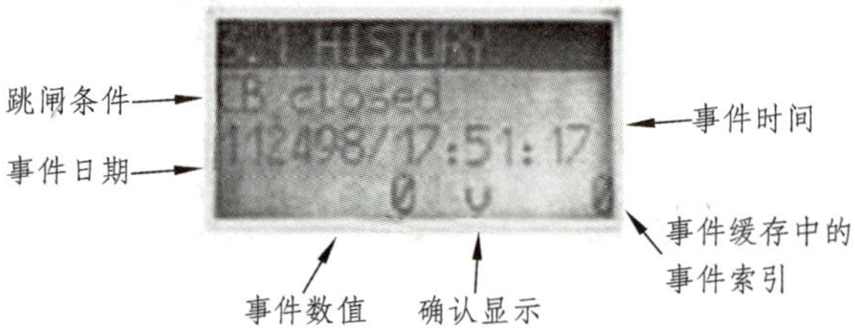

图 5.18 DPU96 事件缓存器中的事件

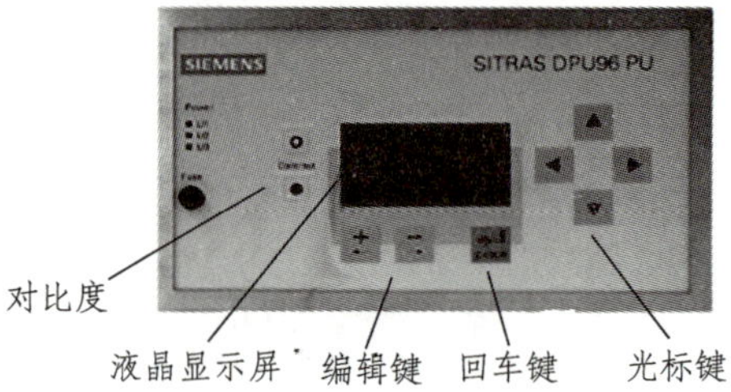

图 5.19 DPU96 事件缓存器中的所有跳闸事件

② 报警存储。

报警存储与事件存储是分开的，因为报警事件发生得非常频繁（如报警阈值设置得很低）。报警事件会很快充满事件存储记忆，以防系统用长时间来重构。

报警存储器可容纳 256 条报警记录。由类似事件存储器那样的环形缓冲区构成，断电时其信息能保持不丢失。

每条报警信息保存有下列数据：报警代码、事件数值、报警日期、报警时间。

③ 测量数值存储。

在报警或跳闸后并且电流和电压曲线被记录下来的情况下，就能够分析电流和电压曲线。通过缓存器的电池备份，该存储器的信息在断电时也不会丢失。

保护装置每 100 μs 测量一次。每个测量存储器能保存 2 047 个测量值。记录时间为 204.7 ms。记录时间可以被延长，解析率仍会保持不变。

（4）主菜单/子菜单屏幕结构。

DPU96 的显示内容分为主菜单和子菜单。主菜单共有八个：

① 操作：操作数值的显示。显示窗口提供运行时相关数据操作值的相关信息，如馈线电流的最大值 I_{max}、输出电压的最小值 U_{min}、区段输出电压的当前数值 U_{act}、区段输出电压的当前数值 I_{act} 等。

② 显示：显示参数的查看。提供每秒 3 次显示的 I_{act}、U_{act}、ΔI_{act}、$(di/dt)_{act}$ 等。同时，可以在装置菜单 2.2 中查阅相关测量值的最高值。在巡检中，在装置菜单 2.5 中还会查阅装置所能够计数的保护的列表。

③ 事件存储：事件存储器中的输入内容的显示。该窗口按事件顺序显示事件缓存器中的事件，包括跳闸和报警信息。

④ 系统数据：系统配置参数的显示和设置。在系统数据窗口下，可以进行所有的基础系统和保护功能设置。

⑤ 保护功能：保护功能参数的显示和设置。装置的各个保护功能可以在该主菜单下的子菜单内进行参数设置。

⑥ 可选项 3。控制：控制功能参数的显示和设置。

⑦ 可选项 2。PROFIBUS：PROFIBUS 功能参数的显示和设置。PROFIBUS 是一种国际化开放的现场总线标准，此窗口定义相关设置。

⑧ 诊断：诊断功能参数的显示和设置。

（5）运行操作、参数修改。

操作员控制中央单元使用薄膜开关操作。数据在一台液晶显示屏上显示。从背后照明的显示屏包含 4 行多达 16 个拉丁文或 8 个中文字符。使用对比度键调节对比度。如图 5.20 所示。

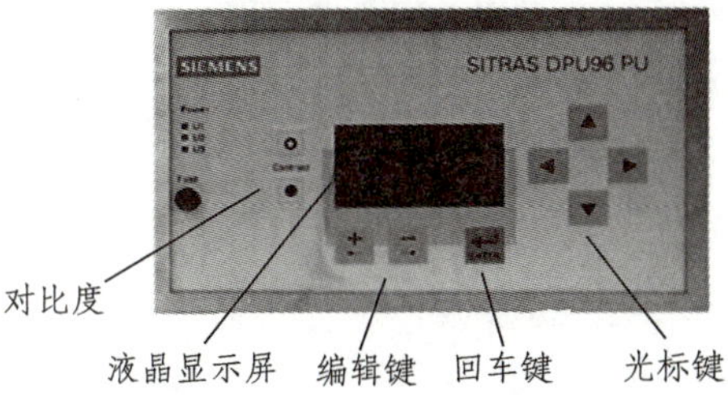

图 5.20　DPU96 操作面板

使用光标键 ◀ 和 ▶ 选择系统条，并通过它选择不同的主菜单屏幕。

使用修改键 + 和 − 选择一个子菜单。

要选择一个可由用户确定的参数，选择所要求的主菜单和子菜单，并且进行下列操作（所选择的字段倒转颜色显示）：

使用光标键 ▼ 选择参数名称。

使用编辑键 − 选择所要求的参数。

使用光标键 ▼ 选择显示的值，使用 + 和 − 键来设置所想要的值，并用 ↵ 键确认输入。

我们日常巡视，一般只是查看馈线开关各种保护的动作次数并每天进行记录。根据上面介绍的操作方式用光标键 ◀ 和 ▶ 选择系统条，并通过它选择 2.4 的主菜单屏幕。再通过使用修改键 + 和 − 选择一个子菜单。从而查看到各个主要保护的动作次数，以及所有保护动作的总次数。

有时，根据设备具体的运行要求，需要我们对保护的整定值进行修改。此种操作需要进入“专家（EXP）”访问级别才可进行。

具体操作步骤如下（以修改 d*i*/d*t* 的参数值为例）：

用光标键和选择系统条，选择到 8.1 的主菜单屏幕。输入进入专家级所需的密码，按键确认输入。

在主菜单的系统条上，使用修改键并选择到子菜单 8.3。在 8.3 中下级子菜单中的“访问级别”中选择“专家级”，按键确认输入。

在主菜单系统条上用光标键并选择用户想要修改的保护参数的主菜单（如：选择到 5.3 DI/DT），并且进行下列操作（所选择的字段倒转颜色显示）。如图 5.21 所示。

图 5.21 操作菜单界面

使用光标键▼选择参数名称。

使用编辑键−选择所要修改的参数。

使用光标键▼选择显示的值，使用+和−键来设置所想要的值，并用↵键确认输入。

在主菜单系统条上，使用光标键◀和▶选择系统条，选择到 8.1 的主菜单屏幕。在主菜单系统条上，使用修改键+和−选择到子菜单 8.3。在 8.3 中下级子菜单中的“访问级别”中选择“观察级”，按↵键确认输入。此时便退出了“专家级”操作，参数修改结束。

综合练习

一、单项选择题

1. 微机保护最早从（　　）开始发展，并逐步进入实用阶段。

A. 20 世纪 60 年代　　B. 20 世纪 30 年代

C. 19 世纪中叶　　D. 21 世纪初

2. （　　）泛指反应“是”或“非”两种状态的逻辑变量，如断路器的“合阀”或“分阀”状态、开关或继电器触点的“通”或“断”状态、控制信号的“有”或“无”状态等。

A. 模拟量　　B. 开关量

C. 数据采集　　D. 模数转换

3. CSL103C 数字式线路保护装置可以适用于（　　）中性点直接接地的大电流接地系统的输电线路，中性点不接地或经消弧线圈接地的小电流接地系统的输电线路。

A. 35 kV 及以下　　B. 110 kV 以上

C. 110 kV 及以下　　D. 220 kV 以上

4. 微机型继电保护装置的直流电源电压通常为（　　）。

A. DC 220 V　　B. DC 110 V

C. DC 220 V 或 DC 110 V　　D. DC 24 V

5. SR745 微机型继电保护装置是基于多处理器的高速的三相式、两或三绕组变压器管理装置，用于大、中、小型变压器的（　　）。

A. 后备保护　　B. 主保护

C. 主保护和后备保护　　D. 非电量保护

二、多项选择题

1. 以下（　　）是微机保护的特点。

A. 可靠性高　　B. 便于远方监控

C. 灵活性大　　D. 易于获得各种附加功能

2. 开关量输出 DO 主要包括（　　）。

A. 保护的跳闸出口　　B. 接点状态

C. 本地和中央信号　　D. 电压电流信号

3. 从结构上看，一个完整的微机保护装置包括（　　）。

A. 机箱　　B. 插件

C. 面板　　D. 总线

三、填空题

1. 相比于过去大量使用的整流型继电保护装置，微机保护装置几乎可以不用__________，微机保护对硬件和软件都有__________功能，装置上电时，有故障就会____________，可以大大地减轻运行维护的工作量。

2. 对于城市轨道交通供电系统而言，主要包含对主变电所、________、________等几种类型变电所予以供电。

3. 检测开关量输入时，分别人为短接____________________、有载重瓦斯、_____________、风冷全停报警、______________、绕组温度告警、本体油温跳闸、______________、压力释放等相应接点，验证出口状态的正确性。

4. 有时，根据设备具体的运行要求，需要我们对保护的整定值进行修改。此种操作需要进入_____________访问级别才可进行。

四、综合分析题

1. 微机保护装置的硬件系统包括哪几部分？从以下给出的词汇中选择。

数据处理单元	继电器	开关量输入/输出系统
人机对话系统	模拟量采集单元	电源系统

2. SR745 型微机保护装置校验主要有哪些内容？

3. 城市轨道交通 DC 1 500 V 馈线主要设有哪些保护？从以下给出的词汇中选择。

过流保护	差动保护	电缆温度保护
电流增量保护	电流速断保护	电流变化率保护
零序保护	双边联跳保护	自动重合闸

第六章 人机操作界面

本章以某城市轨道交通线路采用的 Citect 软件和 NS3000 为例，介绍电力监控系统使用的人机界面软件及操作说明。人机界面包含的功能主要有实时显示、趋势、报警、SOE、日志管理、设备控制、供电系统程控操作等等。

第一节 Citect 监控系统

本节导读

本节主要介绍了某城市轨道交通线路 Citect 软件监控系统的启动方式、运行界面、菜单栏、工具栏、全日志、控制操作、程控操作等内容。

一、运行环境主界面工具简介

电力监控系统软件有如下几种启动方式：

1. 自动启动

操作员站开机后，不需要人为操作电脑或登录监控软件，电力系统监控软件将自动启动运行，软件启动界面如图 6.1 所示。

图 6.1 启动界面

电力监控系统操作员站采用控制计算机，具有掉电自恢复功能，当操作员站电源消失后，不需关闭计算机自身电源开关，操作员只需及时通知维护人员恢复供电后，电力监控系统便自动投入运行。

2. 手动快速启动

当监控系统退出运行进行维护结束后，可采用手动快速启动系统的方法将监控系统投入运行，手动快速启动运行可采用以下两个途径实现。

双击桌面上的快捷方式图标或在“开始”菜单“程序”中单击“启动监控系统”，如图 6.2 所示。

图 6.2　手动快速启动方法

Citect 运行系统是整个监控系统的核心，是用户浏览画面，查询实时数据，分析数据的地方，也是系统在正常运行时，用户可观察的界面。默认情况下，运行环境由菜单栏、工具栏和运行画面组成。运行界面如图 6.3 所示。

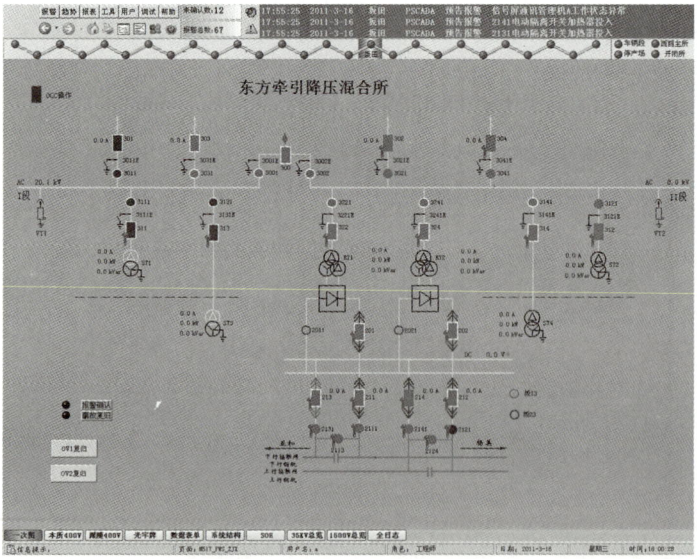

图 6.3　监控系统运行界面

二、菜单栏

菜单栏由七个菜单组成，分别是报警、趋势、报表、工具、用户、调试、帮助菜单。以下分别列出了四种菜单栏操作及详细内容。如表 6.1 ~ 6.9 所示。

1. 报 警

“报警”菜单下有实时报警、报警总览、禁止报警、硬件报警、报警声音设置等多项子菜单，可以分别点进去查看各类报警信息，设置报警“发声”或“静音”状态。

表 6.1 报警操作及内容

单击	内 容
报警	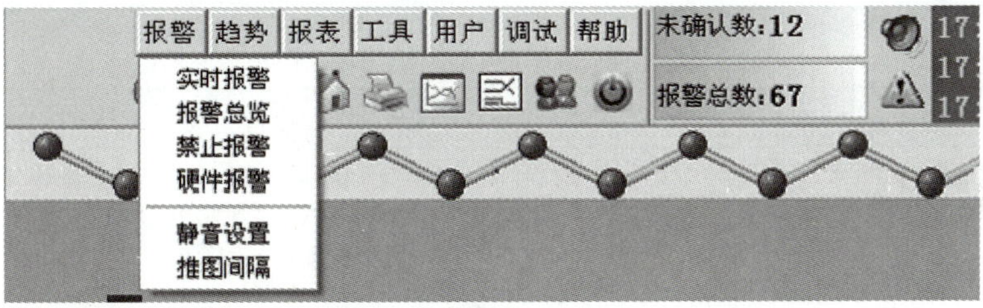

表 6.2 报警详细内容

单击	内 容
实时报警	查看实时报警
报警总览	查看报警总览
禁止报警	查看被禁止的报警
硬件报警	查看硬件报警
静音设置	设置报警消音等级 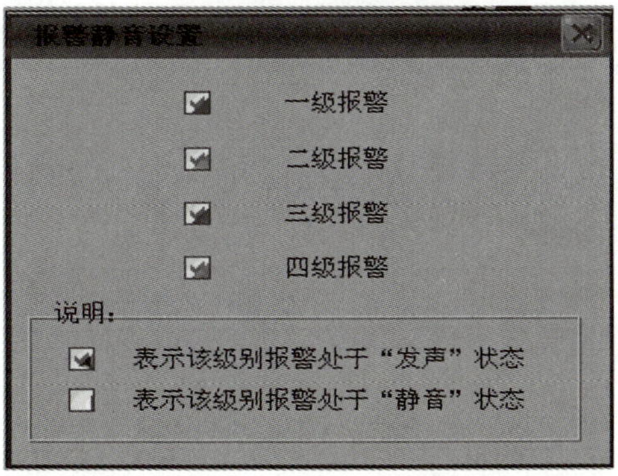 其中，一级报警为事故报警，二级报警为预告报警，三级报警为通信报警，四级报警未启用。若需使某类报警静音则将该类报警的钩去掉，相反，如需使某类报警处于发音状态则将该类报警的钩打上

2. 趋　势

“趋势”菜单下有过程分析器、单组趋势、双组趋势、趋势组组态等子菜单，单击相应子菜单，可以查看相关数据的变化趋势等内容。

表 6.3　趋势操作及内容

单击	内　容
趋势	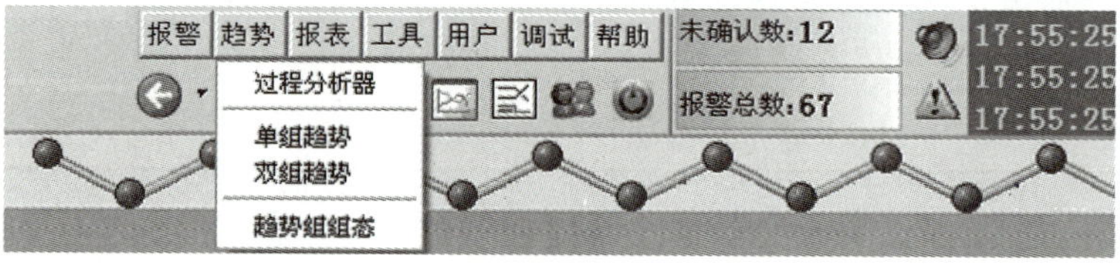

表 6.4　趋势详细内容

单击	内　容
过程分析器	调出过程分析器，用于查看趋势

3. 工　具

“工具”菜单下有 PSCADA 程控、35 kV 大屏、1 500 V 大屏、紧急停电、记事本、画图板、计算器等子菜单，单击相应子菜单，可以切换进入相应画面或调用相关功能。

表 6.5　工具操作及内容

单击	内　容
工具	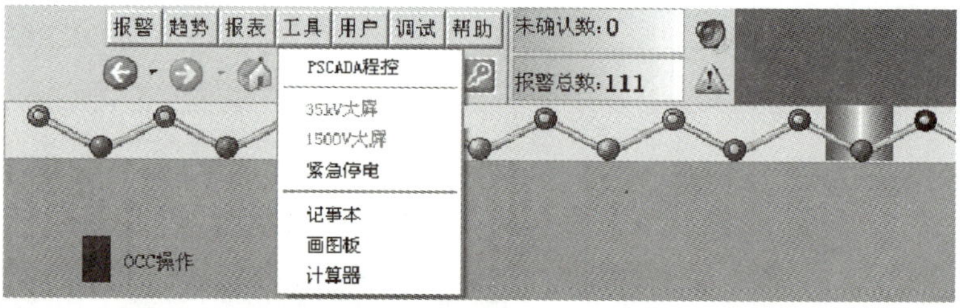

表 6.6　工具详细内容

单击	内　容
PSCADA 程控	进入程控画面
35 kV 大屏	将大屏画面切换至 35 kV 系统供电图
1 500 V 大屏	将大屏画面切换至 1 500 V 系统供电图
紧急停电	紧急停电
记事本	调用记事本
画图板	调用画图板
计算器	调用计算器

4. 用 户

“用户”菜单下有登录、注销、退出 ISCS、修改密码、编辑用户、操作日志、锁定屏幕、解锁屏幕等子菜单，单击相应子菜单，可以登录监控系统、用户注销、修改密码等针对监控系统的相关操作。

表 6.7 用户操作及内容

单击	内 容
用户	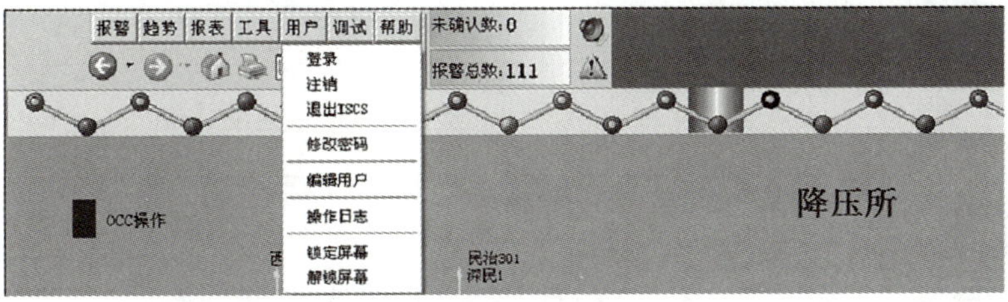

表 6.8 用户详细内容

单击	内 容
登录	用户登录
注销	用户注销
退出 ISCS	退出监控软件
修改密码	修改用户密码
编辑用户	对用户进行管理
操作日志	查看操作日志
锁定屏幕	锁定屏幕，用户只能在监控页面上进行操作
解锁屏幕	解锁后维护人员可以对系统及工程进行维护

三、工具栏

工具栏位于菜单栏正下方位置，由 10 个小图标组成，通过单击这些小图标，可以快捷地查看相关内容或登录监控系统、退出监控系统等操作。各个内容如表 6.9 所示。

表 6.9 工具栏操作及内容

单击	内 容
	查看上一页
	查看下一页
	查看主页

续表

单击	内容
	打印当前页
	查看趋势
	查看过程分析器
	用户登录
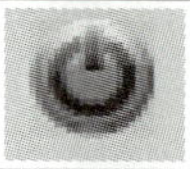	退出监控软件
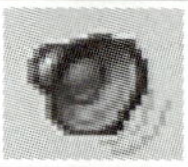	报警消音
	查看实时报警

1. 运行环境画面调用

操作员站监控系统启动后将自动加载首页画面。控制中心的首页画面如图 6.4 所示。用户可以单击图中选站栏中的圆圈，进入对应的变电所一次主接线图。

图 6.4　首页画面

变电所运行正常时，选站栏中该站的圆圈显示绿色，当该变电所的圆圈显示为黄色时表示有预告报警发生，当该变电所的圆圈显示为红色时表示有事故报警发生。

进入该站主画面，用户可以在运行环境中方便快捷地调用画面，如图 6.5 所示。

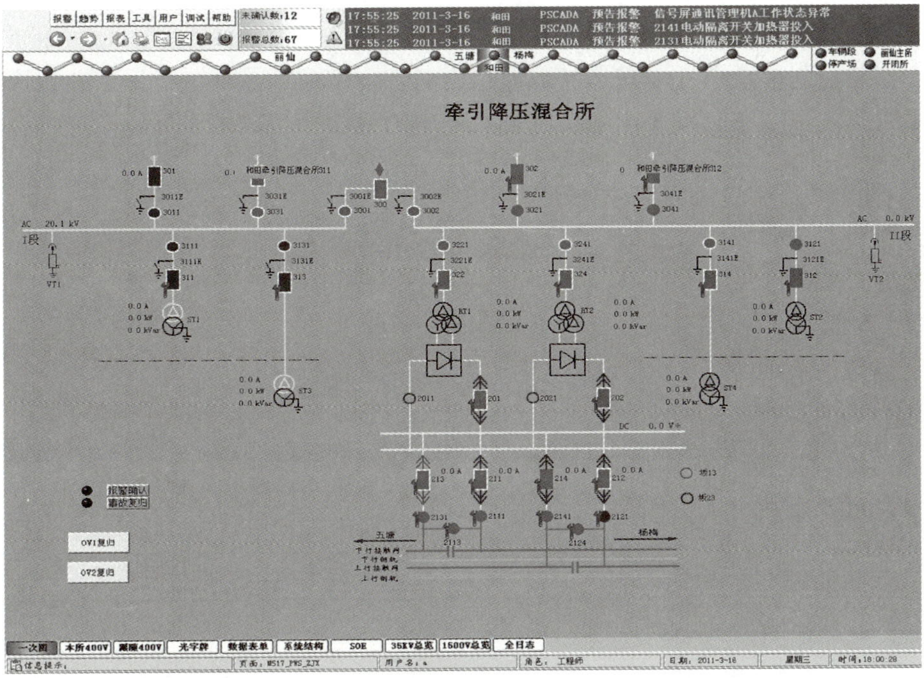

图 6.5　主画面

单击图 6.5 中的按钮，从而快速切换到所需画面。例如：单击图示位置，可以链接到本所 400 V 监控画面。

2. 查看主页

当切换到所需画面后，单击“”按钮，又可快速地回到工程主画面。如图 6.6 所示。

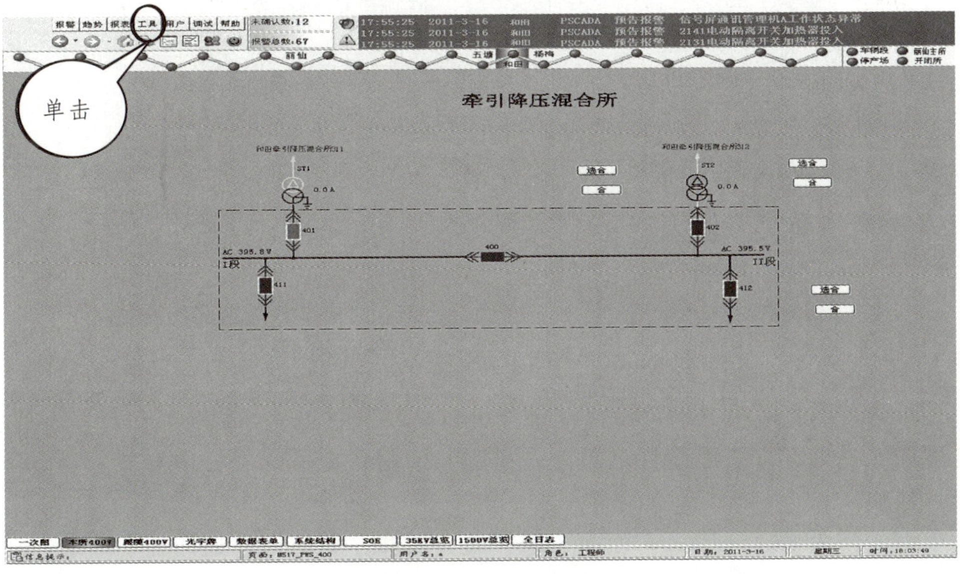

图 6.6　切换主画面

3. 报　警

在工业控制系统中，当现场的数据超出正常范围时，系统应以报警的方式将其通知相关工作人员。实时报警用来实时显示产生的报警。当数据恢复正常时，报警也自动消失。

（1）报警分类。

报警类型可分为：通信报警（三级报警）、预告报警（二级报警）和事故报警（一级报警）。

（2）报警事件显示颜色定义如表 6.10 所示。

表 6.10　报警事件显示颜色

报警类型	报警颜色
事故发生信号	红色（未被确认时闪动）
预告发生信号	黄色（未被确认时闪动）
通信报警信号	蓝色（未被确认时闪动）

（3）事件报警栏。

在运行环境中单击，可动态显示系统实时报警信息，对报警进行确认、确认全部操作。事件报警弹出报警条，如图 6.7 所示。

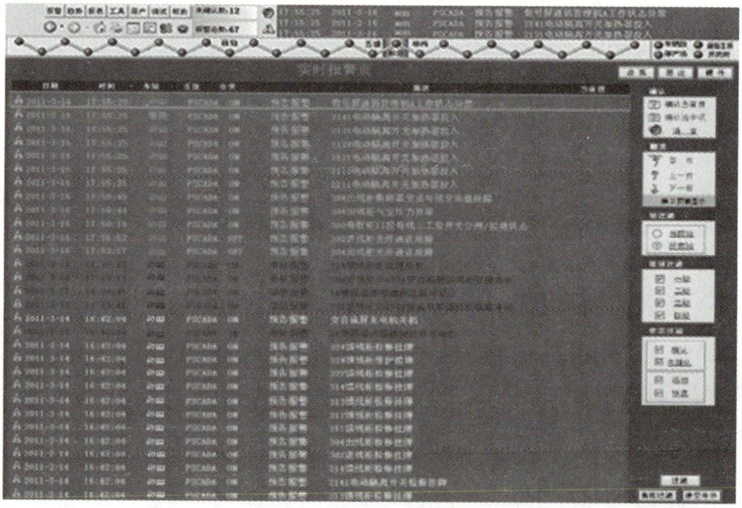

图 6.7　报警页面

在报警状态栏右侧，用户可以对报警进行简单的过滤，分别是站过滤、级别过滤、状态过滤。在设置好过滤条件后单击“过滤”按钮，报警状态栏中只显示符合条件的报警。

单击“高级过滤”按钮，弹出“报警高级过滤”对话框，如图 6.8 所示，在对话框中可以进行更高级的过滤条件设置，可以分别按报警时间、复位时间、确认时间、报警级别、报警状态、车站进行过滤。在设置好过滤条件后单击“应用”按钮，报警状态栏中只显示符合条件的报警。单击“清空条件”按钮，可对设置的过滤条件进行清除。

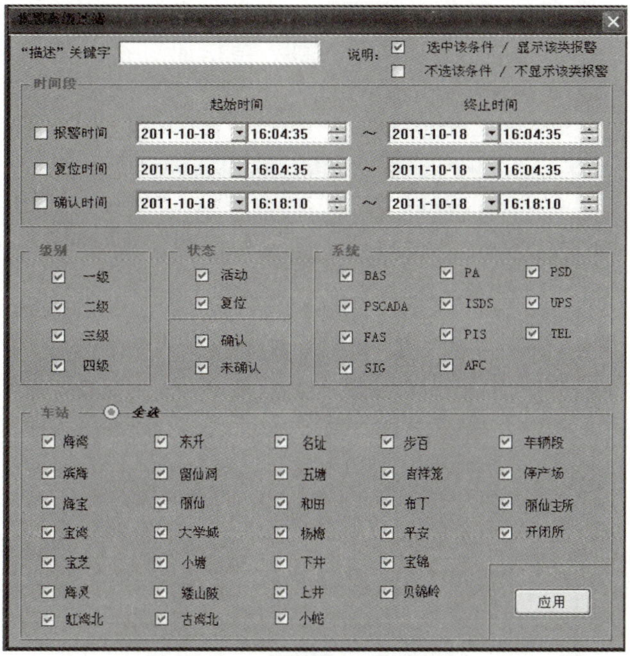

图 6.8　“报警高级过滤”对话框

四、全日志

在运行环境中单击 全日志 ，全日志显示界面如图 6.9 所示。

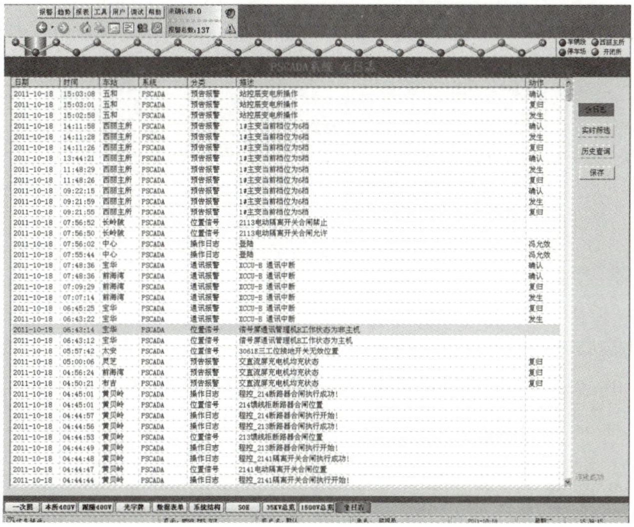
图 6.9　全日志界面

单击图 6.9 所示的“全日志”按钮，则全日志窗口默认显示最新的 1 000 条日志。单击“实时筛选”按钮，弹出如图 6.10 所示对话框。在对话框中可以对过去某一时间至今的日志进行筛选。筛选内容包括起始时间、车站、日志类型及关键字（注：实时筛选不需设置结束日期和时间，默认结束时间为当前查询时间）。历史查询可以查询过去某段时间内的日志，单击“历史查询”按钮，弹出如图 6.10 所示的对话框，可对查询内容进行筛选。

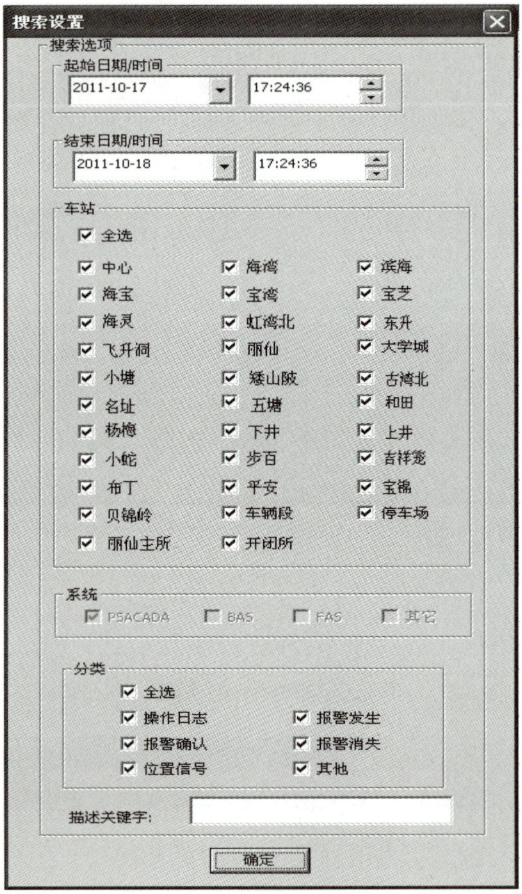

图 6.10　日志筛选

五、控制操作

在电力系统的监控系统中，值班人员需要经常执行控制操作，包括遥控和遥调，这降低了值班人员的工作强度，提高了工作效率。

1. 遥控操作

以下以遥控 311 断路器为例进行遥控操作。

（1）打开一次接线图。单击 311 断路器，弹出如图 6.11 所示操作菜单。

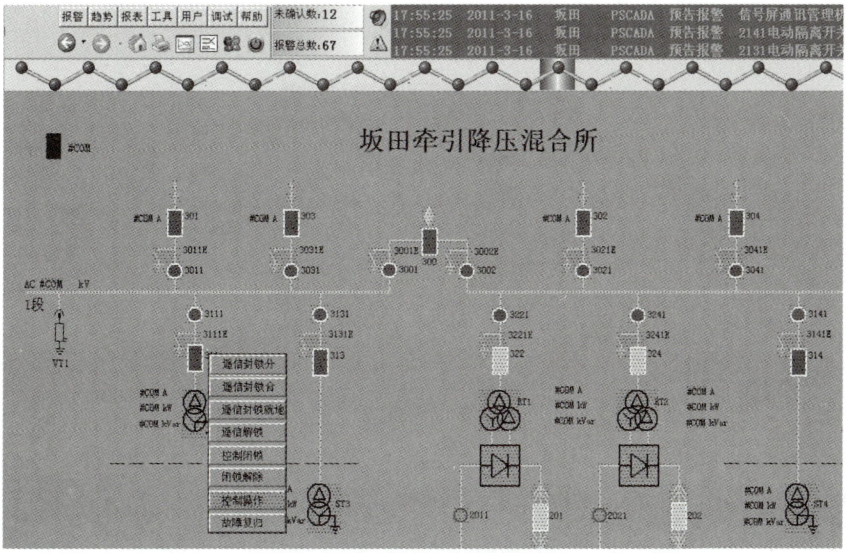

图 6.11 操作菜单

（2）单击“控制操作”按钮，弹出遥控操作对话框，如图 6.12 所示。

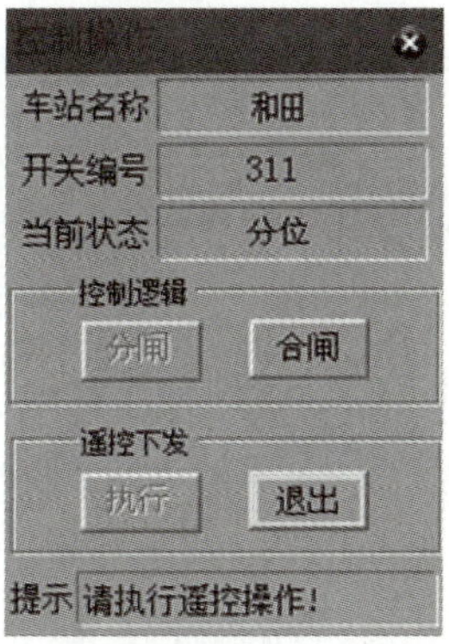

图 6.12 遥控操作

（3）单击“合闸”按钮，提示合闸选择成功，如图 6.13 所示。

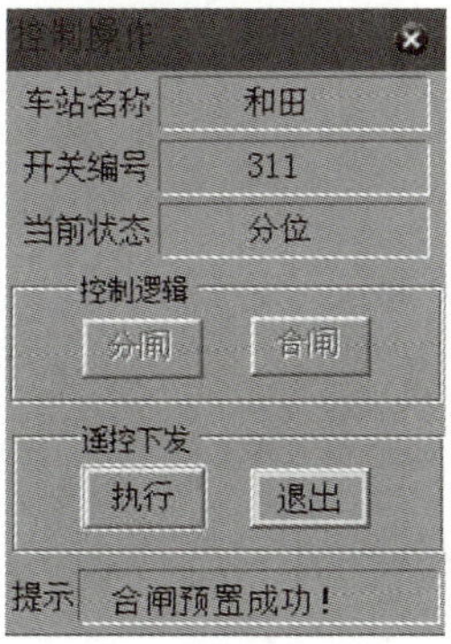

图 6.13 合闸选择成功

（4）单击“执行”按钮，如图 6.14 所示。

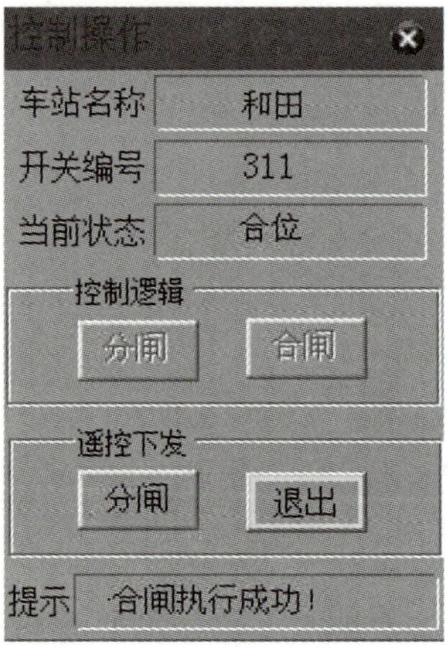

图 6.14 合闸执行成功

提示合闸成功，本次操作会自动记入日志。

2. 遥信封锁与解锁

此功能能够满足当控制中心与变电所通信中断，某个设备与通信控制器通信中断后（即供电设备处于未知状态）或设备状态错误时，操作员仍需要监视设备状态的需求，操作员通过与现场人员共同确认开关状态后，手动将监控系统图元显示状态与现场同步，当采用手动置位功能后，设备图元显示将不随时间信息点变化。

将光标移至需进行操作的设备（断路器或隔离开关）图标上。用鼠标左键点击断路器或隔开图符后将出现图 6.15 所示操作菜单。其中：

（1）遥信封锁分。

选择该功能时无论所对应的设备当前是何位置，在监控图形上都将被置为分位。被封锁到分位的设备在图上显示为分位，同时设备图元旁边出现手动置位的标志，如图 6.15 所示。

图 6.15 遥信封锁分

（2）遥信封锁合。

选择该功能时无论所对应的设备当前是何位置，在监控图形上都将被置为合位。被封锁到合位的设备在图上显示为合位，同时设备图元旁边出现手动置位的标志，如图 6.16 所示。

图 6.16　遥信封锁合

（3）遥信封锁就地。

无论所对应的设备的远方就地转换开关当前是在何位置，在监控图形上都将被置为就地控制。被封锁到就地的设备在图上显示就地操作，同时设备图元旁边有手动置位的标志，如图 6.17 所示。

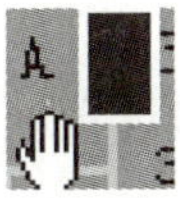

图 6.17　遥信封锁就地

（4）遥信解锁。

解除上面三种的遥信强制信号。系统恢复正常显示，同时手动置位的标志消失。

3. 控制闭锁及闭锁解除

此功能能够使当变电所设备处于退出运行状态时，防止操作员对此设备进行误操作。

（1）控制闭锁。

被闭锁控制功能的设备图形旁边出现闭锁标志，而且再用鼠标左键点击开关打开的图形上面的控制操作按钮处于未激活状态，操作员无法对该设备进行远程控制，如图 6.18 所示。

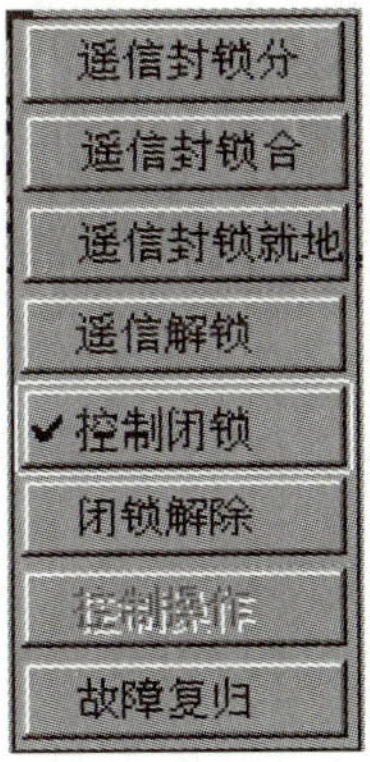

图 6.18　控制闭锁

（2）闭锁解除。

解除对设备操作功能的闭锁，此时控制操作按钮处于激活状态，且控制闭锁标志消失。

六、程控操作

程序控制执行过程与单控相似，可认为它是若干单控的组合，每种程控组合均可通过组态软件进行定义。

1. 程控卡片选择

（1）用鼠标单击菜单栏中的“工具”菜单，从中选择“PSCADA 程控”，监控系统弹出程控方案选择界面，如图 6.19 所示。

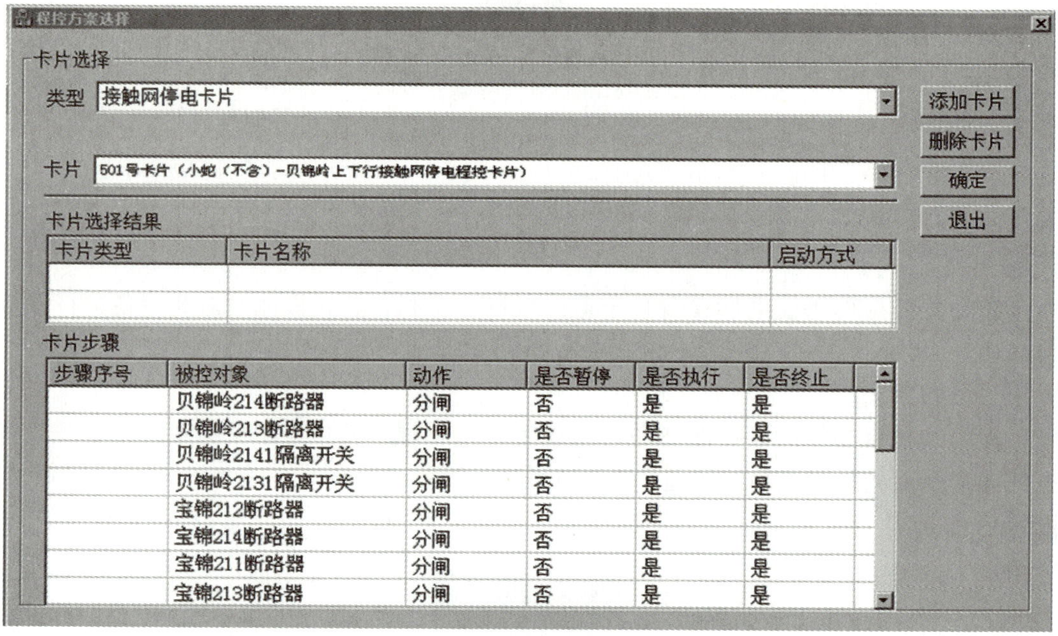

图 6.19　程控卡片界面

（2）选择程控卡片类型及程控卡片。PSCADA 程控卡片分三种类型，分别是接触网停电卡片、接触网送电卡片、越区隔离开关操作试验卡片。选择完程控卡片类型后，再选择该类型下的具体某一张程控卡片。

（3）检查步骤。选择完程序控制的卡片后，该卡片的各操作步骤显示在程控方案选择界面中下方的卡片步骤显示栏中，操作人员应仔细核对卡片的步骤、被控对象、动作等是否正确。确认卡片无误后点击添加卡片，把卡片添加到车站卡片列表中。若需删除已添加的卡片，请单击“删除卡片”按钮。

（4）在完成程控卡片步骤检查无误后，单击“确定”按钮，完成程控卡片选择，弹出如图 6.20 所示的界面。

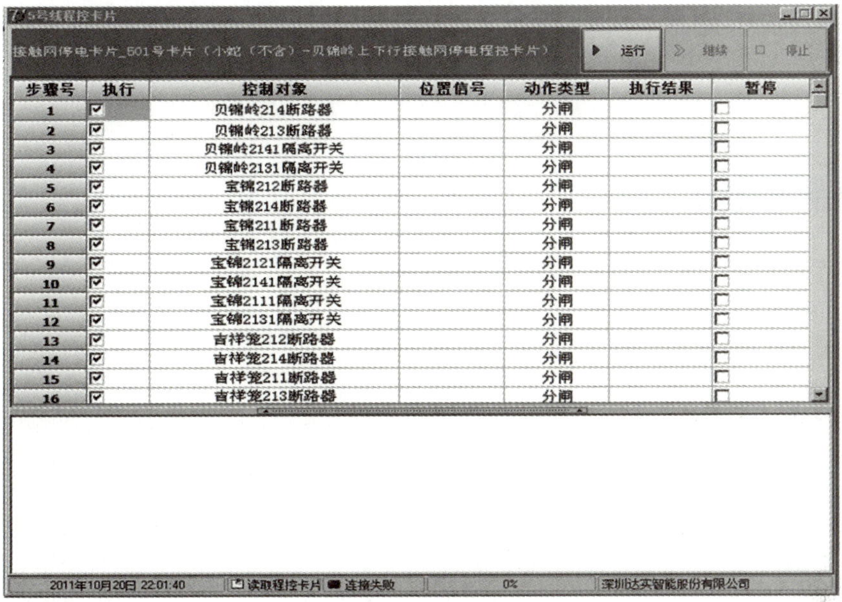

图 6.20　程控卡片选择

2. 程控卡片执行

程控卡片执行窗口如图 6.21 所示，其中：

（1）执行列：用来显示该步骤是否执行。监控系统默认被选中每一步骤均为执行，当程控卡片中的个别步骤需要被跳过不执行时，可将该步骤执行列中的钩去掉，在执行该程控卡片时，该步骤将自动跳过，一张程控卡片中可有多个步骤不被执行。该操作可应用于调试阶段部分开关不具备操作条件时执行程控卡片，或运行中部分开关已就位（或故障）不需要操作时执行程控。

（2）位置信号：用来显示当前被执行对象的实际状态。动作类型：用来显示当前需要执行的动作类型，合闸/分闸。

（3）执行结果：用来显示动作类型被执行的状态。

（4）暂停列：可选择执行完对应步骤后是否自动暂停执行后面的程控操作，等待操作员确认。系统默认设置不暂停，如用户需要该步骤执行后暂停程控卡片的执行进行确认，则将暂停列打上钩，程控卡片执行完该步骤后将暂停执行，等待操作员确认，如要继续执行后面的步骤，单击“继续”按钮即可。

图 6.21　程控卡片执行

第二节　NS3000 监控系统

本节导读

本节主要介绍了某城市轨道交通线路采用的 NS3000 软件监控系统的启动、操作界面工具栏、实时数据检索、工具栏等内容。

一、系统概述

某城市轨道交通 2 号线采用的是南瑞公司 RT21-SAS 变电所综合自动化系统，系统结构上分为三个层次：站级管理层、网络通信层和间隔设备层。间隔层包括一次设备间隔、保护室的控制设备和间隔层网络；网络通信层负责采集数据和站控层上传数据、时钟对时、下传控制命令等任务；站级层包括当地监控、历史数据管理等。

1. 站级层

站级层设置在主控室内，包括控制信号屏（含双通信控制器、液晶显示器、智能测控装置等）、操作员工作站、打印机等。

2. 网络通信层

网络通信层包括交换机、光电转换器等设备。

3. 间隔层

主所间隔设备层包括分散安装于供电设备就地和集中组屏的 110 kV 微机测控、保护单元、信息采集单元、直流电源监控单元等需接入变电所综合自动化系统的智能装置以及采用硬接点接入综合自动化系统的现场设备。

正线间隔层设备包括 35 kV 开关柜综合测控保护单元、0.4 kV 开关柜智能信息采集单元、交直流屏系统监控单元、整流变压器温控器等设备。

二、操作注意事项

（1）操作内容必须服从调度命令。

（2）操作人员不可越级登陆。

（3）遇到报警情况必须按照相关规程及时通知相关人员处理。

（4）操作人员不可删除工程、数据库、报警记录和全日志记录。

（5）操作人员不可安装系统以外任何软件。

（6）操作人员不可在后台使用移动存储设备。

（7）操作人员不可在后台上进行与工作无关的操作。

三、监控软件 NS3000 的启动

1. NS3000 启动方式

打开工作站计算机的电源，系统将自动进入 Windows XP 操作系统，输入用户名“NARI”，密码“NARIQWE123”后，进入操作系统，系统则会自动启动 NS3000 监控软件。如遇到 NS3000 软件无法正常自启，可在桌面双击图标启动。

扫码见彩图 6.22

2. NS3000 操作界面

软件正常启动后会出现 NS3000 的操作界面，如图 6.22 所示。

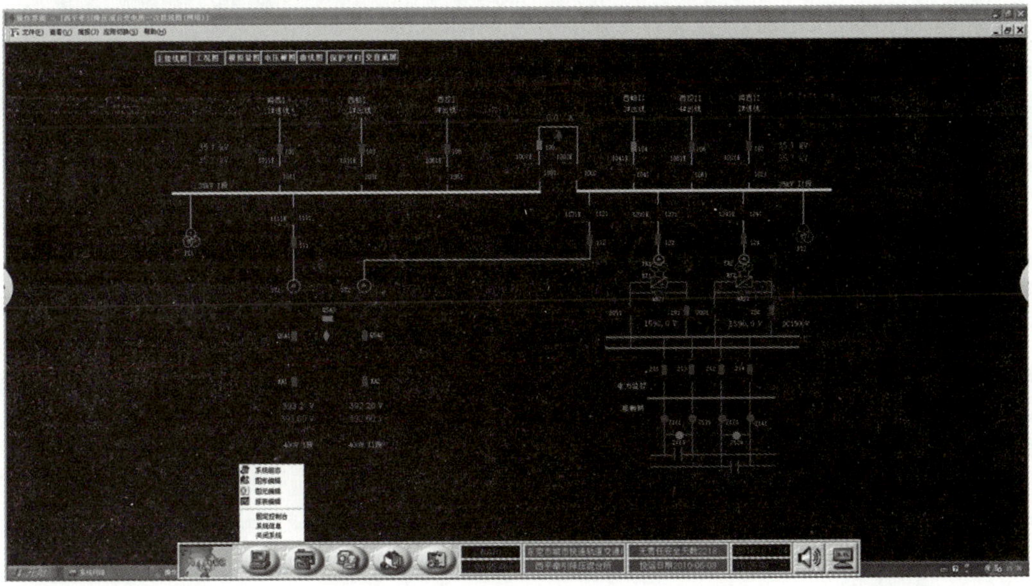

图 6.22　NS3000 操作界面

四、NS3000 的应用

打开 NS3000 的操作界面，左上方为各功能的切换按钮，如该变电所的主接线图、工况图、模拟量图、电压棒图、曲线图、各保护复归及交直流的监控信息，单击可进入相应界面。

1. 主接线图

主接线图按颜色可区分各电压等级，红色线代表 110 kV，黄色线代表 35 kV，绿色线代表 DC 1 500 V，蓝色线代表 400 V。断路器及电动隔离开关红色为合位，绿色为分位，如图 6.23 所示。

扫码见彩图 6.23

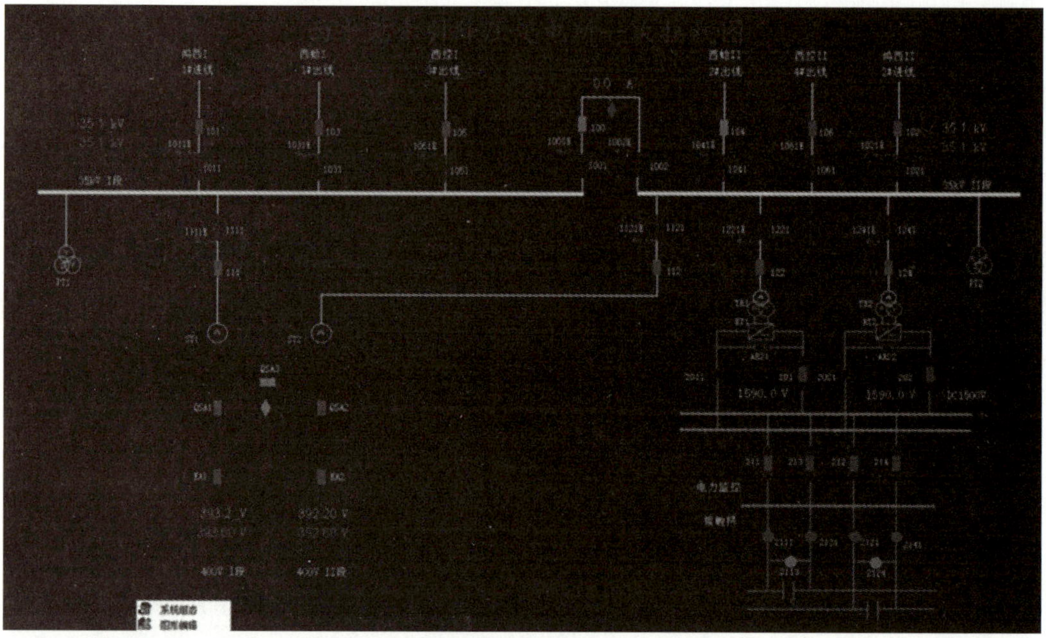

图 6.23　主接线图

2. 主接线图元

主接线图元如表 6.11 所示。

表 6.11　主接线图元

图标	描　述
	断路器（红色代表合位，绿色代表分位）
	断路器小车（红色代表合位，绿色代表分位）
	电动隔离开关（红色代表合位，绿色代表分位）
	就地位（当断路器及电动隔离开关右上方出现小红点图元时，代表该开关处于就地位）
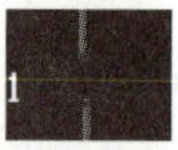	手动隔离开关
	三工位隔离刀（红色代表合位，绿色代表分位）
	35 kV 母联备自投（红色代表投入，绿色代表退出）
	400 V 手自动（红色代表自投手复，绿色代表自投自复）

3. 工况图

单击工况图 工况图 按钮，可查看该变电所内各系统设备的工况情况，绿色则代表该设备工况投入，红色代表工况退出，如图 6.24 所示。

扫码见彩图 6.24

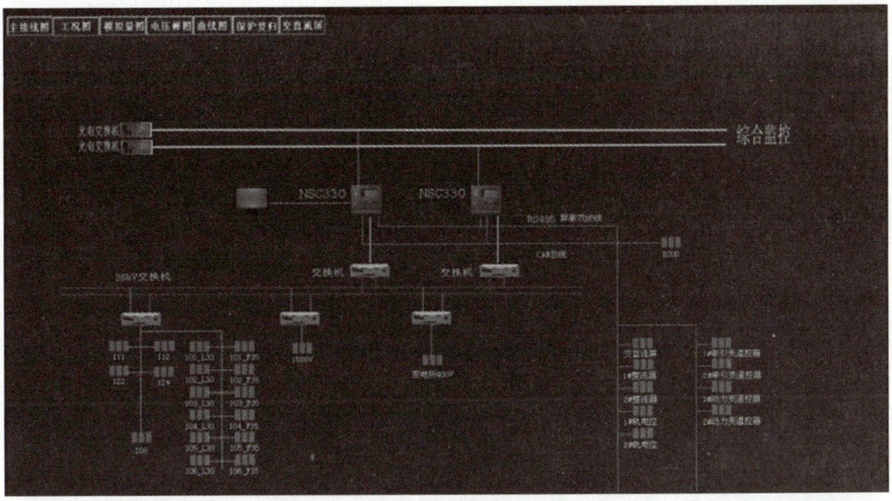

图 6.24　工况图

4. 模拟量图

单击模拟量图 模拟量图 按钮，可进入模拟量导航图，其中包含了 35 kV 模拟量图、400 V 模拟量图、1 500 V 模拟量图，单击想查看的电压等级模拟量图后，即可查看该电压等级的相关内容，如图 6.25 所示。

扫码见彩图 6.25

图 6.25　模拟量图

5. 35 kV 模拟量图

模拟量图以竖列的形式显示各模拟量信息，上方的数字代表各断路器的编号，断路器下方的各行数字，与左边的模拟量名称一一对应，如图 6.26 所示。

扫码见彩图 6.26

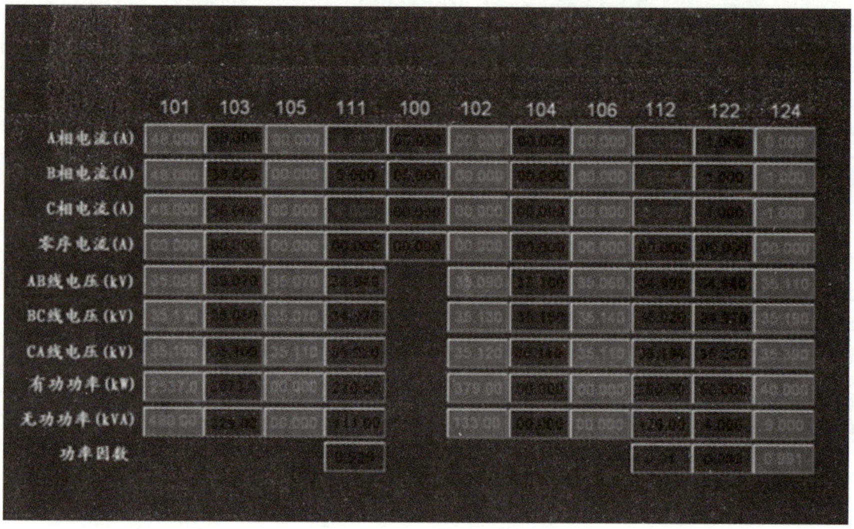

图 6.26　35 kV 模拟量图

6. 400 V 模拟量图

400 V 模拟量图与 35 kV 模拟量图结构一致，如图 6.27 所示。

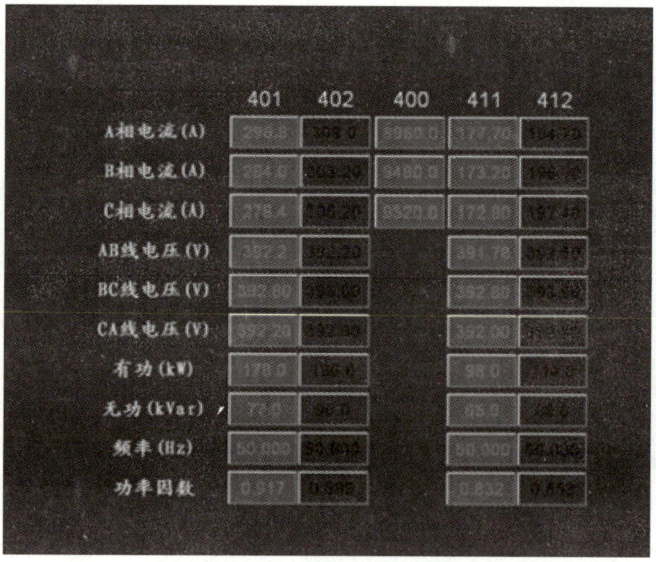

扫码见彩图 6.27

图 6.27　400 V 模拟量图

7. 1 500 V 模拟量图

1 500 V 模拟量图以行显示各进出线模拟量信息，上方显示进出线名称，下面一行显示其电流、电压等模拟量数值，如图 6.28 所示。

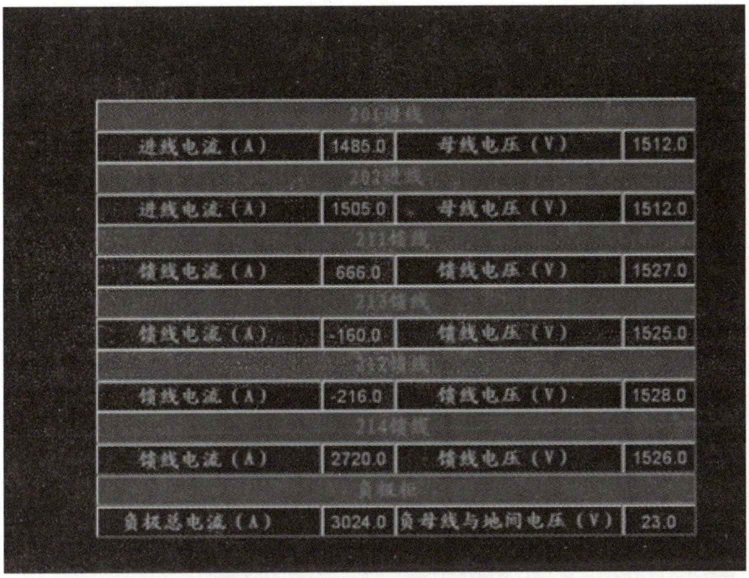

扫码见彩图 6.28

图 6.28　1 500 V 模拟量图

8. 保护复归

单击保护复归按钮，即可进入该站的开关事故总信号复归界面，如图 6.29 所示。

绿色代表该报警是复归状态，红色代表处于报警状态；白色代表复归按钮，单击该按钮，即可复归相应的事故总报警。

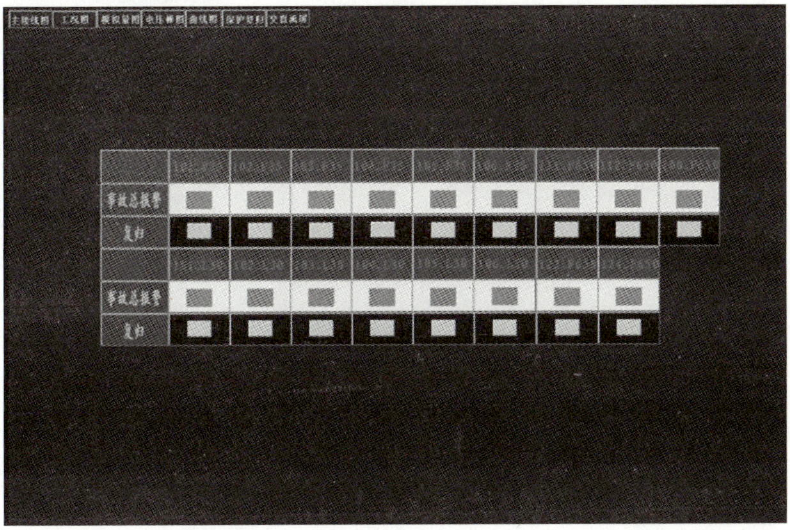

扫码见彩图 6.29

图 6.29　保护复归界面

9. 交直流屏

单击交直流屏按钮，即可查看该站交直流屏的监控信息，包括开关的状态、电流电压等，如图 6.30 所示。其中，红色代表该开关是处于合位，绿色则代表该开关是处于分位。

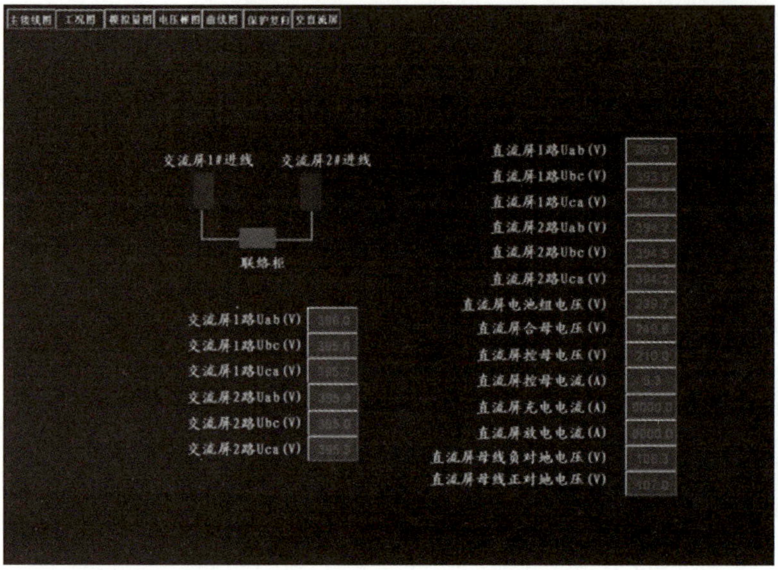

扫码见彩图 6.30

图 6.30　交直流屏界面

五、操作界面工具栏

操作界面左上方为工具栏包括文件、查看、简报、应用切换、帮助菜单。

单击，可选择操作窗口的状态进行窗口还原、关闭等操作。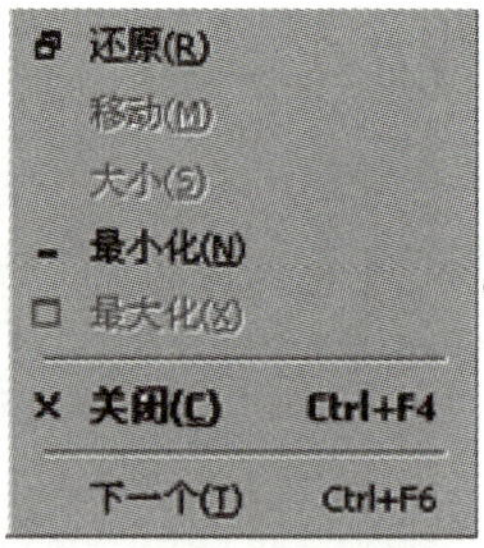

。

单击 文件(E) 文件，可选择以下功能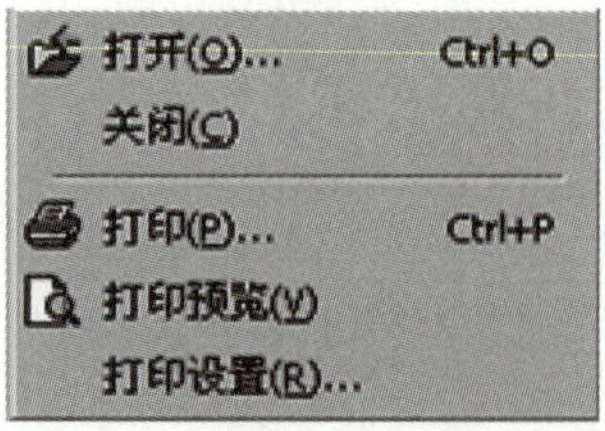

。

单击 简报(J) 简报，可查看该站报文信息，如图 6.31 所示。

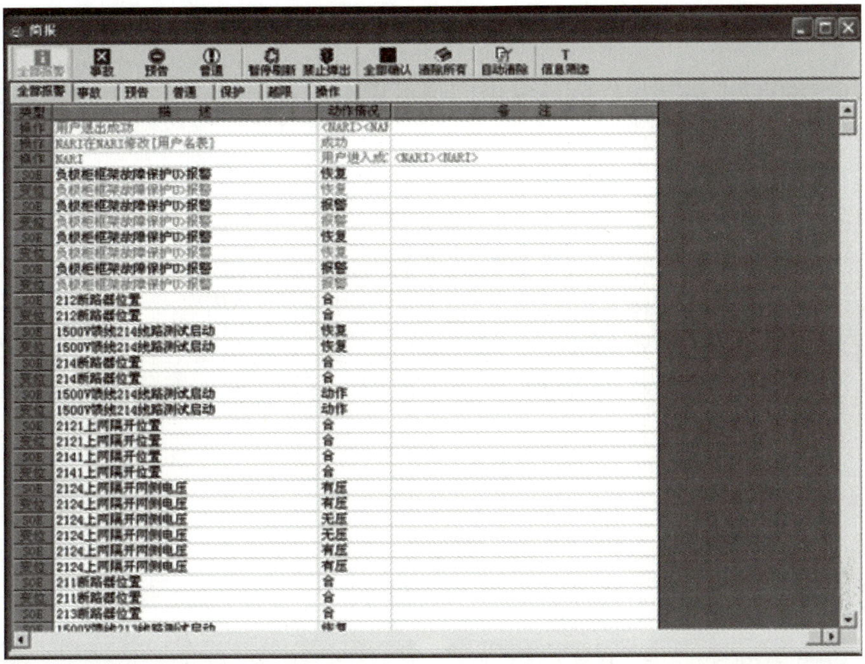

图 6.31　报文信息

简报窗口可容纳 500 条二十四小时以内的最新告警信息，并支持实时打印功能。简报窗口上方有各功能按钮，单击即可实现相应功能，如表 6.12 所示。

表 6.12　简报窗口上方按钮及功能

按钮名称	相应功能
 全部报警	单击显示全部报警信息
 事故	单击显示事故报警信息
 预告	单击显示预告报警信息
 普通	单击显示普通报警信息
 暂停刷新	单击暂停刷新报文
 禁止弹出	单击禁止简报窗口弹出
 全部确认	单击确认全部报警
 清除所有	单击清除所有报文
 自动清除	单击设置自动清除报文
 信息筛选	单击可选择状态登录、遥测越限登录、操作登录、SOE、保护事件登录、保护故障报告和普通事项登录等之中的一个或几个作为简报窗内显示的信息类型

六、遥控操作

控制命令可以由运行操作人员发出，也可以由电压无功调节功能自动发出，或由远方调度发出。

可进行开关刀闸分合、开关检同期合、检无压合、变压器分接头升/降/停、电容器电抗器投/退操作。

进行控制操作时，必须登录有控制权限的用户，操作过程要经相关操作闭锁条件检测，确定是否可以进行操作。

控制操作执行后，系统将操作内容，操作时间、操作结果、操作人员、监护人员登录在操作记录中，并区分当地操作、远方操作和电压无功调节自动操作。一个系统同时只能有一个操作被执行。

1. 开关遥控

在主接线图上右击要遥控的开关，将显示如图 6.32 所示。

选择五防分（合）闸，将显示如图 6.33 所示。

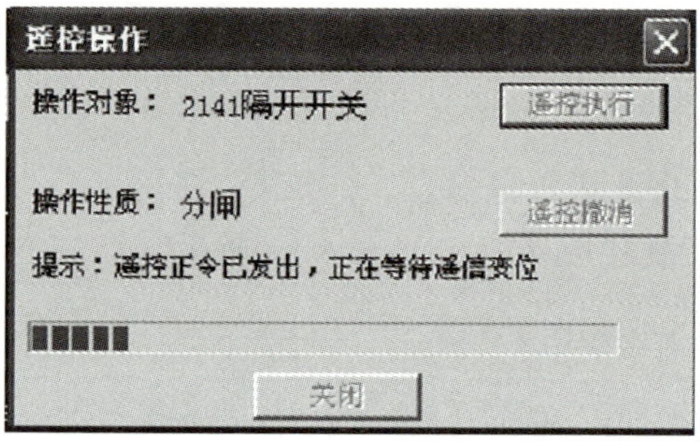

图 6.32　开关遥控操作

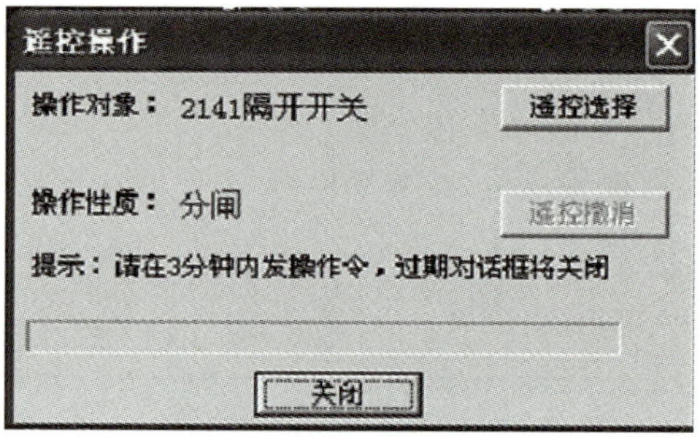

图 6.33　五防分闸操作

选择遥控选择，如果遥控返校正确，“遥控选择”按钮会变为“遥控执行”按钮，可正式执行；如果遥控选择失败，提示信息会指出失败原因。或者选择取消此次遥控，如图 6.34 所示。

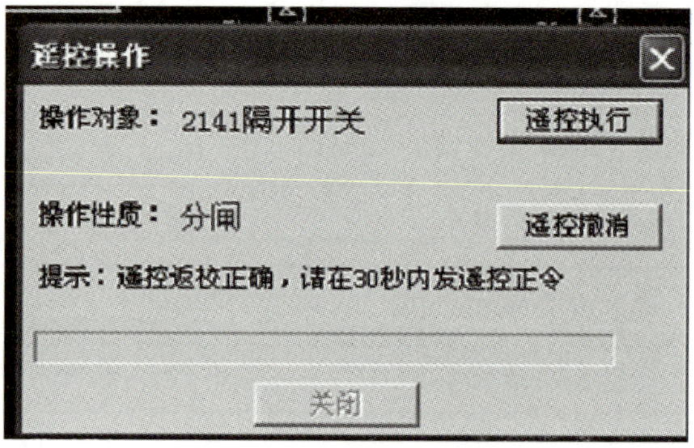

图 6.34　遥控返校正确

遥控指令发出后，系统在一定时间内检查对应设备的遥控是否成功，如果遥信发生变化，则认为遥控成功，否则遥控失败。

2. 其他选项定义

设备封锁：将遥信分别封锁为合/分。一旦开关或刀闸对应的位置遥信被封锁，该开关或刀闸将根据定义时指定的颜色名（对应颜色类型表中的一条记录）改变为相应的封锁颜色。

设备解锁：解除开关或刀闸对应的位置遥信封锁状态，该遥信量开始接收正常数据刷新，设备颜色改为正常的颜色。

人工置位：可人工将设备置为合位或者分位。

设置标牌：在菜单前有“√”，则当前设备挂有标志牌，此时选择本菜单则为拆除标牌；如菜单前无“√”，则当前设备未挂标志牌，选择本菜单则挂上标志牌。可以选择挂上“接地”“检修”“危险”“故障”四种标志牌。

今日变位：单击可查看今日该开关的变位信息。

今日 SOE：单击可查看今日该开关的 SOE 记录。

七、控制台功能简介

将鼠标移动到软件正下方，即可自动浮现控制台，如图 6.35 所示。控制台功能描述如表 6.13 所示。

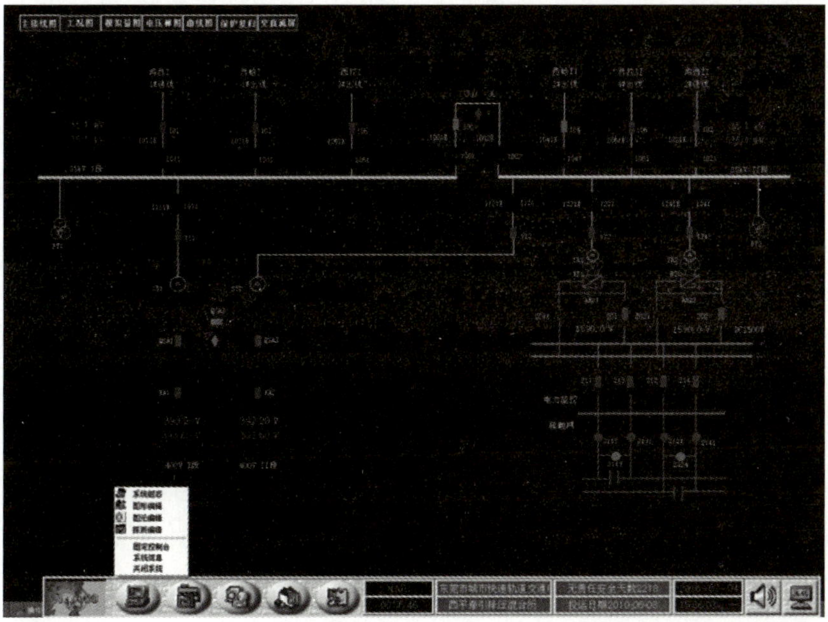

扫码见彩图 6.35

图 6.35　控制台界面

表 6.13　控制台功能描述

<table>
<tr><th>功能按钮</th><th>单击</th><th>描　述</th></tr>
<tr><td>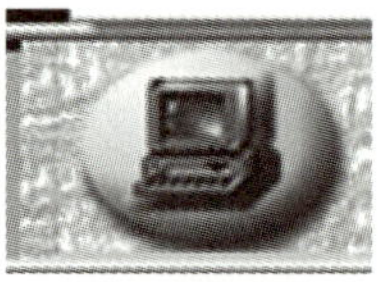
系统配置按钮</td><td>
</td><td>（1）系统组态：根据权限要求，进入系统组态，不同权限的用户显示不同的组态表和组态域
（2）图形编辑：根据权限要求，进入图形编辑，如可绘制主线路图、棒图、曲线图、饼图及主菜单图。具体使用方法见本手册中“图形编辑”部分
（3）图元编辑：使用者可根据自身要求删除、修改及新建图元文件，供图形编辑时调用
（4）报表编辑：根据权限要求，进入报表编辑，如可绘制各种日报、月报、年报、事故追忆报表。具体使用方法见本手册中“报表编辑”部分
（5）固定控制台：可设置固定、浮动控制台
（6）系统信息：显示当前系统版本信息
（7）关闭系统：包括注销、关机、重新启动、切换工作模式、关闭系统</td></tr>
<tr><td>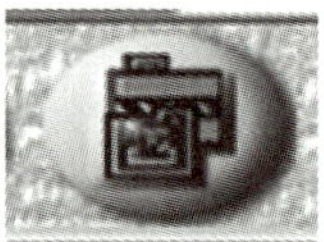
系统应用按钮</td><td>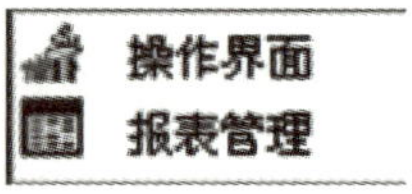
</td><td>（1）操作界面：操作界面可显示系统一次图、配置图、实时数据、曲线、棒图及事故追忆等，下行操作（如：遥控、遥调等）也必须在操作界面上进行
（2）报表管理：可自定义各种类型报表（日报表、月报表、年报表、统计报表等）、预览报表及定时打印报表</td></tr>
<tr><td>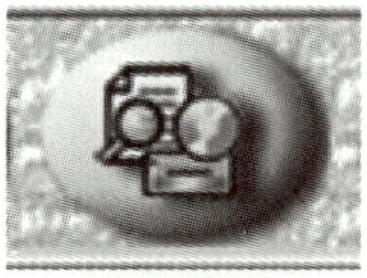
数据检索按钮</td><td>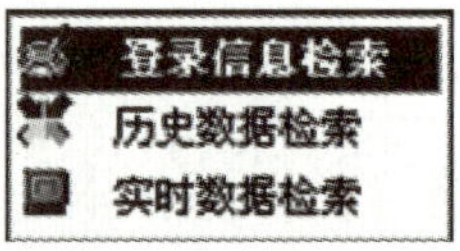
</td><td>（1）登录信息检索：显示系统所有事件信息，提供告警信息的确认及实时打印
（2）历史数据检索：检索查询各种历史信息。可按对象对数据进行筛选，并实现告警信息的确认、管理和打印
（3）实时数据检索：以列表方式显示遥信、遥测、遥脉及档位等实时信息</td></tr>
<tr><td>
当前任务按钮</td><td>
</td><td>单击当前任务按钮，则会显示系统已经运行的所有任务，等同于 Windows 的任务栏</td></tr>
<tr><td>
用户登录管理按钮</td><td>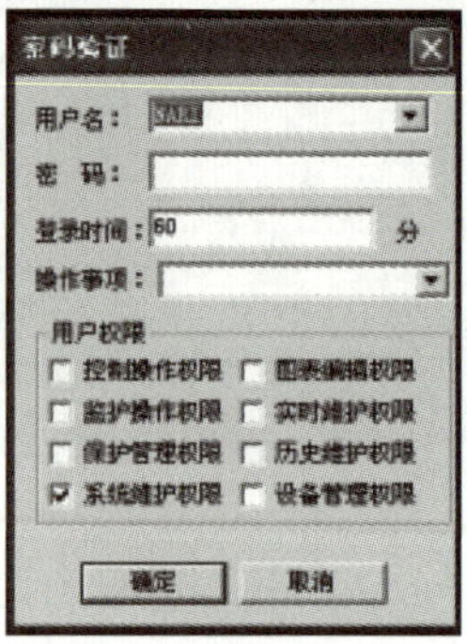
</td><td>（1）单击登录用户，在监控系统中，用户每次进行各种操作时都必须输入相应的用户名与口令，进行登录
（2）登录时，输入用户名、密码及登录时间，这样在指定的登录时间内，用户进行各种操作时不再需要输入用户名与口令。
（3）用户权限：登录超级管理员用户时需勾选相应的权限及代表登录后具备相应功能的权限。操作员等普通账户则不需勾选，系统已经默认设置了权限</td></tr>
</table>

续表

功能按钮	单击	描　述
		显示当前登录用户身份及其登录的累计时间
		日期显示
		告警信息按钮，可以测试语音报警、确认语音报警、禁止语音报警。有报警信息发生时，此按钮闪动，提醒用户确认语音报警。单击该按钮，则确认语音报警；鼠标右键单击该按钮，则禁止语音报警。无任何告警信息时，单击该按钮为测试语音报警
	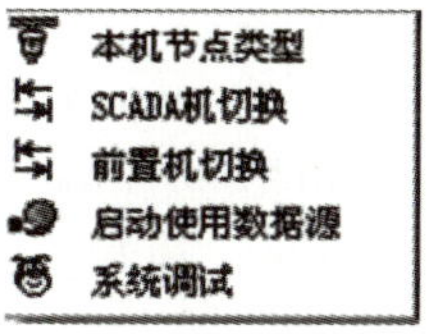	（1）本机节点类型：显示本机类型 （2）SCADA 机切换：双 SCADA 机的主机与备用机切换 （3）启动使用数据源：显示本机启动时使用的数据源 （4）系统测试：可以模拟遥信、遥测、电度、保护事件，只更改本机数据库值，不产生报文

八、实习数据检索

系统提供一种实时数据查询手段，可以方便地查询各种设备、各种类型的实时数据。如图 6.36 所示。

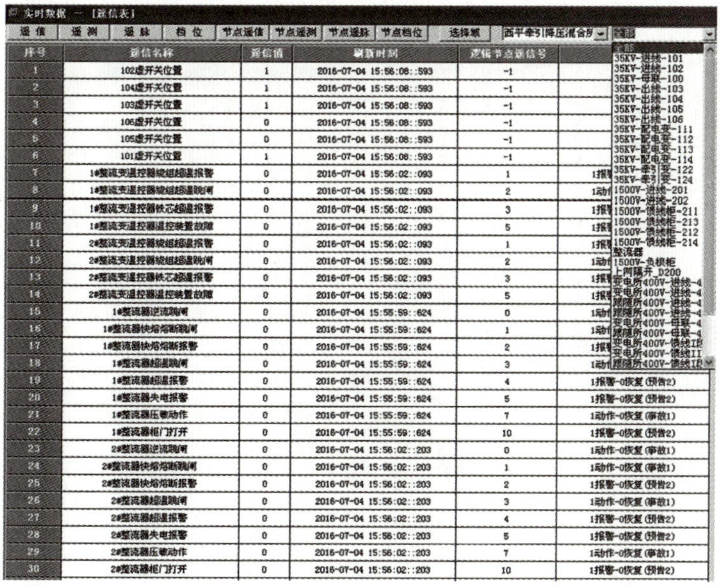

序号	遥信名称	遥信值	刷新时刻	逻辑节点遥信号	
1	102虚开关位置	1	2016-07-04 15:56:08::593	-1	
2	104虚开关位置	1	2016-07-04 15:56:08::593	-1	
3	103虚开关位置	1	2016-07-04 15:56:08::593	-1	
4	106虚开关位置	0	2016-07-04 15:56:08::593	-1	
5	105虚开关位置	0	2016-07-04 15:56:08::593	-1	
6	101虚开关位置	1	2016-07-04 15:56:08::593	-1	
7	1#整流变温控器绕组超温报警	0	2016-07-04 15:56:02::093	1	1报
8	1#整流变温控器绕组超温跳闸	0	2016-07-04 15:56:02::093	2	1动
9	1#整流变温控器铁芯超温报警	0	2016-07-04 15:56:02::093	3	1报
10	1#整流变温控器温控装置故障	0	2016-07-04 15:56:02::093	5	1报
11	2#整流变温控器绕组超温报警	0	2016-07-04 15:56:02::093	1	1报
12	2#整流变温控器绕组超温跳闸	0	2016-07-04 15:56:02::093	2	1动
13	2#整流变温控器铁芯超温报警	0	2016-07-04 15:56:02::093	3	1报
14	2#整流变温控器温控装置故障	0	2016-07-04 15:56:02::093	5	1报
15	1#整流器逆流跳闸	0	2016-07-04 15:55:59::624	0	1动
16	1#整流器快熔熔断跳闸	0	2016-07-04 15:55:59::624	1	1动
17	1#整流器快熔熔断报警	0	2016-07-04 15:55:59::624	2	1报
18	1#整流器超温跳闸	0	2016-07-04 15:55:59::624	3	1动
19	1#整流器超温报警	0	2016-07-04 15:55:59::624	4	1报警-0恢复(预告2)
20	1#整流器失电报警	0	2016-07-04 15:55:59::624	5	1报警-0恢复(预告2)
21	1#整流器压敏动作	0	2016-07-04 15:55:59::624	7	1动作-0恢复(事故1)
22	1#整流器柜门打开	0	2016-07-04 15:55:59::624	10	1报警-0恢复(预告2)
23	2#整流器逆流跳闸	0	2016-07-04 15:56:02::203	0	1动作-0恢复(事故1)
24	2#整流器快熔熔断跳闸	0	2016-07-04 15:56:02::203	1	1动作-0恢复(事故1)
25	2#整流器快熔熔断报警	0	2016-07-04 15:56:02::203	2	1报警-0恢复(预告2)
26	2#整流器超温跳闸	0	2016-07-04 15:56:02::203	3	1动作-0恢复(事故1)
27	2#整流器超温报警	0	2016-07-04 15:56:02::203	4	1报警-0恢复(预告2)
28	2#整流器失电报警	0	2016-07-04 15:56:02::203	5	1报警-0恢复(预告2)
29	2#整流器压敏动作	0	2016-07-04 15:56:02::203	7	1动作-0恢复(事故1)
30	2#整流器柜门打开	0	2016-07-04 15:56:02::203	10	1报警-0恢复(预告2)

图 6.36　遥信实时数据

单击控制台上的数据检索按钮，选择实时数据检索，即可出现图 6.33 所示画面，上方显示的是实时数据的工具栏，下方显示的是数据表。

九、工具栏

工具栏上有遥信、遥测、遥脉、档位等按钮，单击该按钮，即可查询对应的数据。

在最右边的选择框内，可以选择查询某个设备，显示所选设备对应的实时数据；也可以选择该站的全部设备的实时数据。如图 6.37 所示。

图 6.37　工具栏查询显示实时数据

十、历时数据检索

系统提供一种历史数据查询手段，可以方便地查询各种设备、各种类型、各个时间段的历史数据，提供数据编辑修改的功能，并在数据库中置上人工修改的标志。数据的显示以表格方式提供。可按类型对历史数据进行分类统计。如图 6.38 所示。

图 6.38　历史数据查询浏览

单击控制台上的数据检索按钮，选择历史数据检索，即可出现图 6.35 所示画面，左边显示的是对象树，罗列了该站所有的开关及设备，右方显示的是报文信息，正下方显示的是功能按钮，如图 6.39 所示。

图 6.39　功能按钮

单击 SOE、保护事件、保护故障、操作登录、普通事项、全部信息按钮，即可筛选显示相关的报文信息。

单击起止时间按钮，即可弹出时间选择窗口，弹出“请选择事件起止时间”对话框，如图 6.40 所示。选择事件表中事件的历史时间段。事件表中最大可显示 2 000 条记录，若设定的时间段内的记录数超过 2 000 条，系统将自动给出提示，要求缩小设定的事件范围。

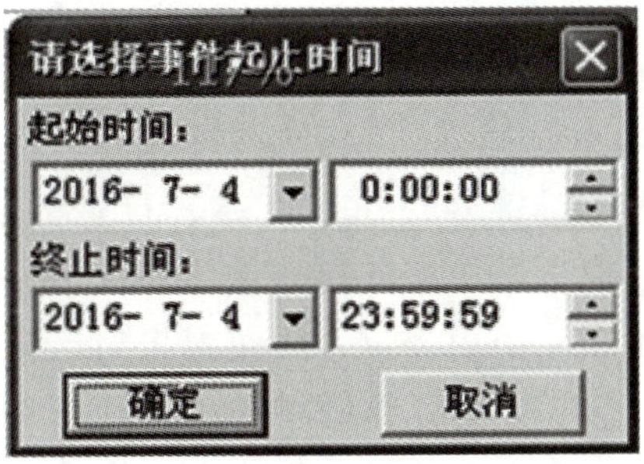

图 6.40　“请选择事件起止时间”对话框

综合练习

一、多项选择题

1. Citect 电力监控系统软件启动方式包括（　　）。

A. 自动启动　　B. 关机再启动
C. 手动快速启动　　D. 间接启动

2. 报警类型可以分为（　　）。

A. 通信报警　　B. 预告报警
C. 事故报警　　D. 人为报警

3. 在电力系统的监控系统中，需要经常执行控制操作，包括（　　），降低了值班人员的工作强度，提高了工作效率。

A. 遥测　　B. 遥信
C. 遥控　　D. 遥调

4.（　　）功能能够满足当变电所设备处于退出运行状态时，防止操作员对此设备进行误操作的需要。

A. 控制闭锁及闭锁解除　　B. 控制闭锁

C. 闭锁解除　　D. 遥信封锁

5. 遥控操作的控制命令可以由（　　）发出。

A. 操作人员　　B. 电压无功调节功能

C. 远方调度　　D. 断路器

二、填空题

1. Citect 运行系统是整个监控系统的________，是用户浏览画面，查询实时数据，分析数据的地方，也是系统在正常运行时，用户可观察的界面。默认情况下，运行环境由____________、___________和运行画面组成。

2. 在工业控制系统中，当现场的数据超出正常范围时，系统应以______________的方式将其通知相关工作人员。实时报警用来实时显示产生的报警。当数据恢复正常时，报警也____________________。

3. Citect 系统单击“全日志”按钮，则全日志窗口默认显示最新的 1 000 条日志。单击“实时筛选”按钮，弹出对话框。在对话框中可以对过去某一时间至今的日志进行________。筛选内容包括_____________、车站、日志类型及关键字（注：实时筛选不需设置结束日期和时间，默认结束时间为当前查询时间）。_______________可以查询过去某段时间内的日志，单击“历史查询”按钮弹出对话框，可对查询内容进行筛选。

4. 能够满足当控制中心与变电所通信中断、某个设备与通信控制器通信中断后（即供电设备处于未知状态）或设备状态错误时，操作员仍需要监视设备状态的需求，操作员通过与现场人员共同确认开关状态后，手动将监控系统图元显示状态与现场同步，当采用手动置位功能后，设备图元显示将不随时间信息点变化，此功能称为______________________。

5. 程序控制执行过程与_____________相似，可认为它是若干_____________的组合，每种程控组合均可通过组态软件进行定义。

6. 进行控制操作时，必须登录有_______________的用户，操作过程要经相关操作___________条件检测，确定是否可以进行操作。

三、综合分析题

1. Citect 系统的 PSCADA 程控卡片分为哪三种类型？

2. 主接线图中不同电压等级的颜色一般是怎么规定的？从表格中选择合适选项分别填入相应的位置。

白色	红色	黑色
绿色	黄色	蓝色

（1）AC 110 kV：____

____

（2）AC 35 kV：____

____

（3）DC 1 500 V：____

____

（4）AC 400 V：____

____

第七章 城市轨道交通变配电所综合自动化系统通信及规约

第一节 综合自动化系统的通信

本节导读

通信是完成变电所综合自动化系统的非常重要的基础功能。利用通信系统，使变电所综合自动化系统中的测控单元、保护单元、控制中心联系起来，从而形成完整的系统。本节简要介绍通信的功能。

通信是变电所综合自动化系统中非常重要的基础功能。借助于通信，各断路器间隔中保护测控单元、变电所计算机系统、控制中心自动化系统得以相互交换信息和信息共享，提高了变电所运行的可靠性，减少了连接电缆和设备数量，实现了变电所远方监视和控制。变电所自动化系统通信主要涉及以下几个方面的内容。

（1）各保护测控单元与变电所计算机系统通信。

（2）各保护测控单元之间相互通信。

（3）变电所自动化系统与控制中心通信。

（4）其他智能化电子设备与变电所计算机系统通信。

（5）变电所计算机系统内部计算机间相互通信。

实现变电所综合自动化的主要目的不仅仅是用以微机为核心的保护和控制装置来代替传统变电所的保护和控制装置，关键是在于实现信息交换。通过控制和保护互连、相互协调，允许数据在各功能块之间相互交换，可以提高它们的性能。通过信息交换与互相通信，实现信息共享，提供常规的变电所二次设备所不能提供的功能，减少变电所设备的重复配置，简化设备之间的互连，从整体上提高自动化系统的安全性和经济性，从而提高整个供电系统的自动化水平。因此，在综合自动化系统中，网络技术、通信协议标准、分布式技术、数据共享等问题，成为综合自动化系统的关键问题。

一、通信的基本概念

通信的基本目的是在信息源和受信者之间交换信息。信息源，指产生和发送信息的地方，如保护、测控单元。受信者指接收和使用信息的地方。如计算机监控系统、控制中心 SCADA 系统。

要实现信息源和受信者之间相互通信，两者之间必须有信息传输路径。如电话线、无线电通道、网络线等。信息源、受信者和传输路径是通信的三要素。实现和完成通信，需要信息源和受信者合作。例如，信息源必须在受信者准备好接收信息时，才能发送信息。受信者一方必须准确知道通信何时开始，何时结束。信息的发送速度必须与受信者接收信息速度相匹配，否则，可能会造成接收到的信息混乱。除此之外，信息源和受信者之间还必须制定某些约定。约定可能包括：信息源和受信者间的传输是否可以同时还是必须轮流，一次发送的信息总量、信息格式，以及如果出现意外（诸如出现差错时）该做什么。在通信过程中，所传输的信息不可避免地会受到干扰和破坏，为了保证信息传输准确、无误，要求有检错和抗干扰措施。

数字通信系统的工作方式按照信息传送的方向和时间，可分为单工通信、半双工通信、全双工通信等三种方式。

（1）单工通信是指消息只能按一个方向传送的工作方式。

（2）半双工通信是指消息可以双方向传送，但两个方向的传输不能同时进行，只能交替进行。

（3）全双工通信是指通信双方同时进行双方向传送消息的工作方式。

为完成数据通信，两个计算机系统之间必须高度协调。计算机之间为协调动作而进行的信息交换一般称为计算机通信。类似地，当两个或更多的计算机通过一个通信网相互连接时，计算机站的集合称为计算机网络。

二、变电所综合自动化系统通信的任务

变电所综合自动化系统通信包括两个方面的内容：一是变电所内部各部分之间的信息传递，如保护动作信号传递给中央信号系统报警；二是变电所与操作控制中心的信息传递，即远动通信。如向控制中心传送变电所的实时信息，比如电压、电流、功率的数值大小、断路器位置状态、事件记录等；接收控制中心的断路器操作控制命令以及查询和其他操作控制命令。

1. 综合自动化系统的现场级通信

综合自动化系统的现场级通信，主要解决综合自动化系统内部各子系统与上位机（监控主机）之间的数据通信和信息交换问题，其通信范围是在变电所内部。对于集中组屏的综合自动化系统来说，实际是在主控室内部；对于分散安装的综合自动化系统来说，其通信范围扩大至主控室与子系统的安装地（如断路器屏柜间），通信距离加长了。综合自动化系统现场级的通信方式有并行数据通信、串行数据通信、局域网络和现场总线等。

2. 综合自动化系统与上级调度的通信

综合自动化系统必须兼有 RTU 的全部功能，应能够将所采集的模拟量、断路器状态信息及事件顺序记录等远传至调度端；应能接收调度下达的各种操作、控制、修改定值等命令。即完成新型 RTU 等全部四遥功能。

三、数据通信的传输方式

1. 并行数据通信方式

并行数据通信是指数据的各位同时传送，可以用字节为单位（8 位数据总线）并行传送，也可以用字为单位（16 位数据总线）通过专用或通用的并行接口电路传送、各位数据同时发送，同时接收，其特点如下：

（1）传输速度快。有时可高达每秒几十、几百兆字节。

（2）并行数据传送的软件和通信规约简单。

（3）并行传输需要的传输信号线较多，成本高，因此只适用于传输距离较短且传输速度较高的场合。在早期的变电所综合自动化系统中，由于受当时通信技术和网络技术的限制，变电所内部通信大多采用并行通信方式，而在综合自动化系统的结构上多采用集中组屏的方式。

2. 串行数据通信

串行通信是数据一位一位顺序地传送，串行通信有以下特点。

（1）串行通信的最大优点是串行通信数据的各不同位可以分时使用同一传输线，这样可以节约传输线，减少投资，并且可以简化接线。特别是当位数很多和远距离传送时，其优点更为突出。

（2）串行通信的速度慢，且通信软件相对复杂。因此适合于远距离传输，数据串行传输距离可达数千公里。

在变电所综合自动化系统内部，各种自动装置间或继电保护装置与监控系统间，为了减少连接电缆，简化接线，降低成本，常采用串行通信。

3. 局域网络通信

局域网络是一种在小区域内使各种数据通信设备互连在一起的通信网络。局部网络可分为两种类型：局域网、计算机交换机。局域网是局部网络中最普遍的一种。局域网络为分散式的系统提供通信介质、传输控制和通信功能的手段。局域网络的典型特性包括：高数据传输速率，0.1 ~ 100 Mbps；短距离，0.1 ~ 25 km；低误码率。局域网的核心是互连和通信，网络的拓扑结构、传输介质、传输控制和通信方式是局域网的四大要素。

第二节　Modbus 规约

本节导读

通信协议是通信双方需要共同遵守的约定，根据这些特定的约定，实现数据传输。Modbus 就是工业控制器的网络协议中的一种，通过此协议，控制器相互之间、控制器经由网络和其他设备之间实现通信。本节重点介绍 Modbus 规约。

通信规约（协议）是指通信双方必须共同遵守的题中约定，也称为通信控制规程或传输控制规程。常见的电力通信规约有 Modbus、IEC60870-5-103、IEC60870-5-104、PROFIBUS-DP 等。

工业控制已从单机控制走向集中监控、集散控制，如今也已进入网络时代，工业控制器联网也为网络管理提供了方便。Modbus 就是工业控制器的网络协议中的一种。

一、Modbus 协议简介

Modbus 协议是应用于电子控制器上的一种通用语言。通过此协议，控制器相互之间、控制器经由网络（例如以太网）和其他设备之间可以通信。它已经成为一通用工业标准。有了它，不同厂商生产的控制设备可以连成工业网络，进行集中监控。

此协议定义了一个控制器能认识使用的消息结构，而不管它们是经过何种网络进行通信的。它描述了一控制器请求访问其他设备的过程，如何回应来自其他设备的请求，以及怎样侦测错误并记录。它制定了消息域格局和内容的公共格式。

当在一 Modbus 网络上通信时，此协议决定了每个控制器必须要知道它们的设备地址，识别按地址发来的消息，决定要产生何种行动。如果需要回应，控制器将生成反馈信息并用 Modbus 协议发出。在其他网络上，包含了 Modbus 协议的消息转换为在此网络上使用的帧或包结构。这种转换也扩展了根据具体的网络解决节地址、路由路径及错误检测的方法。

标准的 Modbus 口是使用 RS-232C 兼容串行接口，它定义了连接口的针脚、电缆、信号位、传输波特率、奇偶校验。控制器能直接或经由 Modem 组网。

控制器通信使用主-从技术，即仅一设备（主设备）能初始化传输（查询）。其他设备（从设备）根据主设备查询提供的数据做出相应反应。典型的主设备：主机和可编程仪表。典型的从设备：可编程控制器。

主设备可单独和从设备通信，也能以广播方式和所有从设备通信。如果单独通信，从设备返回一消息作为回应，如果是以广播方式查询的，则不做任何回应。Modbus 协议建立了主设备查询的格式：设备（或广播）地址、功能代码所有要发送的数据、一错误检测域。

从设备回应消息也由 Modbus 协议构成，包括确认要行动的域、任何要返回的数据和一错误检测域。如果在消息接收过程中发生一个错误，或从设备不能执行其命令，从设备将建立一个错误消息并把它作为回应发送出去。

查询-回应周期过程如下：

1. 查　询

查询消息中的功能代码用来告知被选中的从设备要执行何种功能。数据段包含了从设备要执行功能的任何附加信息。例如，功能代码 03 是要求从设备读保持寄存器并返回它们的内容。数据段必须包含要告之从设备的信息：从何寄存器开始读及要读的寄存器数量。错误检测域为从设备提供了一种验证消息内容是否正确的方法。

2. 回　应

如果从设备产生一个正常的回应，在回应消息中的功能代码是在查询消息中的功能代码的回应。数据段包括了从设备收集的数据：寄存器值或状态。如果有错误发生，功能代码将被修改以用于指出回应消息是错误的，同时数据段包含了描述此错误信息的代码。错误检测域允许主设备确认消息内容是否可用。

二、两种传输方式

控制器能设置为两种传输模式（ASCII 或 RTU）中的任何一种在标准的 Modbus 网络通信。用户选择想要的模式，包括串口通信参数（波特率、校验方式等），当配置每个控制器的时候，在一个 Modbus 网络上的所有设备都必须选择相同的传输模式和串口参数。

ASCII 模式：

地址　功能代码　数据数量　数据 1……　数据 n LRC 高字节 LRC 低字节　回车　换行

RTU 模式：

地址　功能代码　数据数量　数据 1……　数据 n CRC 高字节 CRC 低字节

所选的 ASCII 或 RTU 方式仅适用于标准的 Modbus 网络，它定义了在这些网络上连续传输的消息段的每一位，以及决定怎样将信息打包成消息域和如何解码。

（一）ASCII 模式

当控制器设为在 Modbus 网络上以 ASCII（美国标准信息交换代码）模式通信，在消息中的每个 8 bit 字节都作为两个 ASCII 字符发送。这种方式的主要优点是：字符发送的时间间隔可达到 1 s 而不产生错误。

（二）RTU 模式

当控制器设为在 Modbus 网络上以 RTU（远程终端单元）模式通信，在消息中的每个 8 bit 字节包含两个 4 bit 的十六进制字符。这种方式的主要优点是：在同样的波特率下，可比 ASCII 方式传送更多的数据。

三、Modbus 消息帧

两种传输模式（ASCII 或 RTU）中，传输设备将 Modbus 消息转为有起点和终点的帧，这就允许接收的设备在消息起始处开始工作，读地址分配信息，判断哪一个设备被选中（广播方式则传给所有设备），判知何时信息已完成。部分的消息也能侦测到并且错误能设置为返回结果。

（一）ASCII 帧

使用 ASCII 模式，消息以冒号（：）字符（ASCII 码 3AH）开始，以回车换行符结束（ASCII 码 0DH，0AH）。

其他域可以使用的传输字符是十六进制的 0～9，A～F。网络上的设备不断侦测“：”字符，当有一个冒号接收到时，每个设备都解码下个域（地址域）来判断是否发给自己的。

消息中字符间发送的时间间隔最长不能超过 1 秒，否则接收的设备将认为传输错误。

（二）RTU 帧

使用 RTU 模式，消息发送至少要以 3.5 个字符时间的停顿间隔开始。在网络波特率下多样的字符时间，这是最容易实现的。传输的第一个域是设备地址。可以使用的传输字符是十六进制的 0～9，A～F。网络设备不断侦测网络总线，包括停顿间隔时间内。当第一个域（地址域）接收到后，每个设备都进行解码以判断是否发往自己的。在最后一个传输字符之后，一个至少 3.5 个字符时间的停顿标定了消息的结束。一个新的消息可在此停顿后开始。

整个消息帧必须作为一个连续的流转输。如果在帧完成之前有超过 3.5 个字符时间的停顿时间，接收设备将刷新不完整的消息并假定下一字节是一个新消息的地址域。同样地，如果一个新消息在小于 3.5 个字符时间内接着前个消息开始，接收的设备将认为它是前一消息的延续。这将导致一个错误，因为在最后的 CRC 域的值不可能是正确的。

RTU 帧范例如表 7.1 所示。

表 7.1　RTU 帧

报文	01	04	2B	4E	00	02	18	38
解析	地址域	功能域	数据域				错误检测域	

1. 地址域

消息帧的地址域包含两个字符（ASCII）或 8 bit（RTU）。可能的从设备地址是 0～247（十进制）。单个设备的地址范围是 1～247。主设备通过将要联络的从设备的地址所放入消息中的地址域来选通从设备。当从设备发送回应消息时，它把自己的地址放入回应的地址域中，以便主设备知道是哪一个设备做出回应。

地址 0 是用作广播地址，以使所有的从设备都能认识。当 Modbus 协议用于更高水准的网络，广播可能不允许或以其他方式代替。

2. 功能域

消息帧中的功能代码域包含了两个字符（ASCII）或 8 bits（RTU）。可能的代码范围是十进制的 1 ~ 255。当然，有些代码是适用于所有控制器，有些是应用于某种控制器，还有些保留以备后用。

当消息从主设备发往从设备时，功能代码域将告之从设备需要执行哪些行为。例如，去读取输入的开关状态，读一组寄存器的数据内容，读从设备的诊断状态，允许调入、记录、校验在从设备中的程序等。

当从设备回应时，它使用功能代码域来指示是正常回应（无误）还是有某种错误发生（称作异议回应）。对正常回应，从设备仅回应相应的功能代码。对异议回应，从设备返回一段等同于正常代码的代码，但最重要的位置为逻辑 1。

3. 数据域

数据域是由两个十六进制数集合构成的，范围 00 ~ FF。根据网络传输模式，这可以是由一对 ASCII 字符组成或由一个 RTU 字符组成。

主设备发给从设备消息的数据域包含附加的信息：从设备必须用于进行执行由功能代码所定义的所为。这包括了不连续的寄存器地址、要处理项的数目、域中实际数据字节数。

4. 错误检测域

标准的 Modbus 网络有两种错误检测方法。错误检测域的内容视所选的检测方法而定。

当选用 ASCII 模式作字符帧，错误检测域包含两个 ASCII 字符。这是使用 LRC（纵向冗长检测）方法对消息内容计算得出的，不包括开始的冒号符及回车换行符。LRC 字符附加在回车换行符前面。

当选用 RTU 模式作字符帧，错误检测域包含一个 16 bits 值（用两个 8 位的字符来实现）。错误检测域的内容是通过对消息内容进行循环冗长检测方法得出的。CRC 域附加在消息的最后，添加时先是低字节然后是高字节。故 CRC 的高位字节是发送消息的最后一个字节。

第三节　IEC60870-5-103 规约

本节导读

通信协议是通信双方需要共同遵守的约定，根据这些特定的约定，实现数据传输。传输规约 IEC60870-5-103 是用于控制系统与继电保护设备信息交换中继电保护设备的信息接口配套标准，传送的信息主要为继电保护的相关信息。

传输规约 IEC60870-5-103 继电保护设备信息接口配套标准由国际电工委员会 TC57 技术委员会（电力系统控制和通信技术委员会）出版，我国将其等同采用作为电力行业标准：DL/T667-1999（IEC60870-5-103：1997）已于 1999 年 10 月 1 日正式实施。IEC60870-5-103 规约（以下简称 103 规约）是用于控制系统与继电保护设备信息交换中继电保护设备的信息接口配套标准，传送的信息主要为继电保护的相关信息。在实现变电站自动化的过程中，标准的推出使得变电站内一个控制系统的不同继电保护设备和各种装置达到互换，提高了继电保护设备的安全性，有利于变电站自动化系统内不同继电保护设备和控制系统之间互联。

一、通信接口

接口标准包括 RS232、RS485、光纤；通信格式为异步；通信速率可变；通信方式为主从一对多方式。

二、报文格式

103 规约有固定帧长报文和可变帧长报文两种报文格式，前者主要用于传送“召唤、命令、确认、应答”等信息，后者主要用于传送“命令”和“数据”等信息。

固定帧长帧格式用于继电保护设备（或间隔单元）向控制系统传输的确认帧，或控制系统向继电保护设备（或间隔单元）传输的询问帧。可变帧长帧格式用于控制系统向继电保护设备（或间隔单元）传输数据，或由继电保护设备（或间隔单元）向控制系统传输数据。

三、网络模型

103 规约使用的网络模型是增强性能结构 EPA，仅用到 ISO-OSI 基本参考模型的全七层结构中的三层，即物理层、链路层及应用层。根据远动系统的特点，考虑到传输速率，这种结构在出现故障时可以响应迅速。

1. 物理层

在变电站自动化系统中，物理层采用光纤传输系统和基于铜线的 RS485 总线系统，它提供一个二进制对称和无记忆传输。标准的传输速率为 9 600 bit/s 或 19 200 bit/s。

2. 链路层

103 规约所有的传输过程均由主站启动，即轮询问答过程：由启动站向从动站触发一次传输服务，或者成功完成，或者报告差错，之后才能开始下一轮的传输服务。

3. 应用层

链路层由一系列采用明确的链路规约控制信息 LPCI 的传输过程所组成。应用层为用户提供服务，是用户的窗口，它的服务直接提供给应用进程。应用层包含一系列应用功能，它包含在源和目的之间应用服务数据单元 ASDU 的传送中。

规约数据单元由规约控制信息和服务数据单元组成，由于 103 规约未采用应用规约控制信息 ACPI，所以在应用层中的应用规约数据单元 APDU 和应用服务数据单元 ASDU 及链路服务数据单元 LSDU 是一样的。

103 规约描述了两种信息交换方法：兼容范围和通用分类服务。兼容范围基于严格规定应用服务数据单元（ASDU）和为传输“标准化”报文的应用过程。通用分类服务采用各间隔层单元自我描述和自我定义的方法，对要求传输的信息进行定义，它可以传输任何类型数据。除国内已经生产的继电保护设备可以在一段时间内使用专用范围外，新开发的产品必须采用兼容范围和通用分类服务。

4. 用户进程

103 规约中定义了下述基本功能：站启动、总查询（总召唤）、时钟同步、命令传送、测试模式、监视方向的闭锁、扰动数据传输、通用分类服务。但在兼容范围中并不包括保护定值的远方读取和修改，如有需要的话，可采用通用分类服务来完成。

详细介绍请参考 IEC 60870-5-103 继电保护设备信息接口配套标准。

第四节　IEC60870-5-104 规约

本节导读

通信协议是通信双方需要共同遵守的约定，根据这些特定的约定，实现数据传输。IEC60870-5-104 规约是厂站与配网主站进行通信的规约，以以太网为载体，服务模式是平衡传输。本节着重介绍 IEC60870-5-104 规约。

IEC60870-5-104 规约是厂站与配网主站进行通信的规约，以以太网为载体，服务模式是平衡传输。

一、规约结构

传输接口是一个定向流接口。为了检出 ASDU 的启动和结束，每个 APCI 包括一个启动字符、ASDU 的规定长度以及控制域等定界元素，如表 7.2 所示。

表 7.2　规约结构

启动字符 68H	1 byte
APDU 长度	1 byte
控制域八位位组 1	1 byte
控制域八位位组 2	1 byte
控制域八位位组 3	1 byte
控制域八位位组 4	1 byte
ASDU 类型标识	1 byte
可变结构限定词	1 byte
传送原因低位	1 byte
传送原因高位 00H	1 byte
公共地址低位 01H	1 byte
公共地址高位 00H	1 byte
信息体地址（低中高，低位在前，高位在后）	3 byte
信息元素集	*n* byte
时标（可选）CP56Time2a	7 byte

根据 APCI 控制域的第一字节的后两位的不同定义分为：I 格式帧、S 格式帧、U 格式帧。

1. 编号的信息传输（I 格式）

编号的信息传输格式，简称 I 格式。I 格式控制域标志：第一个八位位组的第一位比特为 0，第三个八位位组第一位比特为 0。另外，还特别规定：I 格式的 APDU 至少必须包含一个 ASDU。如表 7.3 所示。

表 7.3　I 格式

8	7	6	5	4	3	2	1	比特/位组
发送序列号 N（S）　LSB							0	八位位组 1
MSB　发送序列号 N（S）								八位位组 2
接收序列号 N（R）　LSB							0	八位位组 3
MSB　接收序列号 N（R）								八位位组 4

2. 编号的监视功能（S 格式）

编号的监视功能格式，简称 S 格式。S 格式控制域标志：第一个八位位组的第一位比特为 1，并且第二位比特为 0，第三个八位位组第一位比特为 0。另外，还特别规定：S 格式的 APDU 只包括 APCI。如表 7.4 所示。

表 7.4　S 格式

8	7	6	5	4	3	2	1	比特/位组
0						0	1	八位位组 1
0								八位位组 2
接收序列号 N（R）LSB						0		八位位组 3
MSB　接收序列号 N（R）								八位位组 4

3. 未编号的控制功能（U 格式）

不编号的控制功能格式，简称 U 格式。U 格式的控制域标志：第一个八位位组的第一位比特为 1，并且第二位比特为 1，第三个八位位组第一位比特为 0。另外，还特别规定：U 格式的 APDU 只包括 APCI，在同一时刻，TESTFR、STOPDT 或 STARTDT 中只有一个功能可以被激活。如表 7.5 所示。

表 7.5　U 格式

8	7	6	5	4	3	2	1	比特/位组
TESTFR		STOPDT		STARTDT		1	1	八位位组 1
0								八位位组 2
0							0	八位位组 3
0								八位位组 4

二、总召唤过程

主站作为客户端是接收方，不能单独对某一个数据进行召唤，如若想要的数据不对，待下次该数据变化时从站会主动发送，在一个总召唤间隔周期内该数据还未变化，就等数据总召唤时校准。总召唤过程如图 7.1 所示。

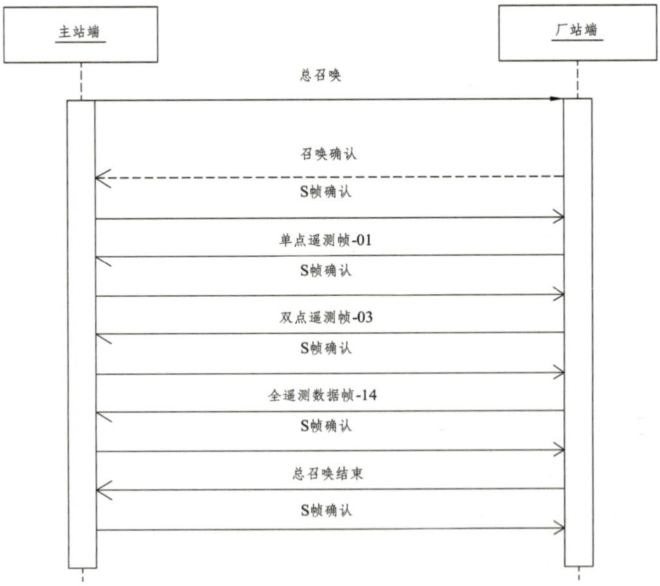

图 7.1　总召唤过程

三、遥控/遥调过程

主站端（客户）下发遥控/遥调执行，服务器端进行遥控/遥调选择应答。遥控/遥调过程如图 7.2 所示。

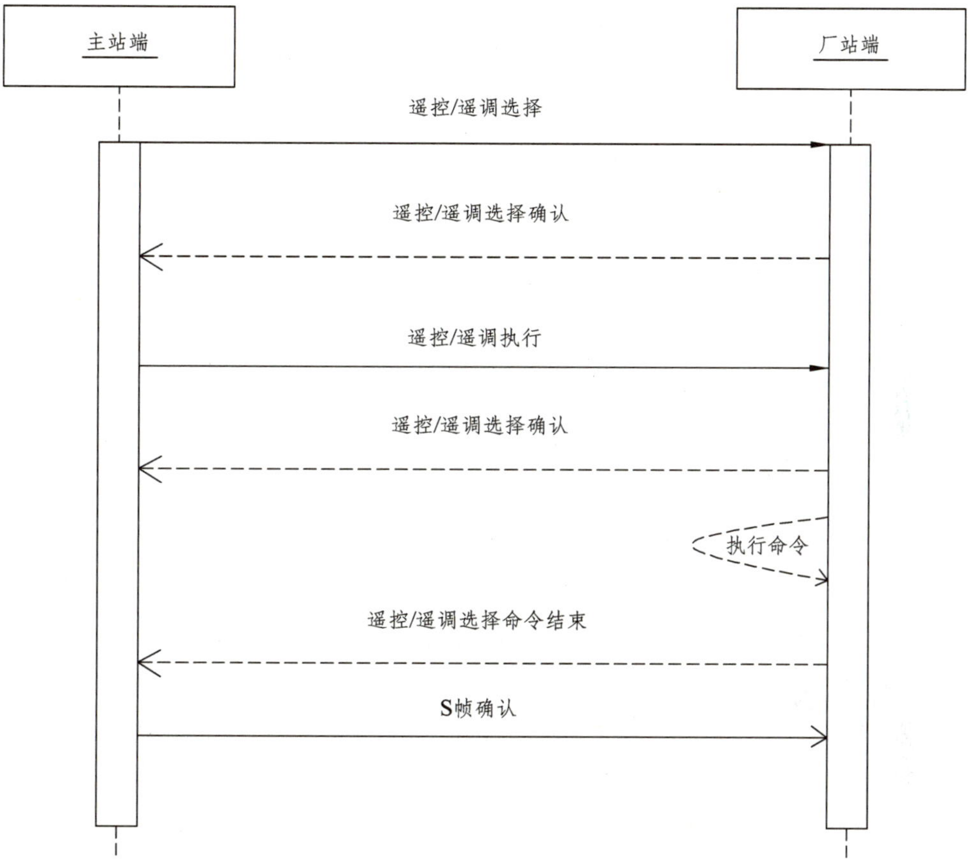

图 7.2　遥控/遥调过程

四、超时选择

为了能对 TCP 连接进行检查和维护，104 规定了四个超时时间：T_0，T_1，T_2，T_3，它们的取值范围为 1 ~ 255 s，准确度为 1 s，如表 7.6 所示。

表 7.6　超时选择

参数	默认值	备　注	选择值
T_0	30 s	连接建立的超时	
T_1	15 s	发送或测试 APDU 的超时	
T_2	10 s	无数据报文 $t_2 < t_1$ 时确认的超时	
T_3	20 s	长期空闲 $t_3 > t_1$ 状态下发送测试帧的超时	

T_0 连接建立的超时，指主站端一直发出连接请求，在 30 s 内得不到连接建立成功的状态下，向应用层提示来说明无法建立连接，一般可设置进行多次连接，当每次连接都超过 30 s 无法建立成功时给出提示。

T_1 发送或测试 APDU 的超时，指当发送一个 APDU 帧时，开始 T_1 计时，在 15 s 内，如果得不到对方通过 I 帧或 S 帧的确认时，连接将被重新建立。这个过程是双向的，即对于厂站端和主站端当这个过程任一方发生时，两方的连接都需关闭，重新建立连接。

T_2 发送报文的确认超时，指当收到一个 I 格式报文时，需要在 0～10 s 内给予确认。如果没有确认就可能发生 T_1 超时，而重新建立连接。

T_3 发送测试帧的超时，指当厂站端和主站端在无 I 格式数据需要发送，也无 S 格式帧进行确认时，数据链路空闲达到 20 s，发送 U 格式 TESTFR 帧，以确定数据链路是否连通。发送测试帧后，若在 T_1 时间内没有收到测试确认，则连接关闭，若达到 20 s，则再次发送 TESTFR 帧。若在 T_3 时间内收到 I 格式帧、S 格式帧、U 格式帧，则计时计数器重新触发。

IEC60870-5-104 广泛应用于电力等行业，详细介绍请参考《中华人民共和国电力行业标准》（idt IEC60870-5-104：2002）。

第五节　PROFIBUS-DP 规约

本节导读

Profibus 作为一种国际开放式现场总线标准，主要用于现场级的高速数据传输。本节重点介绍 Profibus-DP 规约的基本功能及数据传输技术。

Profibus 是一种国际开放式现场总线标准，由 Profibus-FMS、Profibus-DP、Profibus-PA 组成。Profibus-DP 主要应用于现场级的高速数据传输，解决自动控制系统（如 PLC、PC 等）通过高速串行总线与分散的现场设备之间的通信任务。使用 Profibus-DP 可取代现场的 24 V 或 0～20 mA 的并行信号传输技术。

一、PROFIBUS-DP 的基本功能

中央控制器读取从设备的输入信息并发送输出信息的一过程具有周期性。总线循环时间需要比中央控制（PLC）的程序循环时间短。通过相关研究表明，在大多数的应用场合中程序循环的时间一般为 10 ms。除了循环的用户数据传输外，PROFIBUS-DP 同样提供了强有力的组态功能。数据通信是由主站和从站上的监控功能进行监控的。PROFIBUS-DP 的基本功能可以总结如下：

（1）传输技术：在实际工作中可以根据最大传输速率的不同来选用电缆和光缆两种传输介质。

（2）现场总线存取：主站间的传递方式往往是令牌式传递，而主站与从站之间的传递方式为主-从传送，支持单主或多主系统。在对总线上的设备数量进行选择时，需要根据实际情况来定。

（3）通信功能：使用点对点（用户数据传送）或广播（控制指令）；循环主-从用户数据传送和非循环主-主数据传送。当用户数据在 DPMI 从站之间进行传输时，此时便需要按照确定的递归顺序自动执行。值得注意的是：DPMI 和 DP 从站之间的数据传送一般可以分为三个阶段，分别是：参数设定、组态配置、数据交换。

（4）运行模式：PROFIBUS-DP 规范中对系统行为进行了详细的描述，以便能够在一定程度上保证各种设备的互换性。系统行为往往需要根据 DPMI 的操作状态而确定，这些状态由本地或总体的配置设备所控制，往往有如下三种状态：① 运行：输入和输出数据的循环传送 DPMI 由 DP 从站读取输入信息，并向 DP 从站写入输出信息；② 清除：DPMI 读取 DP 从站的输入信息，并使输出信息保持为故障-安全状态；③ 停止：只能进行主-主数据传送，DPMI 和 DP 从站之间没有数据传送。

二、PROFIBUS-DP 数据传输技术

（一）通信原理

PROFIBUS-DP 使用了第 1 层（物理层）、第 2 层（数据链路层）和用户接口层，由于工业上的特殊需要省略了 3 ~ 6 层。

物理层：PROFIBUS-DP 的物理层在很多地方与 OSI 参考模型的第 1 层相类似，它们的主要功能基本上都是利用物理传输介质为数据链路层提供物理连接，以透明地传送比特流。就其传输技术而言，一般为半双工通信方式，传输速率的范围为 9.6 kb/s ~ 12 Mb/s，对应的最大通信距离约为 1 200 m，在实际工作中可以根据最大传输速率来选择传输电缆。需要注意的是：当处于电磁干扰比较大的环境中时，一般可以使用光纤导体，以便可以在一定程度上增大传输的距离。

数据链路层：就 PROFIBUS-DP 的数据链路层而言，其主要是通过数据链路层协议，往往能够在不可靠的物理链路上实现比较可靠的数据传输。就其中的介质存取方式而言，可以大致分为如下两类：

（1）令牌总线方式。令牌在总线上的各主站间传递，持有令牌的主站获得总线控制权，该主站依照关系表与从站或其他主站进行通信。

（2）主从方式。当主站与从站之间的周期性数据传输采用主从方式，主站向从站发送或索取信息。

应用层：在 PROFIBUS-DP 网中，技术人员自己定义了一个第 8 层——用户层，这一层与用户接触比较多，主要作用在于可以方便地定义 DP 的功能、行规及扩展功能。

（二）PROFIBUS-DP 的系统结构

就系统结构中的配置而言，一般包括如下几个方面：站点数目、站点地址和输入输出数据的格式，诊断信息的格式以及所使用的总体参数。设备的形式决定着系统输

入和输出信息量的大小，就目前的技术而言，我国允许的输入和输出信息最多不超过 246 字节。主站与从站之间的通信是通过主从原理来实现的，主站按轮询表依次访问从站，主站与从站之间周期地交换用户数据。

总线存取方式能够实现如下几种情况：① 纯主-主系统；② 纯主-从系统，当系统中存在若干个从站和一个主站时，该主站便会循环地发送信息给从站或由从站获取信息；③ 两种方式共同存在，多个主站与各自的从站构成相互独立的子系统。每个子系统存在一个 DPM1、制定若干从站以及可能的 DPM2 设备。

第六节　报文抓录及分析工具

本节导读

报文抓录及分析工具的掌握，对于快速定位电力监控系统故障的分析具有重要意义。本节重点介绍报文抓录及分析工具 Wireshark、PMA 软件的应用。

熟练掌握报文抓录及分析工具，有助于快速定位电力监控系统故障，电力监控系统故障分析常用的报文抓录及分析工作主要有 Wireshark、PMA 软件。

一、Wireshark

Wireshark 是网络包分析工具。网络包分析工具的主要作用是尝试捕获网络包，并尝试尽可能详细地显示包的情况。可以把网络包分析工具当成是一种用来测量从网线上进出的事物的工具。Wireshark 软件抓包步骤如下所示：

第一步：打开 Wireshark，会出现 Wireshark 抓包开始界面，如图 7.3 所示。

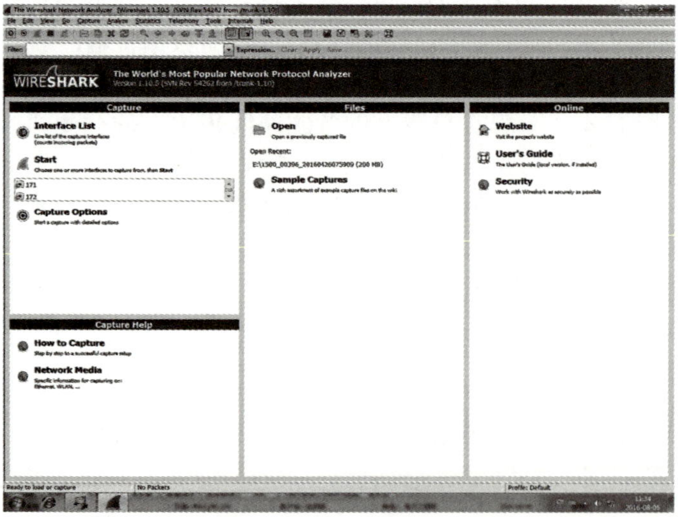

图 7.3　开始界面

第二步：单击，弹出接口对话框，如图 7.4 所示。

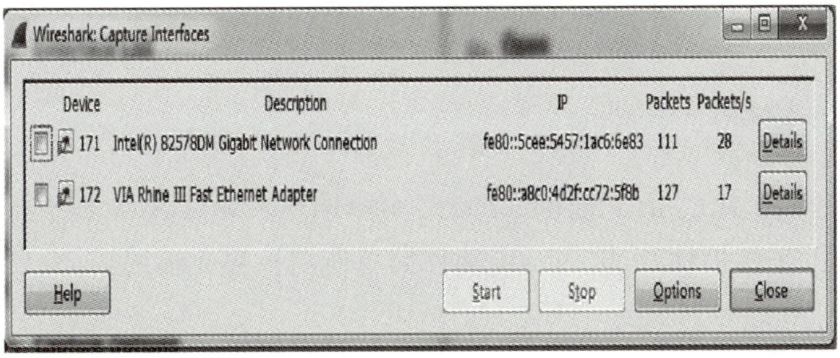

图 7.4　接口对话框

第三步：从接口对话框中可以看到所有计算机网口，选择要抓包的网口，单击对应的 Start 按钮，开始捕捉包，如图 7.5 所示。

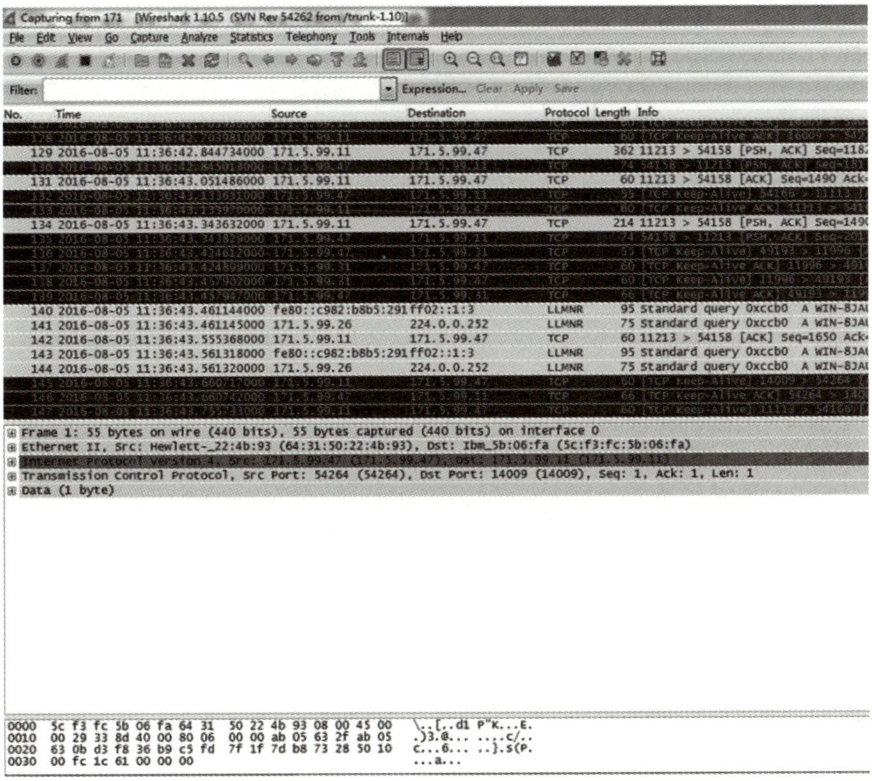

图 7.5　抓包界面

第四步：在过滤器中输入过滤条件，如 ip = = 192.168.1.1，可以看到 Wireshark 只显示 IP 地址包含 192.168.1.1 的网络包。

第五步：单击停止当前包的捕捉。

第六步：单击按钮保存当前捕捉包。选择保存文件的路径及文件名称，保存类型如果没有特殊需求就选择 libpcap，选择完成后单击“保存”，即完成一个简单网络包的捕捉。

二、PMA 软件

PMA 软件支持 101、103、104、CDT、SPABUS、MODBUS 规约报文的监听、解析，具备主站、子站模拟功能。PMA 软件简单使用教程介绍如下。

（一）选择规约

选择规约如图 7.6 所示。

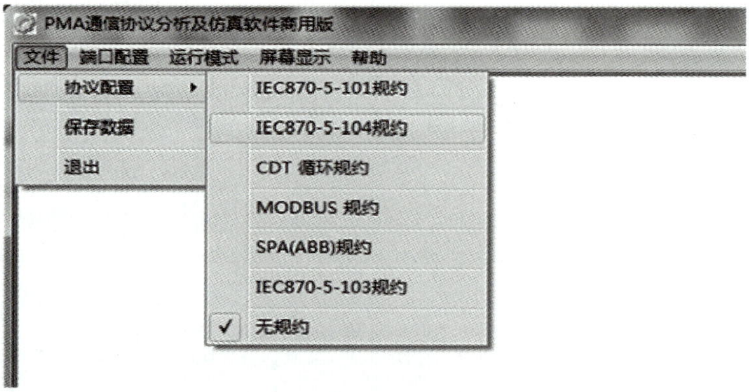

图 7.6　选择规约

（二）规约参数设置

（1）104 规约中需要设置主站和从站 IP 地址，端口号默认十进制 2404。两个地址要是同一网段，不能经过路由。公共地址要跟远动配置中一致，不然初始化后发送总召唤报文远动装置不回复，如图 7.7 所示。

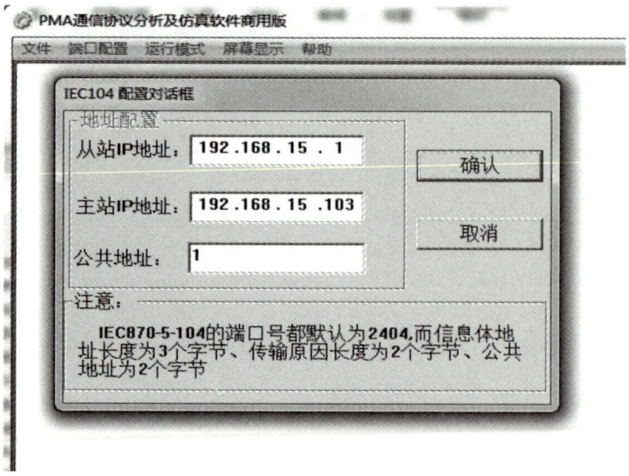

图 7.7　104 规约参数设置

（2）101 规约中要设置链路地址和公共地址，应与远动配置中一致，传输原因、公共地址和信息体地址长度要与远动一致，一般默认即可，如图 7.8 所示。

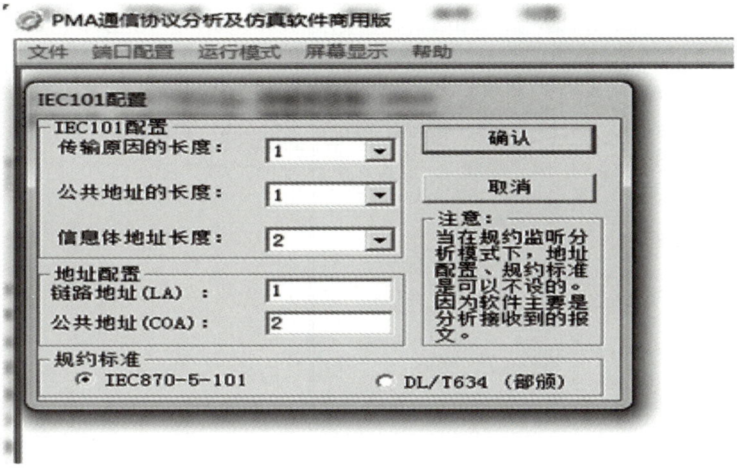

图 7.8　101 地址设置

（三）选择模拟主站

选择模拟主站如图 7.9 所示。

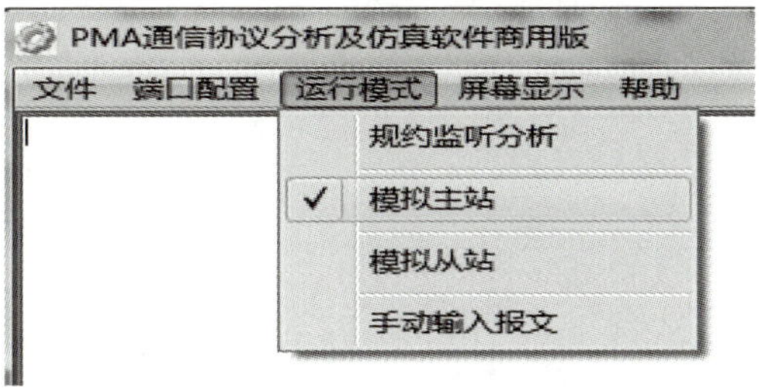

图 7.9　选择模拟主站

（四）连　接

连接如图 7.10 所示。

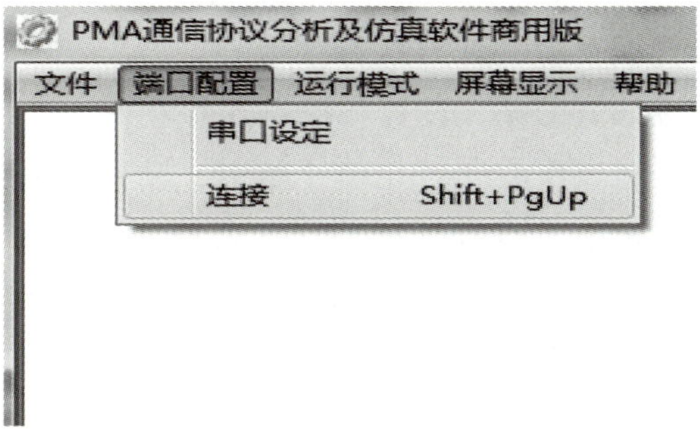

图 7.10　连接

（五）初始化报文应答后发送总召唤

选择更多报文发送，类型标示选择 100，即 ASDU100，其他默认即可，如图 7.11、图 7.12 所示。

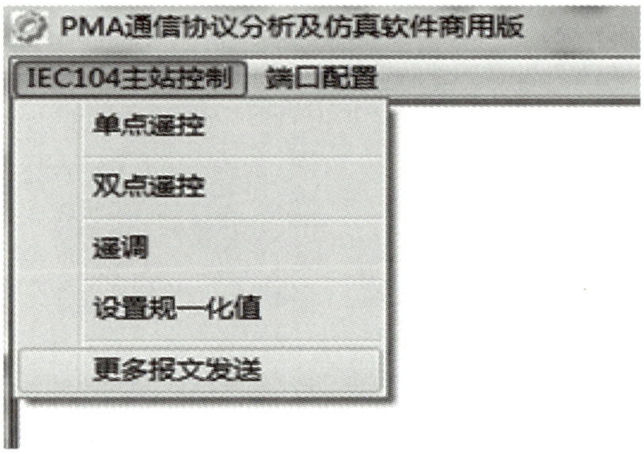

图 7.11　更多报文发送

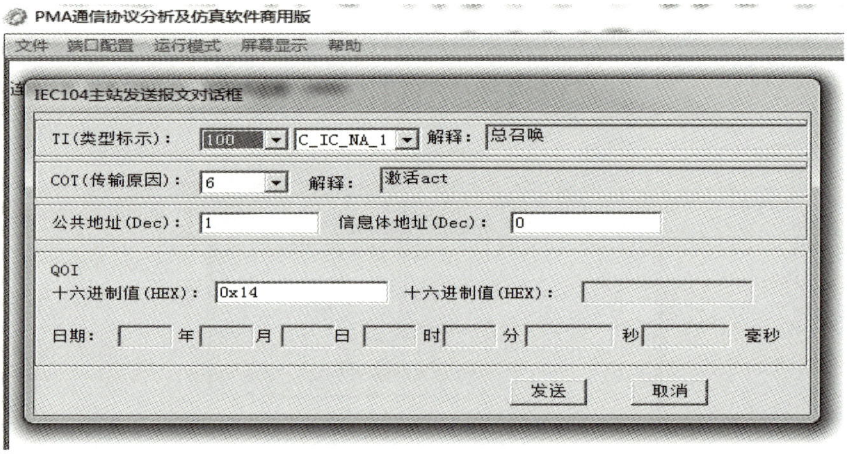

图 7.12　总召类型

（六）常用报文发送菜单介绍

（1）单点遥控。对应 ASDU45，发送时设置信息体地址（点号、10 进制）和选择分合即可下发预置，回复成功后会弹出执行菜单。

（2）双点遥控。对应 ASDU46，设置与单点遥控相同。

（3）设置归一化值，遥调下发归一化值（整数）功能。对应 ASDU48，也叫设点命令，发送时设置信息体地址（点号、10 进制）和设点值即可。

（4）遥调下发浮点数没有设置专门的菜单，可在更多报文发送中选择类型标示为 50，即 ASDU50，设置信息体地址（点号，10 进制）和 STD（设点值、16 进制、四字节）。QOS 为预置和执行的选择，80 是预置，00 是执行，直接发执行远动是可以处理的，所以默认 00 即可，如图 7.13 所示。

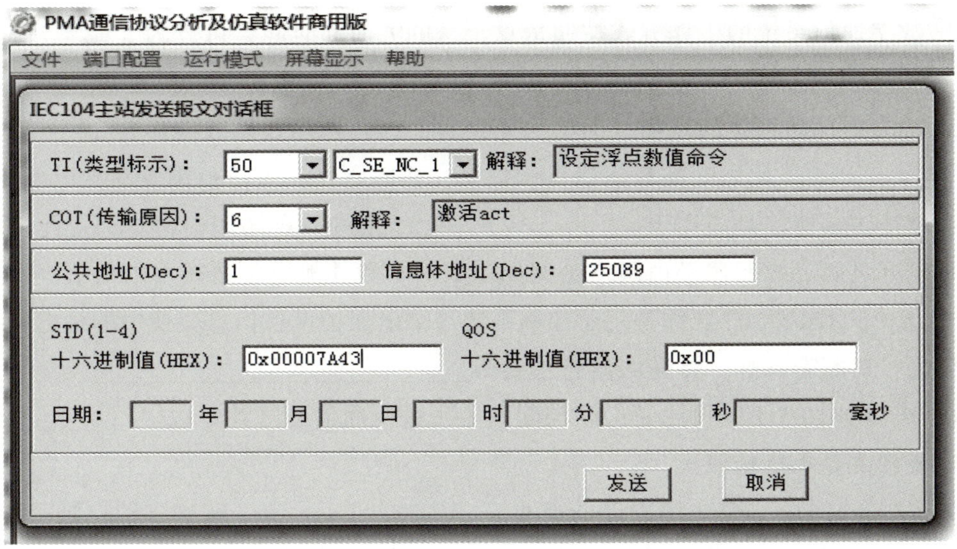

图 7.13　遥调发送

综合练习

一、多项选择题

1. 通信的三要素包括（　　）。

A. 信息源　　B. 受信者

C. 传输路径　　D. 网络线

2. 综合自动化系统现场级的通信方式主要有（　　）。

A. 并行数据通信　　B. 串行数据通信

C. 局域网络　　D. 现场总线

3. 关于并行通信和串行通信，以下说法正确的包括（　　）。

A. 并行通信传输速度快

B. 串行数据传送的软件和通信规约简单

C. 串行通信传输速度慢

D. 并行通信可以分时使用同一传输线

4. 局域网络的典型特性包括（　　）。

A. 高数据传输速率　　B. 短距离

C. 低误码率　　D. 长距离

二、填空题

1. 通信的基本目的是在信息源和受信者之间______________。信息源，指产生和发送信息的地方，如保护、测控单元。受信者指接收和使用信息的地方。如计算机监控系统、控制中心 SCADA 系统。

2. 数字通信系统的工作方式按照信息传送的方向和时间，可分为________________________、____________________、全双工通信三种方式。

3. 综合自动化系统的现场级通信，主要解决综合自动化系统内部各____________与__________________之间的数据通信和信息交换问题，其通信范围是在变电所内部。

4. Modbus 协议是应用于____________________上的一种通用语言。通过此协议，控制器相互之间、控制器经由网络（例如以太网）和其他设备之间可以通信。

5. IEC60870-5-103 规约是用于控制系统与继电保护设备信息交换中的继电保护设备的信息接口配套标准，传送的信息主要为______________________________。

6. IEC60870-5-104 规约是厂站与配网主站进行通信的规约，以____________为载体，服务模式是平衡传输。

7. Profibus-DP 主要应用于现场级的____________________，解决自动控制系统（如 PLC、PC 等）通过高速串行总线与分散的现场设备之间的通信任务。

三、综合分析题

1. 变电所自动化系统通信主要包括哪五方面内容？

____

____

____

____

2. 总线存取方式能够实现哪几种情况？从以下给定的选项中选择。

平行传递	令牌式传递	主从传递

主站之间的传递方式通常是：

____

____

____

主站与从站之间的传递方式为：

第八章 城市轨道交通变配电所综合自动化系统维护

良好的设备管理能够减少或者避免故障的发生，保证设备系统运行正常，从而使电力监控系统得以安全高效地运行。在具体工作中，除了工作人员需要有过硬的专业素质，日常工作中的维护和巡视也不可或缺，这些都能够让整个电力监控系统的安全可靠性得到提升。设备维护在电力监控系统运行中的重要地位是由具体操作所决定的。电子设备等其他电力设施，其操作本身的特点决定了系统运行设备维护工作的复杂性和重要性。下面主要从电烙铁、万用表、网线测试仪、光功率计、光纤熔接机工具的使用和几种常用通信线的连接方法来展开介绍，使我们获得熟练应用各种工具的技能，这在系统维护中起到重要作用。

第一节　工器具

本节导读

本节主要介绍电烙铁、万用表、网络测试仪、光纤熔接机等常用工器具、设备的具体使用方法以及参考使用说明书。

一、电烙铁

（一）电烙铁的选用

1. 选用电烙铁所遵循的原则

（1）烙铁头的形状要适应被焊件物面的要求和产品装配密度。

（2）烙铁头的顶端温度要与焊料的熔点相适应，一般要比焊料熔点高 30 ~ 80 °C（不包括在电烙铁头接触焊接点时下降的温度）。

（3）电烙铁热容量要恰当。烙铁头的温度恢复时间要与被焊件物面的要求相适应。温度恢复时间是指在焊接周期内，烙铁头顶端温度因热量散失而降低后，再恢复到最高温度所需时间。它与电烙铁功率、热容量以及烙铁头的形状、长短有关。

2. 选择电烙铁的功率原则

（1）焊接集成电路、晶体管及其他受热易损件的元器件时，考虑选用 20 W 内热式或 25 W 外热式电烙铁。

（2）焊接较粗导线及同轴电缆时，考虑选用 50 W 内热式或 45 ~ 75 W 外热式电烙铁。

（3）焊接较大元器件时，如金属底盘接地焊片，应选 100 W 以上的电烙铁。

（二）电烙铁的使用

1. 正确的使用姿势

使用电烙铁的正确姿势：左手持锡丝，露出长度 5 ~ 8 cm，右手持烙铁，注意不可触发热体，如图 8.1 所示。

视频 8.1.1　电烙铁的使用

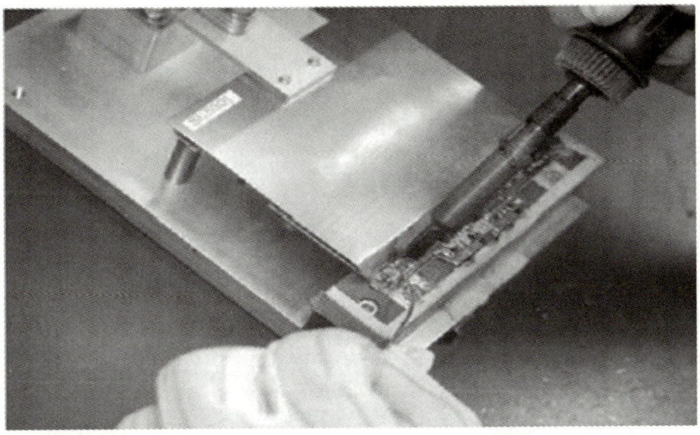

图 8.1　电烙铁使用姿势

2. 焊接步骤

电烙铁在使用前要先通电给烙铁头“上锡”。首先用锉刀把烙铁头按需要锉成一定的形状，然后接上电源，当烙铁头温度升到能熔锡时，将烙铁头在松香上沾涂一下，等松香冒烟后再沾涂一层焊锡，如此反复进行 2 ~ 3 次，使烙铁头的刀面全部挂上一层锡便可使用了。但电烙铁不宜长时间通电而不使用，这样容易使烙铁芯加速氧化而烧断，缩短其寿命，同时也会使烙铁头因长时间加热而氧化，甚至被“烧死”而不再“吃锡”，如图 8.2 所示。

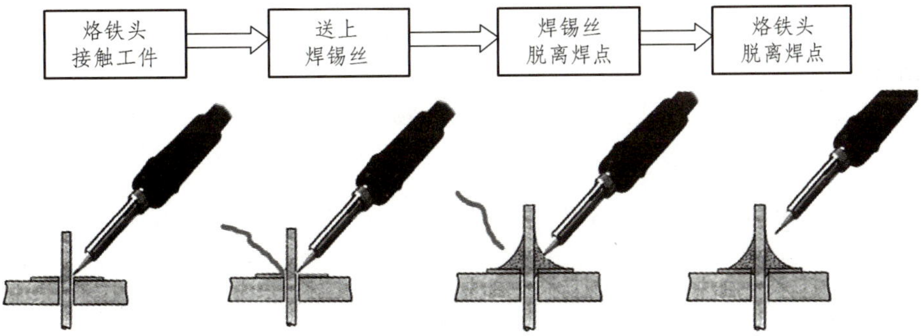

图 8.2　电烙铁焊接步骤

二、万用表

（一）万用表的分类

常见的万用表有指针式万用表和数字式万用表。指针式多用表是以表头为核心部件的多功能测量仪表，测量值由表头指针指示读取。数字式万用表的测量值在液晶显示屏上直接以数字的形式显示，读取方便，有些还带有语音提示功能。万用表是共用一个表头，集电压表、电流表和欧姆表于一体的仪表。万用表不仅可以用来测量被测量物体的电阻、交直流电压，还可以测量直流电压。甚至有的万用表还可以测量晶体管的主要参数以及电容器的电容量等。充分熟练掌握万用表的使用方法是电子技术最基本的技能之一。

视频 8.1.2 数字式万用表的使用

视频 8.1.3 指针式万用表的使用

视频 8.1.4 万用表测量原理

（二）数字万用表介绍

面板图及操作键作用说明，如图 8.3、图 8.4 所示。

图 8.3　万用表面板图

① Ω：电阻挡：分 200 Ω，2 k，20 k，200 k，2 M，200 M 六档；
② V～：交流电压档：分 2 V，20 V，200 V，750 V 四档；
③ V＝：直流电压档：分 200 mV，2V，20V，200 V，1 000 V 五档；
④ A＝：直流电流档：分 200 μA，20 mA，200 mA，20 A 五档；
⑤ A～：交流电流档：分 200 mA，20 A 两档；
⑥ hFE：三极管β测量，有 NPN 和 PNP 两种型号管子的插孔；
⑦ ·))➜|：二极管测量，短路测量。

图 8.4　万用表说明图

（三）万用表使用注意事项

（1）在测电流、电压时，不能带电换量程。

（2）选择量程时，要先选大的，后选小的，尽量使被测值接近于量程。

（3）测电阻时，不能带电测量。因为测量电阻时，万用表由内部电池供电，如果带电测量则相当于接入一个额外的电源，可能损坏表头。

（4）用完应使转换开关在交流电压最大档位或空档上。

三、网线测试仪

（一）常见网线接线方法

常规接法：橙白 1、橙 2、绿白 3、蓝 4、蓝白 5、绿 6、棕白 7、棕 8。

交叉接法：绿白 3、绿 6、橙白 1、蓝 4、蓝白 5、橙 2、棕白 7、棕 8。

（二）使用方法

（1）将网线两端的水晶头分别插入主测试仪和远程测试端的 RJ45 端口，将开关拨到“ON”（S 为慢速档），这时主测试仪和远程测试端的指示头就会逐个闪亮。

① 直通连线的测试：测试直通连线时，主测试仪的指示灯应该从 1 ~ 8 依次闪亮，而远程测试端的指示灯也应该从 1 ~ 8 依次闪亮。如果是这种现象，说明直通线的连通性没问题，否则就得重做。

② 交错线连线的测试：测试交错连线时，主测试仪的指示灯也应该从 1 ~ 8 依次闪亮，而远程测试端的指示灯应该是按 3、6、1、4、5、2、7、8 的顺序依次闪亮。如果是这种现象，说明交错连线连通性没问题，否则就得重做。

③ 若网线两端的线序不正确时，主测试仪的指示灯仍然从 1 ~ 8 依次闪亮，只是远程测试端的指示灯将按与主测试端连通的线号的顺序依次闪亮。也就是说，远程测试端不能按①和②的顺序闪亮。

（2）导线断路测试的现象。

① 当有 1 ~ 6 根导线断路时，则主测试仪和远程测试端的对应线号的指示灯都不亮，其他的灯仍然可以逐个闪亮。

② 当有 7 根或 8 根导线断路时，则主测试仪和远程测试端的指示灯全都不亮。

（3）导线短路测试的现象。

① 当有两根导线短路时，主测试仪的指示灯仍然按从 1 ~ 8 的顺序依次闪亮，而远程测试端两根短路线所对应的指示灯将被同时点亮，其他的指示灯仍按正常的顺序依次闪亮。

② 当有三根或三根以上的导线短路时，主测试仪的指示灯仍然从 1 ~ 8 依次闪亮，而远程测试端的所有短路线对应的指示灯都不亮。

四、光纤熔接机

（一）光纤熔接机型号、技术指标

光纤熔接机主要特点都差不多，即快速、全自动熔接，结构紧凑、轻巧，彩色显示屏幕，可同时观测 X、Y 光纤，体积小，重量轻，提供存储熔接数据等功能，适用光纤类型广泛（SM、MM、DSF 等光纤都可以）。

（二）光纤熔接机操作步骤

1. 工　具

主机，切割刀，光纤，剥线钳，酒精（99%工业酒精最好，用 75%的医用酒精也可），棉花（用面巾纸也可），热缩套管。

2. 确认所熔接的光纤类型和需要加热的热缩套管类型

选择方法如下：

光纤类型：在熔接模式中选择 SMF、MF、DSF、NZDF 等。

热缩套管类型：在加热模式中选择，一般热缩套管分为 40 mm、60 mm 两种，当然也有生产厂家按照自己生产的光纤熔接机来定做热缩套管,应避免出现不匹配现象。

3. 制备光纤

光纤：纤芯、涂覆层、包层。

我们要熔接的是裸纤，就是纤芯用光纤剥线钳剥除一段裸光纤出来，用酒精棉来清洁干净，然后用光纤切割刀来切割，切割长度按照上面参数来确定，切割刀上面有尺寸刻度，注意保持切割的端面保持垂直状态，误差一般是 2°以内，注意先清洁后切割，在切割前完成放置热缩套管。

4. 熔　接

光纤切好后，把光纤放入光纤熔接机内，放的位置为 V 型槽端面直线与电极棒中心直线中间大约 1/2 的地方。然后放好光纤压板，防下压脚（另一侧同），盖上防风盖，按 SET 键，开始熔接。整个过程需要 15 s 左右的时间（不同熔接机不一样，但大同小异），屏幕上出现两个光纤的放大图像，经过调焦、对准一系列的位置、焦距调整动作后开始放电熔接。熔接完成后，把热缩套管放在需要固定的部位，把光纤的熔接部位放在热缩套管的正中央（一定要放在中间，给它一定的张力）。注意不要让光纤弯曲，拉紧并压放入加热槽，盖上盖，按键 HEAT，下面指示灯会亮起，持续 90 s 左右。机器会发出警告加热过程完成，同时指示灯也会不停地闪烁，拿出冷却，这样一个完整的熔接过程就算完成了。

5. 整　理

整理工具，放到指定的位置。收拾垃圾，收拾时注意碎小的光纤头。

（三）常见的问题

在机器本身没有问题的前提下，大多数的问题还是由自身的操作引起的，比如，切的问题和放置的问题，还有操作规程问题。所以一定按照操作流程做，同时还需要耐心，这在进行测试和熔接的时候很重要。

视频 8.1.5　手摇兆欧表的使用

视频 8.1.6　指针式兆欧表的使用-绝缘电阻测量

视频 8.1.7　数字式兆欧表的使用

第二节　通信线接续

本节导读

本节主要介绍了网线制作工具的使用、网线的接法和网线制作步骤，串口通信类型及通信线接法等内容。

一、网线制作

（一）网线工具

在网线制作的过程中，我们必须要用到一些制作的辅助工具和材料。在此先为大家介绍一些这些网线工具和网线材料。在网线的制作工程中，最重要的工具当然就是压线钳了，而且这个压线钳的网线工具不仅仅是压线自用，钳上还具备着很多功能，如图 8.5 所示。

视频 8.2.1　网线制作压线钳的使用

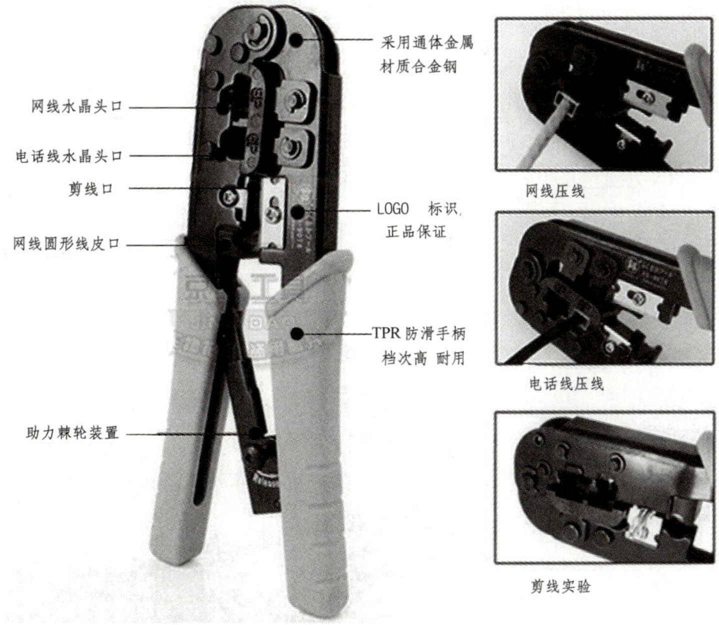

图 8.5　压线钳

（1）目前市面上的压线钳有好几种类型，而实际的功能以及操作都是大同小异，我们就以图 8.5 所示的一把压线钳为例，该工具上有三处不同的功能。

（2）线钳的中间是压线槽，压线槽提供了三种类型的线槽，分别为 6P、8P 以及 4P。8P 槽是我们最常用到的 RJ45 压线槽，而旁边的 4P 为 RJ11 电话线路压线槽。

（3）压线槽的中间是呈齿状的模块，它主要是用于把水晶头上的 8 个触点压稳在双绞线之上。

（4）剥线口刀片主要是起到切断线材的作用。

（二）网线接法

（1）水晶头金属面对自己，从左到右为 1 ~ 8（白橙、橙、白绿、蓝、白蓝、绿、白棕、棕）。

（2）接法的种类。

① 标准 T568B：橙白，橙，绿白，蓝，蓝白，绿，棕白，棕。

② 标准 T568A：绿白，绿，橙白，蓝，蓝白，橙，棕白，棕。

（3）直连线：两端都做成 T568B 或 T568A，用于不同设备相连（如网卡到交换机）。

（4）交叉线：一端做成 T568B，另一端做成 T568A。用于同种设备相连（如网卡到网卡）。

视频 8.2.2　网线的制作流程

（三）网线制作步骤

（1）首先利用压线钳的剪线刀口剪裁出计划需要使用到的双绞线长度。

（2）把双绞线的灰色保护层剥掉，可以利用到压线钳的剪线刀口将线头剪齐，再将线头放入剥线专用的刀口，稍微用力握紧压线钳慢慢旋转，让刀口划开双绞线的保护胶皮。把一部分的保护胶皮去掉。在这个步骤中需要注意的是，使压线钳档位离剥线刀口长度通常恰好为水晶头长度，这样可以有效避免剥线过长或过短。若剥线过长，看上去肯定不美观，另一方面因网线不能被水晶头卡住，容易松动；若剥线过短，则因有保护层塑料的存在，不能完全插到水晶头底部，造成水晶头插针不能与网线芯线完好接触，当然也会影响到了线路的质量。

（3）把每对都是相互缠绕在一起的线缆逐一解开。解开后则根据需要接线的规则把几组线缆依次地排列好并理顺，排列的时候应该注意尽量避免线路的缠绕和重叠。把线缆依次排列并理顺之后，由于线缆之前是相互缠绕着的，因此线缆会有一定的弯曲，因此应该把线缆尽量扯直并尽量保持线缆平扁。把线缆扯直，利用双手抓着线缆然后向两个相反方向用力，并上下扯一下即可。

（4）把线缆依次排列好并理顺压直之后，应该细心检查一遍，之后利压线钳的剪线刀口把线缆顶部裁剪整齐。需要注意的是，裁剪的时候应该是水平方向插入，否则线缆长度不一会影响到线缆与水晶头的正常接触。若之前把保护层剥下过多的话，可以在这里将过长的细线剪短，保留的去掉外层保护层的部分为 15 mm 左右，这个长度正好能将各细导线插入各自的线槽。如果该段留得过长，一来会由于线对不再互绞而增加串扰，二来会由于水晶头不能压住护套而可能导致电缆从水晶头中脱出，造成线路的接触不良甚至中断。

（5）把整理好的线缆插入水晶头内，注意要将水晶头有塑料弹簧片的一面向下，有针脚的一方向上，使有针脚的一端指向远离自己的方向，有方形孔的一端对着自己。此时，最左边的是第 1 脚，最右边的是第 8 脚，其余依次顺序排列。注意插入的时候需要缓缓地用力把 8 条线缆同时沿 RJ45 头内的 8 个线槽插入，一直插到线槽的顶端。在最后一步的压线之前，可以从水晶头的顶部检查，看看是否每一组线缆都紧紧地顶在水晶头的末端。

（6）最后就是压线。确认无误之后就可以把水晶头插入压线钳的 8P 槽内压线了。把水晶头插入后，用力握紧线钳，若力气不够，可以使用双手一起压，使得水晶头凸出在外面的针脚全部压入水晶并头内，受力之后听到轻微的“啪”一声即可。

二、串口通信线接法

（一）串口简介

RS-232、RS-422 与 RS-485 都是串行数据接口标准，最初都是由电子工业协会（EIA）制定并发布的，RS-232 在 1962 年发布，命名为 EIA-232-E，作为工业标准，以保证不同厂家产品之间的兼容。RS-422 由 RS-232 发展而来，它是为弥补 RS-232 的不足而提出的。为改进 RS-232 通信距离短、速率低的缺点，RS-422 定义了一种平衡通信接口，将传输速率提高到 10 Mb/s，传输距离延长到 1 000 m（速率低于 100 kb/s 时），并允许在一条平衡总线上连接最多 10 个接收器。RS-422 是一种单机发送、多机接收的单向、平衡传输规范，被命名为 TIA/EIA-422-A 标准。为扩展应用范围，EIA 又于 1983 年在 RS-422 基础上制定了 RS-485 标准，增加了多点、双向通信能力，即允许多个发送器连接到同一条总线上，同时增加了发送器的驱动能力和冲突保护特性，扩展了总线共模范围，后命名为 TIA/EIA-485-A 标准。由于 EIA 提出的建议标准都是以“RS”作为前缀，所以在通信工业领域，仍然习惯将上述标准以 RS 作前缀称谓。

RS-232、RS-422 与 RS-485 标准只对接口的电气特性做出规定，而不涉及接插件、电缆或协议，在此基础上用户可以建立自己的高层通信协议。

（二）RS-232 串行接口

目前 RS-232 是 PC 机与通信工业中应用最广泛的一种串行接口。RS-232 被定义为一种在低速率串行通信中增加通信距离的单端标准。RS-232 采取不平衡传输方式，即所谓单端通信。

收、发端的数据信号是相对于信号地，如从 DTE 设备发出的数据在使用 DB25 连接器时是 2 脚相对 7 脚（信号地）的电平。典型的 RS-232 信号在正负电平之间摆动，在发送数据时，发送端驱动器输出正电平在+5～+15 V，负电平在－5～－15 V。当无数据传输时，线上为 TTL，从开始传送数据到结束，线上电平从 TTL 电平到 RS-232

电平再返回 TTL 电平。接收器典型的工作电平在+3～+12 V 与－3～－12 V。由于发送电平与接收电平的差仅为 2～3 V，所以其共模抑制能力差，再加上双绞线上的分布电容，其传送距离最大约为 15 m，最高速率为 20 kb/s。RS-232 是为点对点（即只用一对收、发设备）通信而设计的，其驱动器负载为 3～7 kΩ。所以 RS-232 适合本地设备之间的通信。其有关电气参数如表 8.1 所示。

表 8.1　RS-232 电气参数

项　目	参　数
串行接口	RS-232
工作方式	单端
节点数	1 收、1 发
最大传输电缆长度	15 m
最大传输速率	20 kb/s

（三）RS-422 串行接口

RS-422 标准全称是“平衡电压数字接口电路的电气特性”，它定义了接口电路的特性。实际上还有一根信号地线，共 5 根线。由于接收器采用高输入阻抗和发送驱动器，比 RS-232 更强的驱动能力，故允许在相同传输线上连接多个接收节点，最多可接 10 个节点。RS-422 四线接口由于采用单独的发送和接收通道，因此不必控制数据方向，各装置之间任何必需的信号交换均可以按软件方式（XON/XOFF 握手）或硬件方式（一对单独的双绞线）实现。RS-422 的最大传输距离为 1 200 m，最大传输速率为 10 Mb/s。其平衡双绞线的长度与传输速率成反比，在 100 kb/s 速率以下才可能达到最大传输距离。只有在很短的距离下才能获得最高速率传输。一般 100 m 长的双绞线上所能获得的最大传输速率仅为 1 Mb/s。

RS-422 需要终端电阻，要求其阻值约等于传输电缆的特性阻抗。在短距离传输时可不需终端电阻，即一般在 300 m 以下不需接终端电阻。其有关电气参数如表 8.2 所示。

表 8.2　RS-422 电气参数

项　目	参　数
串行接口	RS-422
工作方式	差分
节点数	1 收、10 发
最大传输电缆长度	1 200 m
最大传输速率	10 Mb/s

（四）RS-485 串行接口

由于 RS-485 是从 RS-422 基础上发展而来的，所以 RS-485 许多电气规定与 RS-422 相仿。如都采用平衡传输方式，都需要在传输线上接终端电阻等。RS-485 可以采用二线与四线方式，二线制可实现真正的多点双向通信。而采用四线连接时，与 RS-422 一样只能实现点对多的通信，即只能有一个主（master）设备，其余为从设备，但它与 RS-422 相比有改进，无论四线还是二线连接方式，总线上可多接到 32 个设备。

RS-485 与 RS-422 的不同还在于其共模输出电压是不同的，RS-485 在 – 7 ~ +12 V，而 RS-422 在 – 7 ~ +7 V。RS-485 接收器最小输入阻抗为 12 kΩ，RS-422 为 4 kΩ。RS-485 满足所有 RS-422 的规范，所以 RS-485 驱动器可以在 RS-422 网络中应用。RS-485 有关电气参数如表 8.3 所示。

表 8.3 RS-485 电气参数

项 目	参 数
串行接口	RS-485
工作方式	差分
节点数	1 收、32 发
最大传输电缆长度	1 200 m
最大传输速率	10 Mb/s

RS-485 与 RS-422 一样，其最大传输距离约为 1 219 m，最大传输速率为 10 Mb/s。平衡双绞线的长度与传输速率成反比，在 100 kb/s 速率以下才可能使用规定最长的电缆长度。只有在很短的距离下才能获得最高速率传输。一般 100 m 长双绞线最大传输速率仅为 1 Mb/s。

RS-485 需要 2 个终端电阻，其阻值要求等于传输电缆的特性阻抗。在短距离传输时可不需终端电阻，即一般在 300 m 以下不需终端电阻，终端电阻接在传输总线的两端。

（五）DB9 针 RS232-422-485 接口定义

1. DB9 针接口

按照接口数量细分为 A 型（15 针），B 型（25 针），C 型（37 针），D 型（50 针），E 型（9 针）。因此，常见的计算机并口即为 DB25 针的连接器，而串口则应为 DE9 针连接器。

由于早期的计算机的串口与并口都是使用 DB25 针连接器，把字母 B 与 D 合在一起记了下来，当作 D 型接口的共同名字，以至于后来计算机串口改用 9 针接口以后，更多是使用 DB9 而不是 DE9 来称呼 9 针的接口。这一习惯延续的结果就是如今使用 DBxx 来代表 D 型接口，数字 xx 则为接口的针数。DB9 接头如图 8.6 所示。

2. RS-232 接口

该标准规定采用一个具有 25 个引脚的 DB25 连接器，对连接器的每个引脚的信号内容以及各种信号的电平加以规定。随着设备的不断改进，出现了代替 DB25 的 DB9 接口，现在一般 RS-232 接口都采用 DB9。RS-232 是现在主流的串行通信接口之一，RS-232 接口标准出现较早，它主要有以下四点不足之处：

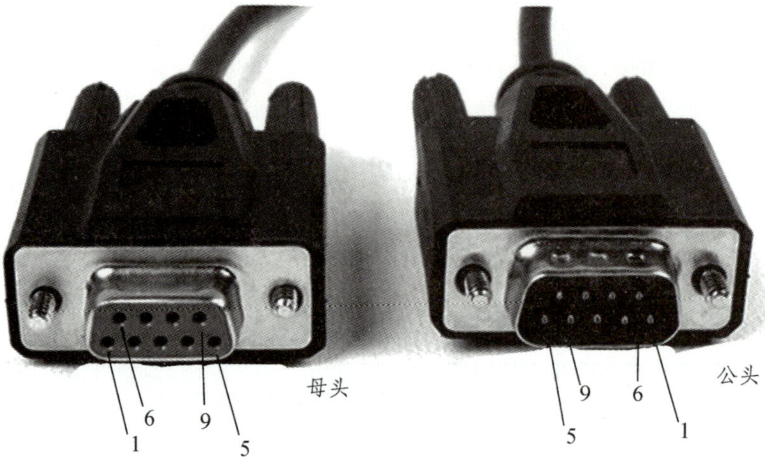

图 8.6 DB9 针接口

（1）接口的信号电平值较高，易损坏接口电路的芯片，又因为与 TTL 电平不兼容，故需使用电平转换电路方能与 TTL 电路连接。

（2）传输速率较低，在异步传输时，波特率为 19 200 b/s。

（3）接口使用一根信号线和一根信号返回线而构成共地的传输形式，这种共地传输容易产生共模干扰，所以抗噪声干扰性弱。

（4）传输距离有限，最大传输距离标准值为 15 m，实际上也只能用在 50 m 左右。

接口定义如表 8.4 所示。

表 8.4 RS-232 接口定义

9 Pin of RS-232	
2（线号）	接收数据
3（线号）	发送数据
5（线号）	信号地线

3. RS-422 接口

RS-422 四线制的接法如表 8.5 所示。

表 8.5 RS-422 接口定义

9 Pin of RS-422	
3（线号）	R−
2（线号）	T−
7（线号）	R+
8（线号）	T+

注意：如果 RS-422 为两线制，那么 R− 和 T− 就在一根线上，R+ 和 T+ 也同样在一根线上。

4. RS-485 接口

（1）连接主机端的 RS-485 接口。信号定义如表 8.6 所示。

表 8.6 RS-485 主机端接口信号定义

RS-485 接口	信号含义
3	B RXD－接收数据
4	A RXD＋接收数据
5	Y TXD＋发送数据
7	Z TXD－发送数据

（2）连接从机端的 RS-485 接口。信号定义如表 8.7 所示。

表 8.7 RS-485 从机端接口信号定义

RS-485 接口	信号含义
3	Z TXD－发送数据
4	Y TXD＋发送数据
5	A RXD＋接收数据
7	B RXD－接收数据

（六）PROFIBUS-DP

1. DP 头接法

PROFIBUS 电缆只有两根线在里面，包括一根红的、一根绿的，然后外面有屏蔽层。接线的时候，要把屏蔽层接好，不能和里面的电线接触到。要分清楚进去和出去线分别是哪个，假如是一串的，就是一根总线下去，中间不断地接入分站，这个是很常用的方法。在总线两头的两个接头，线都要接在进去的孔里，不能是出去的孔，而且首尾两个接头的开关置为 ON 状态，这时候就只有进去的那个接线是通的，而出去的那个接线是断的。其余中间的接头都置为 OFF，它们的进出两个接线都是通的（记忆方法：ON 表示接入终端电阻，所以两端的接头拨至 ON；OFF 表示断开终端电阻，所以中间的接头要拨至 OFF）。如图 8.7、图 8.8 所示。

图 8.7 DP 头

图 8.8　DP 头

2. 终端电阻说明

当 DP 接头开关拨至“ON”时，A1 和 B1 两端和终端电阻相连，所以在 DP 网络的终端只能接 A1 和 B1，否则不能连接终端电阻。当开关拨至“OFF”时，终端电阻和数据线断开，A1 和 A2，B1 和 B2 相连，串起网络上的设备。如图 8.9 所示。

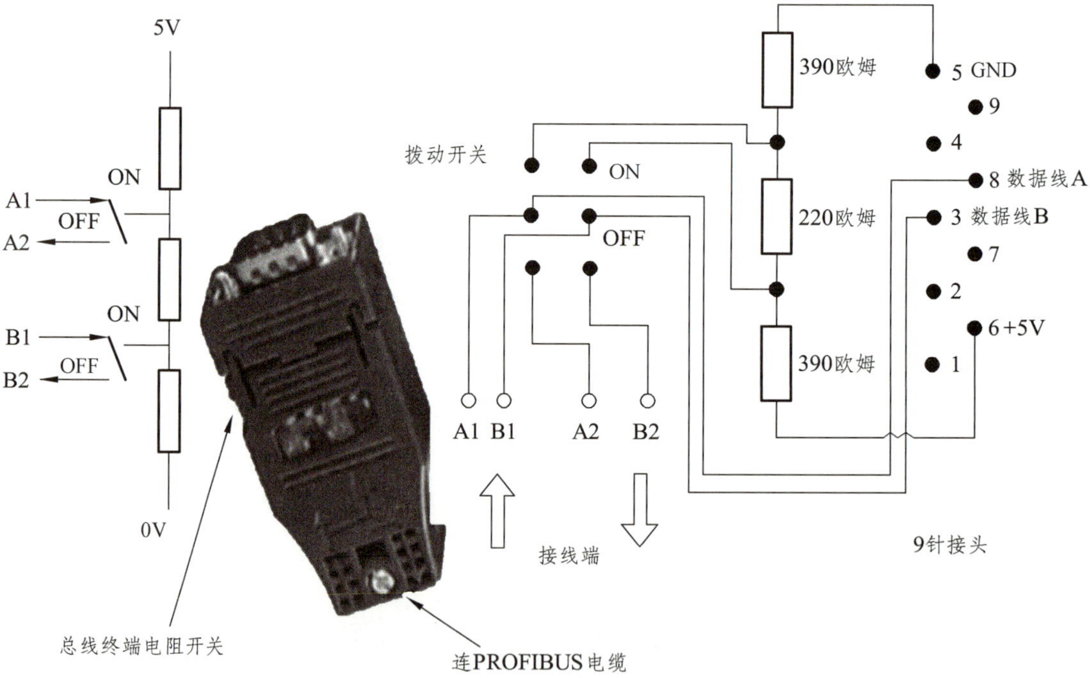

图 8.9　终端电阻说明

使用时只用到了 DB9（针）插头的 3 和 8 两个引脚，判断 DP 网络硬件连接是否正常首先要检查数据线连接是否牢固，而检测的最好方法就是测量 3 和 8 引脚之间的电阻。如果接线牢固，那么当开关拨至“ON”时 3 和 8 之间的电阻为 220 Ω，当开关拨至“OFF”时，电阻为无穷大。

可以在一个 DB9（孔）接头的 3 和 8 引脚焊接两根电线，电线的另一端各焊接一个可以插入万用表的表笔头。使用时将两个表笔头插入万用表，使用欧姆档，将制作的 DB9（孔）插头插到 DP 网络的一个终端接头上，所有电阻开关均拨至“OFF”，然后从这个终端开始，依次将开关拨至“ON”，观察万用表读数，如果为 220 Ω，则该节点正常，再将开关拨至“OFF”，测量下一节点。如果那个节点电阻不正常则该节点接线有误。

3. 终端电阻作用

终端电阻是在线型网络两端（相距最远的两个通信端口上），并联在一对通信线上的电阻。根据传输线理论，终端电阻可以吸收网络上的反射波，能有效地增强信号强度。两个终端电阻并联后的值应当基本等于传输线在通信频率上的特性阻抗。

终端电阻是为了消除在通信电缆中的信号反射。在通信过程中，有两种原因导致信号反射：阻抗不连续和阻抗不匹配。阻抗不连续时，信号在传输线末端突然遇到电缆阻抗很小甚至没有，信号在这个地方就会引起反射。这种信号反射的原理与光从一种媒质进入另一种媒质要引起反射是相似的。消除这种反射的方法是在电缆的末端跨接一个与电缆的特性阻抗同样大小的终端电阻，使电缆的阻抗连续。由于信号在电缆上的传输是双向的，因此，在通信电缆的另一端可跨接一个同样大小的终端电阻。引起信号反射的另个原因是数据收发器与传输电缆之间的阻抗不匹配。这种原因引起的反射，主要表现在通信线路处在空闲方式时，要减弱反射信号对通信线路的影响，需要采用噪声抑制和加偏置电阻的方法。

4. PROFIBUS-DP 协议

PROFIBUS-DP 的 DP 具有高速低成本，用于设备级控制系统与分散式 I/O 的通信。它明确规定了用户数据怎样在总线各站之间传递，但用户数据的含义是在 PROFIBUS 行规中具体说明的。

（1）传输距离。

Profibus 的传输速率为 9.6 kb/s ~ 12 Mb/s，最大传输距离在 9.6 ~ 187.5 kb/s 时为 1 000 m，500 kb/s 时为 400 m，1 500 kb/s 时为 200 m，3 000 ~ 12 000 kb/s 时为 100 m，可用中继器延长至 10 km。其传输介质可以是双绞线，也可以是光缆，最多可挂接 126 个站点。

（2）数据文件。

为了将不同厂家生产的 PROFIBUS 产品集成在一起，生产厂家必须以 GSD 文件（电子设备数据库文件）方式将这些产品的功能参数（如 I/O 点数、诊断信息、波特率、时间监视等）储存起来。标准的 GSD 数据将通信扩大到操作员控制级。使用根据 GSD 所做的组态工具可将不同厂商生产的设备集成在同一总线系统中。GSD 文件可分为三个部分：

① 总规范：包括了生产厂商和设备名称、硬件和软件版本、波特率、监视时间间隔、总线插头指定信号。

② 与 DP 有关的规范：包括适用于主站的各项参数，如允许从站个数、上装/下装能力。

③ 与 DP 从站有关的规范：包括了与从站有关的一切规范，如输入/输出通道数、类型、诊断数据等。

（七）光纤接头类型

常见的光纤接头类型有：FC 接头（也称圆头），SC 接头（也称方头）和 LC 型接头。如图 8.10 所示。

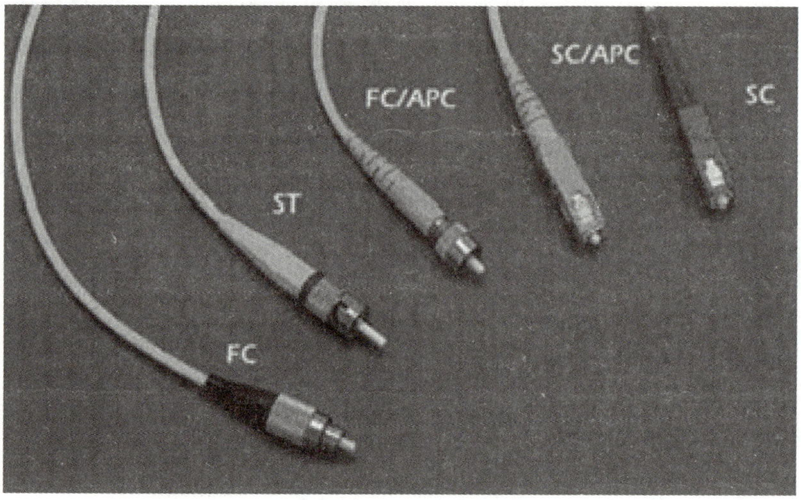

图 8.10　光纤接头类型

（1）FC 型又分 FC/FC 和 FC/PC（APC）型。“FC/FC”的前一个 FC 表示外部加强件采用金属套，紧固方式为螺丝扣，后面的 FC 表示接头为平面对接，常用于电信网。FC/PC 多用于有线电视系统。

（2）SC 型均指 SC/PC 外壳采用模塑工艺，用铸模玻璃纤维塑料制成，呈矩形。常用于数据线。

（3）LC 光纤接头采用模块化插孔，常用于通信设备的高密度光接口板上。

第三节　NS3000 监控系统添加用户权限操作

本节导读

本节主要介绍了 NS3000 监控系统如何添加新用户的操作方法，如何选择不同用户登录操作方法等。

安装完成 NS3000 之后桌面出现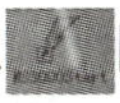图标，双击打开并登录。

打开 NS3000 操作界面后，单击打开“系统组态”，如图 8.11 和 8.12 所示。

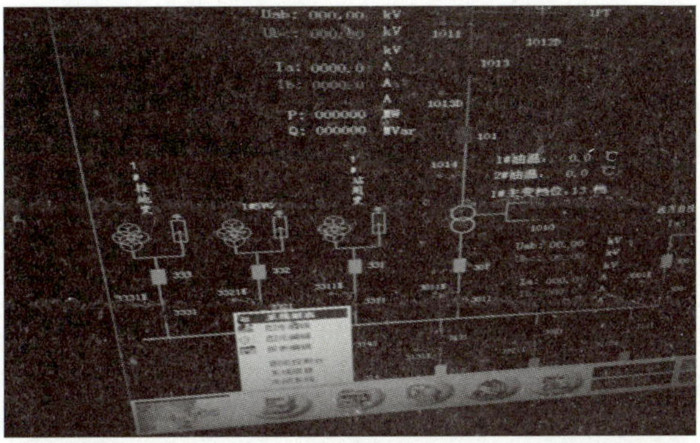

图 8.11　操作界面

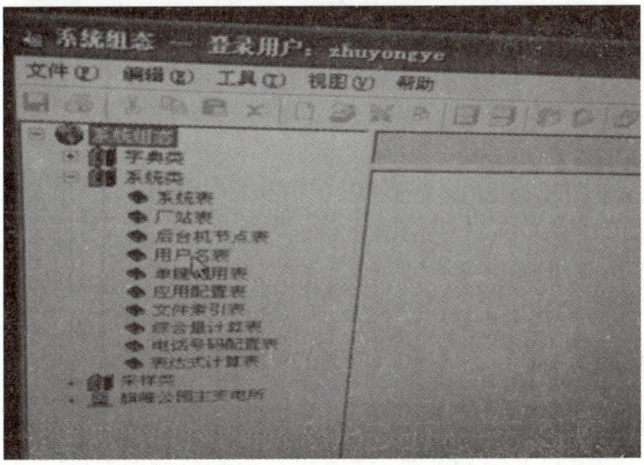

图 8.12　系统组态界面

打开“系统类”—“用户名表”，选中其中一个用户名序号，选择“行增加”，如图 8.13 所示。

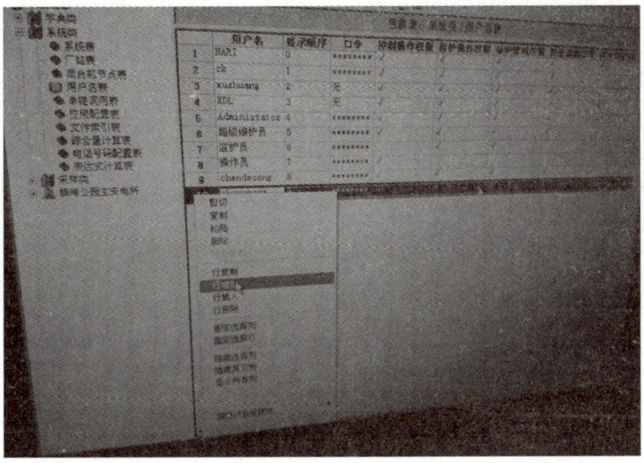

图 8.13　增加行操作

选中其中一行内容，选择“复制”—“粘贴”到新增加行里，如图 8.14 所示。

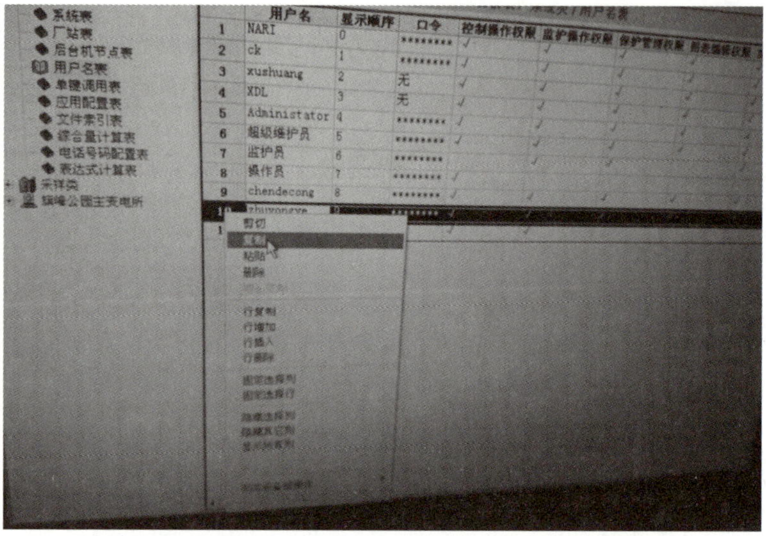

图 8.14　增加行内容

在对应用户名栏添加所要添加的用户名名称，在口令栏单击输入密码（例如，用户：zhuyongye，密码：pscada2），并往右勾选（或者去除勾选项）相对应的操作权限，如图 8.15 所示。

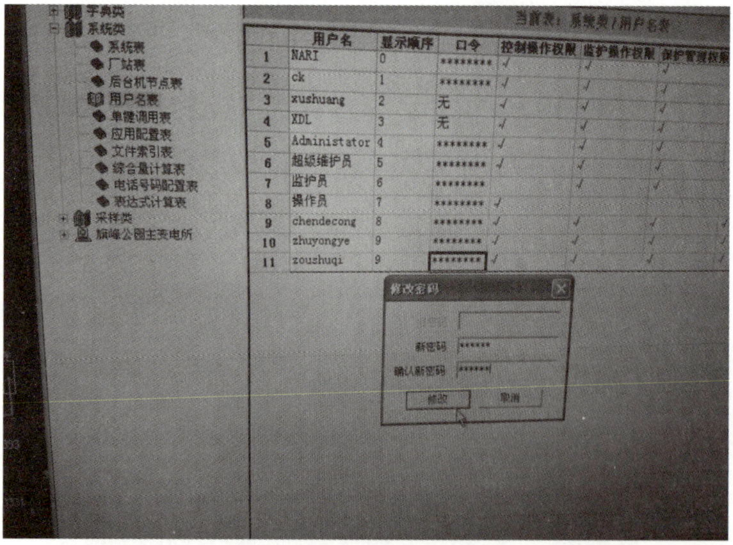

图 8.15　添加用户名称

完成后单击左上角“保存”，并关闭“系统组态”窗口。在操作界面单击打开“用户登录”，弹出登录窗口，如图 8.16 所示。

选择刚才所输入的用户名，并输入密码，登录时间长短可以自由选择，勾选所需要用到的用户权限。如图 8.17 所示。

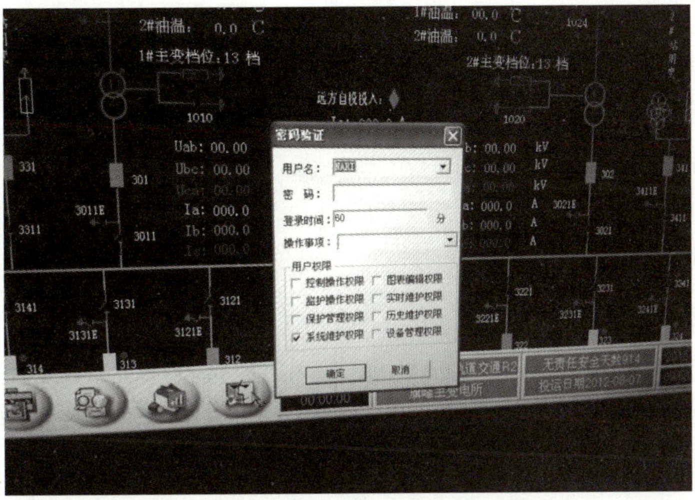

图 8.16　用户登录窗口

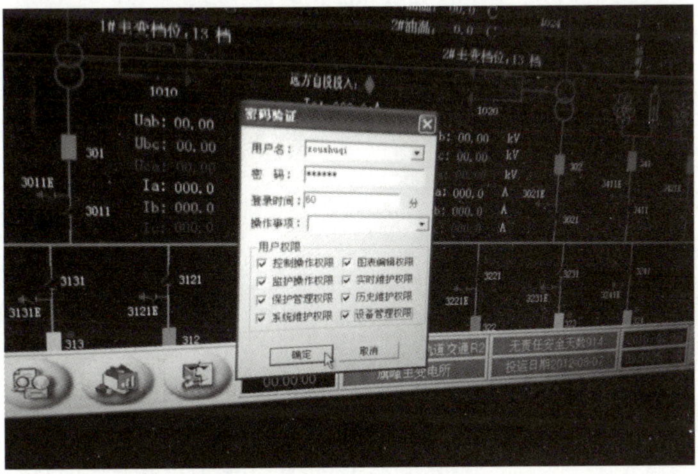

图 8.17　不同用户选择窗口

单击“确定”登录，登录成功后，报文提示某某账号登录成功。

综合练习

一、多项选择题

1. 城市轨道交通综合自动化系统维护常用的工器具包括（　　）。

A. 电烙铁　　B. 网线测试仪

C. 万用表　　D. 光纤熔接机

2. 常见的光纤接头有（　　）。

A. FC 接头　　B. SC 接头

C. LC 型接头　　D. DC 接头

3. 以下哪些是光纤熔接机的主要特点（　　）。

A. 快速、全自动熔接

B. 结构紧凑、轻巧

C. 可同时观测 X、Y 光纤

D. 提供存储熔接数据

二、单项选择题

1. 水晶头金属面对自己，从左到右为 1 ~ 8，颜色分别为（　　）。

A. 白橙、橙、白绿、蓝、白蓝、绿、白棕、棕

B. 白绿、蓝、白蓝、绿、白棕、棕、橙、白橙

C. 白蓝、绿、白棕、棕、白橙、橙、白绿、蓝

D. 白棕、棕、白橙、橙、白绿、蓝、白蓝、绿

2. RS-232 是 PC 机与通信工业中应用最广泛的一种串行接口。RS-232 被定义为一种在低速率串行通信中增加通信距离的单端标准。RS-232 采取（　　）方式，即所谓单端通信。

A. 平衡传输

B. 交叉传输

C. 直接传输

D. 不平衡传输

三、填空题

1. RS-422 需要______________，要求其阻值约等于传输电缆的特性阻抗，一般在 300 m 以下不需接。

2. RS-485 与 RS-422 一样，其最大传输距离约为_________m，最大传输速率为________。平衡双绞线的长度与传输速率成反比，在 100 kb/s 速率以下才可能使用规定最长的电缆长度。只有在很短的距离下才能获得最高速率传输。一般 100 m 长双绞线最大传输速率仅为__________。

3. 当 DP 接头开关拨至“ON”时，A1 和 B1 两端和终端电阻_________，所以在 DP 网络的终端只能接 A1 和 B1，否则不能连接终端电阻。当开关拨至“OFF”时，终端电阻和数据线_________，A1 和 A2，B1 和 B2 相连，串起网络上的设备。

四、综合分析题

1. 简要说明光纤熔接的五步操作步骤。

2. 简要说明网线的六步制作步骤。

3. 终端电阻有什么作用？

参考文献

[1] 陈丽华，李学武，城市轨道交通供电系统继电保护[M]. 北京：科学出版社，2014.

[2] 谭秀炳. 铁路电力与牵引供电系统继电保护[M]. 成都：西南交通大学出版社，2011.

[3] 刘让雄，戴慧吾. 城市轨道交通供电系统运与管理[M]. 成都：西南交通大学出版社，2015.

[4] 魏晓东. 城市轨道交通自动化系统与技术[M]. 北京：电子工业出版社，2011.

[5] 龚静. 配电网综合自动化技术[M]. 北京：机械工业出版社，2014.

[6] 李波. 变电站综合自动化技术及应用[M]. 北京：中国水利水电出版社，2015.

[7] 高爱云. 变电站综合自动化技术[M]. 北京：中国水利水电出版社，2014.

[8] 柯志敏，索娜. 继电保护基础[M]. 北京：北京交通大学出版社，2010.

[9] 田淑珍. 变电站综合自动化与智能变电站应用技术[M]. 北京：机械工业出版社，2018.

[10] 陈小川. 铁路供电继电保护与自动化[M]. 北京：中国铁道出版社，2010.

[11] 杨正理，黄其新，王士政. 电力系统继电保护[M]. 北京：机械工业出版社，2015.

[12] 刘建英，苏慧平. 变电站综合自动化[M]. 北京：北京理工大学出版社，2014.

[13] 福建省电力有限公司. 变电站综合自动化系统实用技术[M]. 北京：中国电力出版社，2013.